WARTBURGSTADT EISENACH

WARTBURGSTADT
EISENACH

unter Mitarbeit von
Ilse Domizlaff, Dr. Hans Andreas Egenolf, Johann Friedrich Enke,
Dr. Manfred Günther, Hans Herbst, Hanna Sabine Hummel, Jutta Krauß, Hans Matschke,
Gudrun Osmann, Angela Senf, Dr. Barbara Schrön und Heinrich Weigel
herausgegeben von Karlheinz Büttner

Fotos: Ulrich Kneise

HITZEROTH

Vorsatz: Blick vom Pflugensberg über den südlichen Teil Eisenachs, Bleistiftzeichnung von R. Bock, 1875

CIP-Titelaufnahme der Deutschen Bibliothek
Wartburgstadt Eisenach / Unter Mitarb. von Ilse Domizlaff . . .
Fotos: Ulrich Kneise. / Marburg : Hitzeroth, 1990
  ISBN 3-89398-036-9
NE: Domizlaff, Ilse; Kneise, Ulrich; Eisenach

Umschlaggestaltung: Gerhard Exel
Herstellung: Joh. Aug. Koch, Marburg
Printed in Germany
ISBN 3-89398-036-9

Inhalt

Lob der Stadt

»An der südwestlichen Grenzmarke von Thüringens Gauen, da wo die Nesse sich mit der Hörsel vereint, um bald darauf sich in die Werra zu ergießen, ruht, ›wie eine duftige Beere im schmucken Mooskörbchen‹, das liebe Eisenach. Der Größe nach die vierte oder fünfte unter den Städten des Thüringerlandes, ist sie für den Fremden die erste; denn über ihr thront die herrliche Wartburg, und in ihrer nächsten Umgebung vereinigen sich fast alle Reize der Natur in so wunderbarer Weise, als ob der ganze weite Landstrich sein Bestes zu einer Art Naturausstellung hergegeben habe. Deshalb hängen die Stadtbewohner mit einer Art von Schwärmerei an ihrer schönen Heimath, und wer, aus der Ferne kommend, seinen Wohnsitz hier aufgeschlagen, giebt ihn so leicht nicht wieder auf; deshalb zieht die schöne Jahreszeit tausend und abertausend Gäste von Nah und Fern herbei, und selbst der Winter fesselt nicht selten Vorüberreisende tagelang. Denn das ist eben der Vorzug dieses lieblichen Stückchens Erde, daß es nicht des Hauchs des Frühlings bedarf, um zu gefallen, weil seine Formen immer edel und anziehend sind. Wer aber Eisenach und seine Umgebung im schönsten Gewande sehen will, der komme im Mai, wenn das junge Buchengrün die Berge schmückt, oder Ende September, wenn die Wälder sich golden färben; ja, die Herbstlandschaft dieser Gegend, wo kahle abgeerntete Felder kaum in das Auge fallen, entfaltet in den meisten Jahren eine Pracht, wie sie selbst der Frühlingszauber nicht hervorbringen kann. Über derselben schwebt denn ein südlicher Duft, welcher durch die warmen Farben der röthlichen Felsen noch verstärkt wird. Diese wunderbar schöne Frühlings- und Herbstfärbung der Wälder entsteht hauptsächlich durch die harmonische Mischung von Laub- und Nadelholz; und zwar von Laubholz jeder Art, obschon die Buche vorherrscht, so daß kaum irgendwo in Deutschland ein solch malerischer Wechsel der verschiedensten Holzarten hervortritt.«[1]

Der Marktplatz

Aus der Geschichte der Stadt Eisenach

Schon vor Jahrtausenden hatten sich im Nordwesten des Eisenacher Raumes Bandkeramiker angesiedelt. Sie nutzten die fruchtbaren, lößhaltigen Böden in überschwemmungsfreier Lage und betrieben Ackerbau und Viehzucht. Später, im 1./2. Jahrhundert, folgten ihnen Germanen.

Natürlich bildeten sich auch zahlreiche kleinere Siedlungen. So entstand am Westabhang des Petersberges ein Dörfchen mit Namen »Isenache«, die wahrscheinliche Vorgängersiedlung der Stadt selbst. Darauf verweisen Flurnamen wie »An der Peterskirche«, »Altstadt« sowie der Name »Altstadtstraße«, aber auch Grundmauern von Gebäuden und einem runden Turm, die man dort fand. In »Alt-Eisenach« führte die »Weinstraße« (aus mundartlich »Woinstraße«, also »Wagenstraße«) vom Gebirge herab durch die Hörsel und stieg die jenseitigen Hänge des Tales hinauf. Ein 1293 genannter »Steinweg« (»via antiqua civitatis Isenache«) deutet auf ein hohes Alter dieser Siedlung.

Unter Landgraf Ludwig I. (1130–1140) dürften sich dann Kaufleute näher der Burg und unter ihrem Schutze an der W-O-Straße (1253 als »via regia Lusatie« – »Königstraße in die Lausitz« – genannt) auf einer breiteren Schotterterrasse angesiedelt haben, und zwar am Krimmel- oder Löbersbach in Anlehnung an den hochwassergeschützten Hang des Goldberges. Die hier zwischen 1130 und 1150 erbaute Kapelle wurde dem St. Nikolaus geweiht, dem Schutzpatron der Kaufleute und Reisenden. Landgraf Ludwig III. übertrug sie später den Benediktinerinnen, so daß sie zur Klosterkirche wurde.

Diese Marktsiedlung am Karlsplatz dehnte sich zum Frauenplan hin aus, wo ebenfalls eine Siedlung bestand, worauf die gekrümmten, nord-südlich verlaufenden Straßen hinweisen. Sie hatte sich auch im Schutze der vermutlich schon 1067 entstandenen und erstmals 1080 sicher erwähnten Wartburg gebildet. Unter Ludwig II. (1140–1172), dem »Eisernen«, näherten sich damit benachbarte Siedlungen einander an: Als Ansatzpunkt betrachtet man allgemein den Platz vor der Nikolaikirche, einen Dreiecksmarkt, wie er häufig als Vorstufe städtischer Plangründungen anzutreffen ist. Hier wurde ein Sonnabendsmarkt abgehalten, der wohl stärker als solche an anderen Wochentagen besucht war. Ludwig II. baute den Siedlungskern planmäßig aus, und zwar durch rechtwinklig sich kreuzende Straßen bis hin zum (heutigen) Markt. Hier wurde ursprünglich montags, nach dem Eingehen eines später entstandenen Mittwochsmarktes am Frauenplan, mittwochs (seit dem 14. Jahrhundert) Markt abgehalten. Der hier abgesteckte große rechteckige Platz ist der Ausgangspunkt der Stadterweiterung Ludwig II. am landgräflichen Steinhof, der mit einem starken Turm bewehrt war, und der nördlich vorüberführenden »Königstraße«. Mit der bereits 1181 errichteten Georgenkirche, neben der eine Michaeliskirche bestand, dem Rat-, Kauf- und Brothaus wurde dieser Markt zum beherrschenden Zentrum der jungen Stadt.

Noch heute ist diese Dreigliederung des Stadtkerns erkennbar in den Pfarrbezirken St. Georg mit der Georgenkirche, dem »Mittwochsmarkt« und dem Georgentor im Westen, St. Nikolaus mit der Nikolaikirche, dem »Sonnabendsmarkt« und dem Nikolaitor im Osten und St. Marien mit der Frauenkirche (dem ehemaligen Dom »Unser lieben Frauen«), dem Frauenplan (dem ursprünglichen

Grabstein Ludwigs II., des Springers, in der Georgenkirche

»Mittwochsmarkt«) und dem Frauentor im Süden. Ein Ansatzpunkt zu einem vierten Bezirk war gewiß in der St. Jacobskapelle auf dem Jakobsplan mit dem Nadeltor im Norden gegeben.

Unter Ludwig II. zogen die Bauern mehrerer benachbarter Dörfer, u.a. Oberstedtfeld und Ammera an der Michelskuppe, Krimmelbach am Wald und natürlich Isenache am Fuße des Petersberges, in die Stadt, wo sie größeren Schutz fanden und zu einer besseren Rechtsstellung kamen. Von hier aus bestellten sie ihre Felder, ihre einstigen Siedlungen wurden aufgegeben.

Ludwig II. werden in Eisenach geprägte Brakteaten zugeschrieben, sein Sohn Ludwig III. (1172 – 1190) nennt sich auf einer Münze »Landgraf von Eisenach«. Man kann deshalb festhalten, daß entweder schon zur Zeit Ludwig II., nicht aber vor 1150, spätestens aber zur Zeit Ludwig III., die schon vorhandene Marktsiedlung durch ihren Ausbau und ihre zunehmende Bedeutung als Platz für den Warenaustausch die Qualität einer Stadt erlangt hatte. Im Staatsarchiv Marburg wird eine Urkunde ohne Datum, Unterschrift und Siegel aufbewahrt, die Eisenach nennt. Ihr Text läßt darauf schließen, daß sie vor Juni 1189 ausgestellt wurde; denn Ludwig III. nahm nach ihrer Ausfertigung am Kreuzzug teil, auf dem er starb. Vielleicht sind aber Spekulationen nach dem Gründungsjahr Eisenachs müßig. Die Herausbildung der Stadt war ein Prozeß und hing mit der wirtschaftlichen Entwicklung und mit politischen Bedingungen zusammen, weniger mit dem »Gründungswunsch« eines Herrschers. Dennoch ist es wahrscheinlich, daß Ludwig I. die Idee hatte, Ludwig II. die Planung und Vorbereitung der Stadtentwicklung vorantrieb und Ludwig III. deren Durchführung realisierte.

Schon hier kann festgestellt werden, daß infolge unvollständiger urkundlicher Sicherung die mittelalterliche Geschichte Eisenachs weitgehend im dunkeln liegt. Um so wertvoller sind daher die Aufzeichnungen, die wir den Werken des Chronisten und Stadtschreibers Johannes Rothe (um 1360 – 1434), der aus dem nahen Creuzburg stammte, verdanken.

Wartburg und Eisenach hatten für die Landgrafen Bedeutung in ihrer Auseinandersetzung mit dem Erzbischof von Mainz. Da die Landgrafen Verbündete des Kaisers waren, wurden ihre Gründungen auch wichtig gegenüber Heinrich dem Löwen. Burg und Stadt bildeten überdies die weltlichen Gegengewichte zu den bereits früher vorhandenen Grundherrschaften der Benediktiner-Reichsabteien Hersfeld und Fulda. Außerdem sicherten sie die Waldpässe, die zwei Handelsstraßen und ihre Kreuzung nahe der Spicke, wo ein Knüppeldamm die Hörselfurt befahrbarer machte. Die Lage an diesen wichtigen Straßen brachte insbesondere der Stadt Vorteile.

Man kann also insgesamt sagen, daß Burg und Stadt unverkennbar Ergebnis der klugen Hausmachtpolitik der Ludowinger waren, die mit ihnen den Nordwesten ihres Herrschaftsbereiches sicherten.

*

Zum ersten Male wird Eisenach zwischen 1180 und 1189 als eine der landgräflichen »civitates«, also als Stadt in vollem Rechtssinn, genannt, und zwar in einer Urkunde, mit der Ludwig III. Kloster Spießkappel vom Zoll in Eisenach und anderen Städten befreite. Es hatte seinen Namen von dem einst am Petersberg zwischen Hörsel und Nesse gelegenen Dorfe »Isenache« übernommen. Den Namen zu deuten, bereitet große Schwierigkeiten, zumal der Ort ungewöhnlich spät bezeugt ist, nämlich erst um 1150 als »Isinacha« und dann zwischen 1180 und 1189 als »Isenacha«. Der Form nach müßte es sich bei »Isenache« um einen germanischen Gewässernamen handeln mit der altgermanischen Endung »-ahwa«, die entsprechend lateinisch »aqua« so viel wie »Wasser« bedeutet, so daß der Name als »Eisenwasser« zu erklären wäre. Hiergegen gibt es sachliche und sprachliche Einwände, die kaum zu widerlegen sind: die zahlreichen Gewässernamen auf »-ahwa« sind in Thüringen alle vor dem Jahre 500 entstanden, da seither die Gewässernamen mit »-bach« gebildet wurden. Weiterhin zeigen in Thüringen alle auf »-ahwa« zurückgehenden Gewässernamen stets die Endung »-aha«, in jüngerer Zeit oft zu »-a« verkürzt. Die Endung »-acha«, »-ach« dagegen ist ausschließlich im oberdeutschen Sprachraum üblich. Die Flußnamen-Endung »-ach« tritt auf politisch

thüringischem Boden nur dreimal auf – im Namen der Steinach und zwei Flüßchen namens Rodach, die alle drei in den oberen Main münden und somit zum oberfränkisch-süddeutschen Sprachraum gehören. Der entscheidende sachliche Einwand besteht darin, daß Eisenach nun einmal an der Hörsel liegt, deren Name schon 979 als »Hursilla« erwähnt wird. Außerdem führt weder die Hörsel noch einer ihrer Zuflüsse im Bereich der Stadt eisenhaltiges Wasser...

Eine andere Möglichkeit, den Namen der Stadt Eisenach zu deuten, ist eine Fern-Entlehnung dieses Ortsnamens aus der Eifel, wo etwa 8 Kilometer vom Kloster Echternach entfernt ein Ort Eisenach liegt, der schon im Jahre 762 als »Issenacha« erwähnt wird und auf einem keltoromanischen Namen »Isenacum« beruhen könnte. Der keltische Name weist die im gallo-romanischen Raum häufige Ortsnamenendung »-acum« auf, im Bestimmungswort aber »isan«, älter »isarn«, das wie im Germanischen »Eisen« bedeutet, aber vielleicht auch nur die Silbe »is-« mit der Bedeutung »stark«, »hart«, die in »Isa(r)n« für »Eisen« enthalten ist.

Als Ursache für die Fern-Entlehnung sind die uralten Beziehungen zwischen Thüringen und Echternach zu nennen. Der erste fränkische Herzog von Thüringen namens Heden hat im Jahre 704 dem Missionsbischof Willibrord Besitzungen in Arnstadt, um Mühlberg und bei Großmonra übereignet, um die Mission unter den heidnischen Thüringer Bauern zu fördern. Im Jahre 726 hat Willibrord diese Güter dem von ihm gegründeten Kloster Echternach in Luxemburg übereignet als materielle Basis für die Missionsarbeit der Echternacher Mönche in Thüringen. Es ist durchaus denkbar, daß der Ortsname »Issenache« von Echternacher Mönchen bei ihrer Missionsarbeit wieder nach Thüringen übertragen wurde.[2]

*

Dank seiner günstigen Verkehrslage in dem noch städtearmen Thüringen entwickelte sich Eisenach, unter Landgraf Hermann I. (1190 – 1217) um den Bereich von St. Jacob erweitert und mit einer ungefähr 2840 Meter langen, turm-reichen Stadtmauer mit fünf Toren umwehrt, schnell zum wirtschaftlichen und kulturellen Mittelpunkt der mächtigen und äußerst weiträumigen Landgrafschaft Thüringen. Damals griff man schon in das Wasserregime von Hörsel und Nesse ein: Beide Flüsse vereinigten sich ursprünglich erst westlich von Eisenach. Gegen Überschwemmungsgefahr und für die Nutzung der Wasserkraft wurden sie durch den Köpping östlich vor der Stadt künstlich verbunden, ihr Zusammenfluß also »vorgezogen«. Man legte den noch vorhandenen Nessemühlgraben (heute als Mühlgraben bezeichnet) an, der streckenweise das alte Hörselbett nutzte, zweigte aber auch im Bereich des Räuberlochs den Hörsel-mühlgraben (1908 zugeschüttet) ab. Durch ihn ließ sich der im Norden vor der Stadtmauer liegende Stadtgraben füllen, er trieb aber auch zahlreiche Mahlmühlen (Getreide, Ölsaaten), die Gerbermühle und den Kupferhammer. Außerdem nutzten ihn die Weißgerber. Durch »Siechen-« und »Schützenlache« wurden die beiden Mühl-gräben verbunden. Bei Hochwasser konnten sie versperrt werden. Diese sinnreiche Wasserführung und -verteilung diente nicht nur zur Füllung des Stadtgrabens und zum Betreiben der Mühlen, sie entwässerte zugleich die feuchte Aue vom Petersberg bis zur Wiedervereinigung des Mühl-grabens mit der Hörsel. Hier gab es die »Spicke«, ein sumpfiges Gelände, das wie die Hörselfurt durch einen Knüppeldamm befahrbar gemacht wurde.

Zum Mittelpunkt der Stadtanlage hatte sich unter Landgraf Hermann I. der Landgrafenhof, seine unter dem Namen »Steinhof« erwähnte Residenz, herausgebildet. Hermann war ein hervorragender Mäzen der Dichter seiner Zeit. An seinem Hof begegneten sich so auch die großen Minnesänger Reinmar der Zweter, Heinrich von Veldeke, Walther von der Vogelweide und Wolfram von Eschenbach. Heinrich von Veldeke erhielt durch Hermann das verloren geglaubte Epos »Eneit« zurück und konnte es am Landgrafenhofe vollenden. Wolfram von Eschenbach wurde auf der Wartburg zum »Willehalm« angeregt. Er schrieb, vielleicht auf der Wartburg, vielleicht in Eisenach, wesentliche Teile seines »Parzival«, er gab auch wie Walther von der Vogelweide Informationen über das derbe

Treiben am Hof. Walther weilte vermutlich zwischen 1201 und 1216 mehrfach am Landgrafenhof und äußerte: »...der Dürnge bluome schînet dur den snê: sumer und winter blüet sin lop als in den êrsten jâren...« (Übersetzt: Thüringens Blume – der Freigebigkeit – leuchtet sogar im Schnee: Sommer wie Winter treibt sie ihre lobenswerten Blüten wie vom ersten Tag an...)

Am besten ist die Erinnerung an diese Zeit in der Sage vom Sängerkrieg auf der Wartburg von 1206/07 lebendig geblieben, einem mittelhochdeutschen Streitgedicht von 1260 zum Ruhme des Landgrafen. Auf der Wartburg und der Creuzburg lebte damals Elisabeth (verheiratet mit Landgraf IV.), an deren Person sich weitbekannte Sagen wie die vom »Rosenwunder« u.a. knüpfen.

Ihre höchste Blütezeit dürften jedoch Eisenach und die zu einer »Königspfalz« ausgebaute Wartburg unter dem Landgrafen und späteren Reichsprokurator und Pfaffen-könig Heinrich Raspe (1227 – 1247) erlebt haben. Er ließ sich 1246 noch zum Gegenkönig gegen Konrad IV. von Hohenstaufen wählen.

Auf ihn sollen Teile des Eisenacher Stadtrechts von 1283 zurückgehen. Diese älteste, heute noch erhaltene Stadt-rechtsurkunde Landgraf Albrechts (1264 – 1307) ist sicher – wenigstens teilweise – nur eine Bestätigung älterer Privilegien. Heinrich Raspe starb am 16.2.1247 auf der Wartburg: »Von hier aus hatte die Machtpolitik der Ludowinger mit Ludwig dem Springer ihren Anfang genommen, hier fand sie mit Heinrich Raspe ihren glanzvollen, aber tragischen Höhepunkt.«[3]

Während die ersten Landgrafen auf den in der Georgen-kirche im Altarbereich aufgestellten Grabsteinen abgebildet sind, zeigt Heinrich Raspe vermutlich eine Holzplastik, die sich in der von ihm gestifteten Predigerkirche befindet. Sie ist gegenwärtig geschlossen, da die Sammlung mittelalterlicher sakraler Schnitzplastik dringend konserviert werden muß.

Es ist recht interessant, Spuren aus jenen frühen Zeiten der Stadt nachzugehen: Reste aus der Gründungszeit unter Landgraf Ludwig III. finden wir in der Kirche St. Georg, deren Stiftung und erster Bau in die Zeit von 1181 bis 1188 zurückgehen dürfte, und in der Kirche St. Nikolai,

Ehemaliges Glockenhaus mit Aufstiegsturm an der Domstraße

13

Der rekonstruierte »Storchenturm«

deren Pfarrei er dem von ihm gegründeten Benediktinerinnenkloster, das der Kirche benachbart lag, übertrug. Noch heute führt die Stadt den heiligen Georg als Schutzpatron im Wappen und im Siegel. Er war zunächst der Schutzpatron der Landgrafen und der Wartburg. Ludwig III. wird eine besondere Vorliebe für St. Georg zugeschrieben. Nach ihrer Gründung wird er auf die Stadtkirche und danach im 12. oder 13. Jahrhundert auf die Stadt übertragen worden sein. An die Zeit Hermann I. erinnert der Name des Hellgrevenhofes, in dem Meister Klingsor als Schiedsrichter des Sängerkrieges abgestiegen und in dessen Garten er die Geburt der Elisabeth geweissagt haben soll. Nach neuen Forschungen stammt der Bestand des Hellgrevenhofes aus dem 15. Jahrhundert. Hermann I. gründete das Zisterzienser-Nonnenkloster St. Catharinen vor dem Georgentor, dessen erste Äbtissin seine Nichte, Herzogin Ima-

gina von Brabant, wurde. Das Kloster gelangte bis zu seiner Auflösung in der Reformationszeit zu großem Wohlstand. Außer dem Straßennamen ist aber von ihm nichts mehr vorhanden. Ebenso zeugt kein baulicher Rest mehr von dem Franziskanerkloster und dessen Kirche, das unter Ludwig IV. (1217 – 1227) und seiner Gemahlin, der hl. Elisabeth, zwischen 1221 und 1225 oberhalb der Georgenkirche gestiftet wurde. In der Kirche des Catharinenklosters fanden Landgraf Hermann I., seine Witwe Sophie von Bayern und Landgraf Friedrich der Freidige (1307 – 1323) ihre letzte Ruhestätte. 1552 wurden ihre Grabsteine jedoch auf den Grimmenstein bei Gotha und 1614 von dort nach Reinhardsbrunn, dem früheren landgräflichen Hauskloster, gebracht. 1952 kehrten sie nach Eisenach zurück und befinden sich heute im Altarraum der Georgenkirche. Nur noch die Gebäude und die Kirche des Dominikanerklosters, 1235 an der Stadtmauer von Landgraf Heinrich Raspe nach der Legende als Sühne für die Vertreibung seiner Schwägerin Elisabeth, der 1235 heiliggesprochenen Landgräfin, gegründet, sind von den einstigen Klöstern erhalten. Der erste Prior dieser Stiftung war der gelehrte Elger, Graf von Honstein. Denkwürdig ist das Kloster als Entstehungsort des mittellateinischen geistlichen Spiels von den Zehn Jungfrauen, das 1321 vor dem Landgrafen Friedrich dem Freidigen am Platz »auf der Rolle« in der Nähe der Georgenkirche aufgeführt wurde. Von 1544 bis 1960 beherbergten die Gebäude des Klosters das humanistische Gymnasium, seit 1960 das Lehrerbildungsinstitut »Käte Duncker«, während die Kirche seit 1899 einen Teil der Sammlungen des »Thüringer Museums« aufgenommen hat.

Von dem 1252 bis 1256 im Johannistal vor dem Frauentor im Süden der Stadt gegründeten Zisterzienser-Mönchskloster, Filiale von Georgenthal bei Gotha und 1531 sequestriert, sind keine baulichen Spuren mehr vorhanden. Doch lebt die Erinnerung im Namen »Johannistal« und in der »Kapellenstraße« weiter. Von den beiden Spitälern der Stadt sind lediglich Baureste in deren einstigen Kapellen zu erkennen. Es sind die kleine Clemenskapelle von St. Clemens, das Anfang des 13. Jahrhunderts vor das Nikolaikloster verlegt worden war, und die im 17. Jahrhundert zur Gemeindekirche erweiterte und erneuerte Annenkirche von St. Anna, das 1226 auf Veranlassung der Elisabeth vor dem Georgentor gegründet worden war.

Die Kämpfe des lange dauernden thüringischen Erbfolgekrieges (1247 – 1264) trafen Eisenach sehr schwer. Am Ende siegte Markgraf Heinrich von Meißen und setzte sich gegen die Ansprüche Sophie von Brabants durch. Hessen wurde 1264 von der Landgrafschaft abgetrennt. Eisenach und die Wartburg fielen an das Haus Wettin. Eisenach sank – auch wegen der extremen Randlage – dann im Laufe des 14. Jahrhunderts von einer glanzvollen Metropole zu einer Grenzstadt mit schwindender politischer Bedeutung herab. Bedingt durch den thüringischen Erbfolgekrieg, wurde an der nördlichen Stadtmauer die Zwingburg »Klemme« (Clemda und heutige »Clemdastraße«) errichtet, die mit der Wartburg die Eisenacher »in die Zange nehmen« sollte. Man schreibt dies Heinrich dem Erlauchten (1264 – 1288), aber auch Sophie von Brabant zu. Alte Grundmauern dieser längst verschwundenen Befestigung sind teilweise ins Fundament des Landestheaters einbezogen worden. 1294 erfolgte unter Landgraf Albrecht die Erweiterung der Pfarrkirche St. Marien am Frauenplan zur Kollegiatkirche, auch »Dom« genannt (»Domstraße«), und des zugehörigen Chorherrenstiftes der Augustiner. 1246 wird auch der Deutsche Ritterorden im Zusammenhang mit der Marienkirche genannt. Er besaß Grundbesitz im Westen der Stadt, woran heute noch der »Herrenstieg« und die »Herrenwiese« erinnern. Auch die »Rittergasse« geht auf sie zurück. In ihr steht – genau hinter der Bachgedenkstätte und ihrem barocken Garten – das Wohnhaus von Johann Ambrosius Bach. Stift und Dom wurden in der Reformationszeit aufgelöst, das Mauerwerk vor allem der Kirche wurde 1692/94 zum Bau der »Kreuzkirche« verwendet. Ein künstlerisch wertvoller Türstock fand Verwendung beim 1585 erfolgten Bau des Glockenturmes.

*

Zurück zum Gang der geschichtlichen Ereignisse: Ein Erfolg für das Eisenacher Patriziat war, daß es im letzten Viertel des 13. Jahrhunderts eine selbständige Ratsverfas-

Das Rosenwunder an der Armenruhe

sung gegenüber dem Stadtherrn durchsetzen konnte. Hundert Jahre später erkämpften dann die Zünfte gewisse Kontrollrechte, ausgeübt durch die »Vierleute«, eine Art Revisionskommission, wie man heute sagen würde. Im wettinischen Hauskrieg nahm die Stadt Partei gegen Friedrich den Freidigen und versuchte mit Hilfe von Erfurt, Mühlhausen und Nordhausen, die Herrschaft der unbeliebten neuen Landesherren abzuschütteln und sich zur königlichen und damit freien Reichsstadt emporzuschwingen. Die Bürger brachen 1306 sogar die beiden Türme des Domes ab, die in die Stadtmauer hineinragten und damit die Verteidigung behinderten. Nach Anfangserfolgen mußte die Stadt im Friedensvertrag vom 22.5.1308 ihre Ansprüche aufgeben, doch wurde den Bürgern gelobt, »sie bei aller Ehre und dem Rechte von Alters her zu erhalten«. Eisenach blieb weiterhin Zentralort der Landgrafschaft. Damals ist die »Eisenacher Burg«, ein der Wartburg im Süden vorgelagerter Felsklotz, zum zweitenmal als

Belagerungsanlage gegen die Wartburg genutzt worden. Ausgehauene Vertiefungen im Fels verweisen auf die Keller der hölzernen Wohntürme und einen Bergfried. Der Felssattel zwischen Eisenacher Burg und Viehburg wurde eigens zur Aufstellung einer Wurfmaschine, einer Blide, mit der man Steine »katapultierte«, bearbeitet: man schuf eine breite, nahezu parallele Wände zeigende »Gasse«, die genau auf den Südteil der Burg ausgerichtet ist.

Eisenach sah einige Male »gekrönte Häupter«, so 1328 Kaiser Ludwig IV., als er seinen Schwiegersohn Landgraf Friedrich II. besuchte, und nochmals 1335 zwecks Schlichtung eines Streites zwischen den thüringischen Großen und dem Landgrafen. 1349 weilten Kaiser Karl IV. und Markgraf Ludwig von Brandenburg in Regierungsgeschäften in Eisenach, und zwar im Dominikanerkloster. Um 1385 verfaßte Johannes Rothe, seit 1387 Priester am Marienstift und zugleich Stadtschreiber, die Eisenacher Rechtsbücher, das »Kettenbuch« und das »Schöffenbuch«. Beide sind verloren, sie bildeten jedoch die Grundlage für das »Eisenacher Rechtsbuch« des Johannes Purgold (1503/04). Der Stadtbrand von 1342, die katastrophale Überschwemmung von 1393 und die Verlegung der Hofhaltung und Landesverwaltung (1406) nach Weimar schwächten das Wirtschaftsleben der Stadt erheblich. Eisenach sank zur einfachen Landstadt herab. 1450 stellte die Eisenacher Münzstätte ihre Prägungstätigkeit ein. Auch dies war ein Zeichen der schwindenden Bedeutung der Stadt. 1466 formulierte der Stadtschreiber Johannes Biermast eine Klageschrift an den Herzog Wilhelm III. über den wirtschaftlichen und baulichen Verfall der Stadt (»wan das regiment wirt swach, die hantwergslute regiren«). Die Steuern würden nicht ordentlich gezahlt, Kaufhaus, Mauern und Türme verfielen, das Rathaus sei gebrechlich. Der Herzog genehmigte daraufhin einen steinernen Rathausneubau am Markt, der 1484 fertig war. 1485 teilten die Brüder Ernst und Albrecht in Leipzig das sächsisch-thüringische Gebiet, wobei Thüringen und damit Eisenach an Kurfürst Ernst von Sachsen (»Ernestinische Linie«) fiel. 1499 wurde dann die Stellung des Eisenacher Schöffenstuhles als Oberhof beendet. Als höchste Instanz entschied jetzt das fürstliche Hofgericht. 1500 malte der Rat an den Landesfürsten den Niedergang der Stadt in düsteren Farben, 1509 war die »Ringmauer zu groß und weit begriffen«. Es wird deutlich, daß die Erhaltung der Stadtmauer zu aufwendig war, daß wegen des geringen Land- und Waldbesitzes die Einkünfte der Stadt kaum ausreichten. Im gleichen Bericht beschwerte sich der Rat der Stadt auch über die Saigerhütte in Hohenkirchen bei Georgenthal. Darin kommt zum Ausdruck, daß der Eisenacher Stadtrat glaubte, daß das Festhalten an feudalen Privilegien für die Stadt nützlich sei. Er erkannte nicht, wie sich in der Hütte schon frühkapitalistische Produktionsformen herausbildeten.

»Wie der Fortgang der Herrschaftsbildung einst den Mittelpunkt Reinhardsbrunn überlebte und eine Stadt, Eisenach, als neues Zentrum gesucht hatte, so suchte sich der mit fürstlichen Räten regierte Territorialstaat, vor allem nach der Leipziger Teilung von 1485, einen neuen Mittelpunkt: das zentrale Weimar und in der Hauptstadt des Kurkreises, Wittenberg, die Universität (1502)«, schrieb Patze[4]. Hinzu kam innerstädtisch die viel zu hohe steuerliche Belastung des Kleinbürgertums. Vor allem die maßlose Ausbeutung der Bürger durch die übergroße Zahl geistlicher Stiftungen drohte den Niedergang zu vollenden. Die genannten Klöster waren Nutznießer des Bürgerfleißes. Besonders verhaßt waren die Augustiner-Chorherren wegen ihres Zinswuchers. 1523 kam es zum Eisenacher Zinswucherstreit. Der Prediger Dr. Strauß trat mit ausschließlich theologischer Begründung gegen zu hohe Zinssätze auf. In Eisenach wurde daraufhin als erster deutscher Stadt der Zinssatz auf 5 Prozent gesenkt.

*

Infolge der wachsenden Ablehnung der klerikalen Bevormundung, aber auch dank der sehr engen Beziehungen Luthers zur Geburtsstadt seiner Mutter Margarete, geb. Lindemann, fanden die freiheitlichen Gedanken des Reformators frühzeitig Eingang in Eisenach. Hier hatte der junge Lateinschüler im Kreise des Bürgertums vor seiner Immatrikulation an der Erfurter Universität (1501) entscheidende Eindrücke gesammelt. In der überfüllten Geor-

Blick aus der Goldschmiedenstraße auf die Georgenkirche

Luther als Junker Jörg, Relief am Lutherdenkmal auf dem Karlsplatz

Prozeß und ließ sie trotz Müntzers energischem brieflichen Protest am 11. Mai 1525 auf dem Markt hinrichten. Ein Kreuz aus hellen Pflastersteinen zwischen Georgenbrunnen und Hauptpost erinnert an den Hinrichtungsort, und 1975 wurde am nahegelegenen »Brunnenkeller« eine Gedenktafel mit den Namen der Hingerichteten angebracht. Landgraf Philipp von Hessen übte danach blutiges Strafgericht, und auch die Stadt mußte »wegen geübten Frevels, Aufruhrs und empörlicher Verhandlung« – trotz der Eigenjustiz an den Bauernführern – 2000 Gulden Strafgeld bezahlen.

Wenig später führte Justus Menius (Erinnerungstafel am Pfarrberg) die Kirchenvisitationen durch, womit die lutherische Lehre allein Geltung fand, er erfaßte aber auch das Kirchenvermögen und schuf die Voraussetzungen für die Sequestration des umfangreichen klerikalen Besitzes. Viele einfache Menschen wandten sich von der fürstlich beherrschten Landeskirche ab und schlossen sich der nach den Bauernkriegen aufkommenden Täuferbewegung an, die Gedankengut der Müntzerschen Volksreformation bewahrte. Der wohlhabende Bauer Fritz Erbe aus Herda wurde als Verfechter dieser Lehre 1533 im sogenannten »Storchenturm« (1983 zum Teil wieder aufgebaut) gefangen gehalten. Von 1540 bis zu seinem Tode (1548) litt er im Südturm (Erinnerungsstätte) der Wartburg.

An Strauß, Luther, Menius und Erbe erinnern in der Stadt Straßennamen, an Luther außerdem ein Denkmal auf dem Karlsplatz, die Büste in der Südwand des ehemaligen Gymnasiums und die Junker-Jörg-Straße. Hier stand eine Gaststätte gleichen Namens, das heutige »Neulandhaus«, daneben eine Lutherfigur aus Gips. Da der Platz des »Lutherhauses« als Besitz der bekannten Eisenacher Patrizierfamilie Cotta im 16. Jahrhundert nachweisbar ist, hielt sich beharrlich die Annahme, die berühmte Wohltäterin Luthers, Frau Ursula Cotta, habe in diesem Hause gewohnt und darin dem armen »Partekenhengst« und späteren Reformator während seiner Eisenacher Schulzeit (1498 – 1501) Obdach und Beköstigung gewährt. Außer diesen Erinnerungsstätten und der Lutherstube auf der Wartburg birgt die Stadt Eisenach keine Lutherstätten mehr. Sogar in der Georgenkirche fehlt ein Hinweis auf seine berühmte Predigt von 1521.

genkirche sprach am 4. Mai 1521 der auf der Rückreise vom Wormser Reichstag jubelnd Begrüßte den Eisenachern aus dem Herzen, und nichts konnte die allgemeine Begeisterung über seinen Kampf mehr stärken als sein geheimnisvolles Verschwinden am nächsten Tag. Angefeuert durch die »aufrührerischen, ungestümen« Predigten und Schriften ihres ersten evangelischen Predigers Dr. Jakob Strauß aus Basel, vertrieben daher die Eisenacher, einmütig und mit größter Erbitterung, im April 1525 die Mönche und Nonnen und damit die gesamte mittelalterliche katholische Tradition des »Pfaffennestes und geistlichen Stapelortes« (so Luther). Der Rat verband sich 1525 im Bauernkrieg aber dann doch nicht mit dem auch durch Eisenacher verstärkten »Werrahaufen«, ließ die Anführer der Bauern zwar in die Stadt, machte ihnen aber dann den

Am Markt: Einmündung der Goldschmiedenstraße

Renaissance-Erker des Rathausturmes

Die bereits genannte Sequestration des umfangreichen klerikalen Besitzes, das Einströmen süddeutschen Kapitals und der neu einsetzende Kupferbergbau um Eisenach belebten Handel und Gewerbe wesentlich. Dieser Aufschwung, der sich in den Renaissancebauten um den Markt und in den geistigen Anregungen durch die später (1707) zum Gymnasium erhobene Lateinschule (es ist die Nachfolgerin der Schule, die Luther besuchte und die sich hinter dem Residenzhaus befand) zeigte, wurde durch die Teilung des Coburg-Eisenachischen Herzogtums begünstigt. Denn 1596 wurde dadurch Eisenach zur Residenz. Zu dieser Zeit gehörten zu Eisenach die Ämter Eisenach, Creuzburg, Gerstungen, Hausbreitenbach, Salzungen, Kraynberg, Allendorf, Lichtenberg, Volkenroda, die Kollektur Langensalza und Anteile am Amt Allstedt. Das selbständige Fürstentum Eisenach war damit wohl klein und

mit einem Ertragswert von jährlich 23.232 Gulden auch finanziell schwach, doch wurde der Hofstaat um so größer aufgebaut. Das bescheidene Landstädtchen erlebte gehobene Ansprüche auch kultureller und luxuriöser Art. Kurzerhand nahm der neue Landesherr das mittelalterliche Rathaus auf dem Markt vor der Georgenkirche für die fürstliche Kanzlei in Anspruch. Den Rat der Stadt verwies man, sehr zu seinem Nachteil, in den städtischen Weinkeller, das jetzige Rathaus, wo dann 1636 fast sämtliche Archivalien ein Raub der Flammen wurden. Auf der Esplanade erbaute man unter Verwendung von Bauteilen des alten Zollhofes ein neues Residenzschloß. Der einstige Georgenfriedhof wurde vor das Predigertor verlegt, an seiner Stelle ein fürstlicher Lustgarten geschaffen. Diese Bauten verschwanden alle wieder; das Kreuznacherhaus (1539 und 1559), das Lutherhaus (1563), die Ratsapotheke (1560), das Rathaus (1564) und der Marktbrunnen (1549) erfreuen uns aber noch heute. Ihre bauliche Gestaltung und die bemerkenswerten Verzierungen der Tür- und Fenstergewände stammen von dem für Eisenach bedeutenden Baumeister und Bildhauer Hans Leonhard, dessen Tätigkeit neben Erweiterungsbauten in der Georgenkirche vor allem in der Rathausfassade, der des Lutherhauses und dem schönen Marktbrunnen Ausdruck gefunden hat.

Doch nur für kurze Zeit blühte Eisenach wieder auf. Schwerste Rückschläge brachten die verheerenden Stadtbrände von 1617 (178 Häuser, davon 61 Brauhöfe zerstört) und 1636 (289 Häuser, davon 112 Brauhöfe) sowie die Pestjahre 1626 und 1635, die in der Schreckenszeit des 30jährigen Krieges mit ihren Einquartierungen, Kontributionen und Plünderungen die Stadt entvölkerten.

Nur zögernd setzte nach Kriegsschluß eine neue Aufwärtsbewegung ein. Sie wurde besonders dadurch gefördert, daß die neben der Lederbereitung seit alters führenden, durch die starren Zunftordnungen aber gehemmten Textilhandwerksbetriebe sich langsam entwickelten. Anstelle des eingegangenen Weinbaues erlebten Hopfenanbau und -handel eine Blütezeit. Daß dabei auch unlautere Mittel gang und gäbe waren, zeigt die Klage der Stadt Hamburg, man habe durch Lehm Hopfentonnen schwerer gemacht. Auf die Hamburger Reklamationen antworteten die Eisenacher mit der Gegenkritik, auch die Heringe wären nicht gut gewesen...

*

Nach zwei kurzen »Residenzzeiten«, nämlich 1596 bis 1638 unter Johann Ernst und 1640 bis 1644 unter Albrecht, war Eisenach unter Johann Georg I. zum dritten Male 1672 zur Residenz erhoben worden und blieb es bis 1741. Zu einem größeren allgemeinen Wohlstand kam es jedoch unter der, absolutistischen Regierung der tief verschuldeten, weit über ihre Verhältnisse lebenden Eisenacher Herzöge nicht. Diese schätzten wohl eine an Kultur reiche Residenz, aber alles geschah auf Kosten ihrer Untertanen. So bemühten sie sich um die Kirche, wie der Bau der Kreuzkirche (1692/93), der Umbau der Annenkirche (1634 – 1639) und die Stiftung der beiden Gedenktafeln zur 100-Jahr-Feier der Reformation in der Georgenkirche zeigen. Doch die Erneuerung der vom Verfall bedrohten Nikolaikirche war 1610 nur durch Spenden begüterter Eisenacher Bürger möglich. 1620 bis 1622 betrieb Johann Ernst im Kupferhammer vor dem Georgentor eine »Hekkenmünze«, also eine unerlaubte Münzprägestätte. 1689 wurde durch Herzog Johann Georg II. im Kartäuserkloster eine Münze eingerichtet, die noch im gleichen Jahr in das Hospiz des ehemaligen Dominikanerklosters verlegt wurde. Die Münzstätte Eisenach bestand bis 1831. 1638 bis 1641 erfolgte der Wiederaufbau des 1636 ausgebrannten Rathauses, 1700 wurde durch die Schaffung eines Kaiserlichen Postamtes das Verkehrswesen gefördert. 1599 brach man die Gebäude des ehemaligen Franziskanerklosters am Pfarrberg ab und erweiterte durch den sogenannten Johann-Ernst-Bau das Schloß auf der Esplanade, das 1610 durch den Kauf und die Hinzuziehung des Kreuznacherhauses weiter wuchs. 1611 kam die Schloßbrauerei hinzu, 1620 wurde die Klemme in ein Jagdhaus umgewandelt. Um 1670 ließ sich Johann Georg in Wilhelmsthal das Jagdhaus »Prunftau« bauen. Johann Wilhelm schuf 1699 bis 1703 ein größeres »Neues Jagdhaus«, das schon 1699 in »Wilhelmsthal« umbenannt und 1706 mit einem Lust-

Mittelportal des Residenzschlosses am Markt

garten versehen wurde. Von 1710 bis 1729 schuf dann der Eisenachische Oberbaumeister Johann Mützel den Sommersitz Wilhelmsthal der Eisenacher Herzöge. 1694 war das »Zucht- und Waisenhaus« im Bereich des ehemaligen Kartäuserklosters im Auftrag Johann Ernsts geschaffen worden.

*

Während dieser Zeit fühlten sich zahlreiche Musiker von Rang nach Eisenach gezogen. Es waren Persönlichkeiten wie Daniel Eberlin (1647 – 1714/15), Johann Pachelbel (1653 – 1706), Johann Adam Birckenstock (1687 – 1733), Pantaleon Hebestreit (1668 – 1750) und Georg Philipp Telemann (1681 – 1767). Viele seiner Festmusiken wurden in Wilhelmsthal und im Saal des Eisenacher Schlosses südlich der Georgenkirche (1742 mit anderen Schloßgebäuden abgerissen) aufgeführt. In einem der Texte wird Wilhelmsthal, insbesondere seine Natur und der Festsaal, gepriesen. Über ein Jahrzehnt (1717 – 1730) hatte Telemann den Auftrag vom Eisenacher Hof, Festmusiken und Kirchenmusiken zu schreiben.

Von der thüringischen Musikerfamilie Bach wirkten in Eisenach Johann Christoph (1642 – 1703, ab 1665 in Eisenach) und Johann Ambrosius Bach (1645 – 1695, ab 1671 in Eisenach). Das siebente Kind von Ambrosius war Johann Sebastian Bach, der 1685 in der Fleischgasse Nr. 35 (heute Lutherstraße) in Eisenach geboren wurde. Nach dem Tode Johann Christoph Bachs war Johann Bernhard Bach (1676 – 1749, ab 1703 in Eisenach) hier als Organist tätig. Über 132 Jahre hinweg hießen die Organisten der Georgenkirche Bach: Johann Christoph (1665 – 1703), Johann Bernhard (1703 – 1749), Johann Ernst (1749 – 1777) und Johann Georg (1777 – 1797). So nimmt es nicht wunder, daß damals ein Anagramm den Namen Eisenach »musikalisch« deutete: ISENACUM – EN MUSICA (»hier ist die Musik zu Hause«) – EN CANIMUS (»hier wird gesungen« oder »horch, man singt!«). Und im 17. Jahrhundert schrieb man, daß »Musica beydes, instrumentalis und vokalis, herrlich und zierlich florieren«.

Das Kulturleben wurde positiv beeinflußt durch Kaspar Stieler (verdient um die Reinigung der deutschen Sprache), Dr. Christian Franz Paullini (»Historia Isenacensis« 1698), Christian Juncker (»Junckers Chronik« 1710), Johann Michael Koch (»Historische Erzählung vom Bergschloß Wartburg« 1710) und Johann Limberg (»Das im Jahre 1708 lebende und schwebende Eisenach«).

*

Der größte Teil der Bevölkerung führte aber immer noch ein bescheidenes Dasein in der Stadt und in den wachsenden Vorstädten. Lediglich die hohen Hofbeamten konnten sich ein besseres Leben in stattlichen Häusern leisten. Hinzu kamen aufstrebende Bürger, denen Manufakturen und erste Fabriken zunehmend Wohlstand einbrachten. Auch der Soldatenverkauf ging an Eisenach nicht vorüber: Wilhelm Heinrich überließ 1740 gegen Subsidien sein Eisenacher Regiment von 1552 Mann Friedrich II. von Preußen, das als »Eisenacher Regiment« nach Breslau verlegt wurde und an allen Schlesischen Kriegen teilnahm.

Mit dem Aussterben der Eisenacher Herzöge 1741 fiel Sachsen-Eisenach an das Herzogtum Sachsen-Weimar, und Eisenach wurde zweite Residenzstadt. Das Herzogshaus hinterließ einen Schuldenberg von 728.567 Talern, die Weimar »erbte«. Der Wunsch des neuen Herzogs Ernst August, aus dem »altfränkischen und rosterichen« Eisenach eine zweite repräsentative Stadt zu machen, und seine manische Baulust ließen ihn nicht nur das mittelalterliche Rathaus, sondern auch das erst von seinem Eisenacher Onkel, Herzog Johann Wilhelm (1698 – 1729), großzügig erweiterte und modernisierte Schloß auf der Esplanade abbrechen (ausgenommen das Residenzhaus mit Zollhof) und dafür im Stil des höfischen Spätbarocks ein neues, das heutige Schloß am Markt errichten. Man kaufte Bürgerhäuser an der Nordseite des Marktes an und bezog ihre Bausubstanz in das neue Schloß ein. Diese schwierige Aufgabe (noch heute an ungleich hohen Fußböden und den drei Einfahrten ersichtlich) löste von 1742 bis 1744 der Baumeister Gottfried Heinrich Krohne, der Erbauer mehrerer Thüringer Schloßbauten (auch des ehemaligen Jagd-

Blick auf Kreuznacher- und Lutherhaus

Tordurchfahrt des Schloßkellers auf der Esplanade

Karlstraße 3: Fassade im Empirestil

schlosses »Hohe Sonne«). 1745 konnte es Herzog Ernst August beziehen, 1747 war der Festsaal, der »Rokokosaal«, fertiggestellt. 1748 starb der Herzog in seiner kaum genutzten »Eil-Schöpfung«. Bereits 1742 war im Schloß Charlotte von Schardt, verheiratete von Stein, die berühmte Freundin Goethes, geboren worden, 1752 dann Luise von Göchhausen, der wir die Erhaltung von Goethes »Urfaust« verdanken. Heute beherbergt das Schloß Teile der Stadtverwaltung Eisenach und einen großen Teil der Kunstsammlungen des »Thüringer Museums«. Die Ausführung weiterer Pläne zur Umgestaltung der Stadt – wie der Entwurf einer neuen barocken Marktkirche und eines Marstalles am Markt – verhinderte der ständige Geldmangel in der herzoglichen Schatulle. 1784 entstand als zweites im Herzogtum das »Freie Zeicheninstitut«, 1788 wurde ein Krankenhaus gebaut, an dessen Stelle 1836 ein größeres Landkrankenhaus trat. 1797 richtete man gegenüber dem Gasthof »Zur güldenen Sonne« (im Vorderhaus des Hellgrevenhofes) eine Leihhausbank ein. Aus der Zeit stammen sehenswerte Bürgerhäuser wie das an der Stelle des alten Lussenhofes 1719 durch den Oberjägermeister von Pflug erbaute Haus Frauenberg 17 (ab 1850 Forstlehranstalt), das Haus Goldschmiedenstraße 1 mit Rokoko-Ornamenten von 1760, Alexanderstraße 21 mit schönen Stuckformen, Karlstraße 3 mit dem klassizistischen Saal von 1810 oder die an der Stelle des ehemaligen Hersfelder oder Creuzburger Hofs (auch Hessenhaus) 1819 errichtete Posthalterei mit frühklassizistischer Fassade und den dorischen Säulen des Portals, um nur einige zu nennen. Aus der Zeit um 1800 stammt das ehemals von Bechtolsheimsche Haus, auch »Kanzlerpalais« genannt, später der Familie von Eichel gehörig, an der Westseite des Jakobsplanes.

*

Das Gebäude sah auch Goethe und die Frau von Staël als Gäste. Johann Ludwig von Bechtolsheim war der »Stellvertreter« des Herzogs Carl August von Sachsen-Weimar-Eisenach, also der höchste Beamte des relativ selbständig gebliebenen eisenachischen Landesteils. Seine charmante und geistvolle Frau Julie (1751–1847) ist als Goethes Freundin und Wielands »Psyche« bekannt geworden. Der Staatsminister Ch. G. V. Vogt rühmte ihren Geist und ihre Herzensgüte und nannte sie »die Göttin und Grazie von Eisenach«.

An dieser Stelle sei wenigstens kurz auf Goethe und seine Beziehungen zu Eisenach und der Wartburg verwiesen, die er 1777 das erste Mal sah. Scheidig hat dies so formuliert: »Die Wartburg und Eisenach haben in Goethes Leben und Schaffen, wenn auch nicht in gleichem Maße wie Jena, Ilmenau oder Karlsbad, eine bedeutsame Rolle gespielt. Genießend und als Künstler schaffend, hat er zuerst in der Lebensepoche ausklingender ›Empfindsamkeit‹ auf der Burg gelebt. Als später der Staatsmann Goethe tätigen Anteil an der Behebung gesellschaftlicher Mißstände nehmen wollte, war es in Eisenach, in Wilhelmsthal und auf der Wartburg, wo er die Grenzen seines Einwirkens auf den Herzog Carl August und den Adel des Landes schmerzlich erfahren mußte. Zu geologischen Studien bot sich dann die nächste Umgebung der Burg mit ihren Aufschlüssen in Schluchten und Felswänden von selbst dem Auge des Naturforschers Goethe dar. Als Hüter des geistigen Erbes der Vergangenheit, dem alle herzoglichen Anstalten für Kunst und Wissenschaft des Weimarischen und Eisenachischen Landes unterstanden, verknüpfte er die Idee des Altertumsmuseums mit der Burg, ehe noch romantische Wissenschaft an ein germanisches Nationalmuseum dachte. Und als am Ende politisches Zeitgeschehen in den Tagen des Wartburgfestes die Stellungnahme forderte, hat Goethe auch diese Probe auf Altersklugheit und Sympathie mit romantischem Jugendempfinden bestanden.«[5]

Das Ende des 18. Jahrhunderts am Weimarer Hof unter der Herzogin Anna Amalia pulsierende Geistesleben wirkte sich, wie gesagt, nur insofern in Eisenach aus, als Wieland, Klopstock und Goethe persönliche Beziehungen zu Eisenach pflegten. Nachzutragen ist, daß Klopstock die Fabrikantengattin Marie Sophie Streiber vor ihrer Ehe in Langensalza als seine »Fanny« verehrte und daß deren Tochter Victoria nach dem Weimarer Hofklatsch als Goethes Verlobte angesehen wurde. Dem Zeitgeist verpflichtet waren die Bemühungen des Kaufmannes Christian Friedrich Roese, den Spitzigen Predigerberg und anschließend den Metilstein aufzuforsten, einen »Naturpark« zu schaffen und sogar die Ruinen der Metilburg »wiederherzustellen«. Dazu hatte 1787 Goethe angeregt, der auch später Anteil an den heranwachsenden Pflanzungen nahm. Roese ließ in Wilhelmsthal ausgemusterte Plastiken aufstellen, die bewegliche Figur eines »Eremiten« installieren, Inschriften an Felsen anbringen (von einer sind die Reste noch sichtbar) und einen »Teepavillon« einfügen. Das hier ausgelegte Gästebuch ist im Thüringer Museum noch vorhanden. Der Pavillon mußte nach dem 2. Weltkrieg wegen Baufälligkeit abgetragen werden. Roeses Bemühungen zogen sich über die Zeit von 1787 bis 1801 hin. Um das Gedeihen der Bäume zu befördern, ließ er sogar Wasser hinaufbringen. 1801 schuf er auf dem Metilstein noch ein hölzernes Bauwerk, die Ruinen der Metilburg vorstellend, das aber bald durch Brand vernichtet wurde. Mit vollem Recht wurde ihm zu Ehren ein Gedenkstein mit der Inschrift »Dem Schöpfer dieses Bergwaldes« gesetzt. Viele erfreuen sich am »Roeseschen Hölzchen«, ohne die Pioniertat seines Schöpfers richtig ermessen zu können.

Unterhalb der Eisenacher Burg, an der »Teebuche«, traf sich sogar der Hof. Mitten im Wald standen Gartenmöbel, an zwei mächtigen Buchen befanden sich Medaillons. Heute künden eine Tafel an der Felswand unterhalb des »Verfluchten Jungfernloches« (hierhinein soll nach der Sage eine hoffärtige Jungfrau durch ihre Mutter »verwünscht« worden sein) sowie die Steinsäule von »Heerleins Grab« von Leben und Denken des 18./19. Jahrhunderts.

Zur Umbenennung des »Frauen(thörischen) Thales« anläßlich des Besuches des Erbprinzenpaares Carl Friedrich und Maria Pawlowna 1805 wurde in eine Felswand des Breitengescheids ein riesiges M für den neuen Namen »Marientaal« eingehauen. 1833 bekam der »Steingraben« (in ihm liegt die 1832 begehbar gemachte »Drachenschlucht«) den Namen »Annataal« nach der Kronprinzessin Anna Pawlowna, der Schwester der Großherzogin Maria Pawlowna, die damals Eisenach und die Schlucht besucht hatte. Das A am Beginn der Drachenschlucht verweist auf diesen »königlich-niederländischen« Besuch. Etwas später

*Eingang zur Drachenschlucht,
zeitgenössische Darstellung*

wurde im Grund der »Armenruhe«, und zwar hinter dem jetzigen Altersheim »Elisabethenruhe«, die Grotte mit der Darstellung des »Rosenwunders« der Elisabeth geschaffen, das einfach an diesen Ort »verlegt« wurde.

Das schon damals vielbesuchte Mariental bekam 1830 das »Gasthaus im Mariental«, die spätere »Phantasie«, 1864 die Gaststätte »Liliengrund«, 1871/72 das große Hotel »Elisabethenruhe« und 1879 die Gaststätte »Sophienau(e)«.

*

Nach diesem Exkurs wieder zu geschichtlichen Ereignissen: Schwere Heimsuchungen brachten der Stadt Einquartierungen und das Biwak der französischen Armee 1757 im Siebenjährigen Krieg. Im Bereich des heutigen Stadtparks und südlich von Neuenhof hatten sich damals die Franzosen in Erwartung Friedrich II. verschanzt. Dieser nahm aber die Schlacht um Eisenach nicht an. Während der Napoleonischen Kriege 1806 bis 1813 war Eisenach einer der Hauptetappenorte. 640.000 Offiziere, Mannschaften und Gefangene verlangten in diesen Jahren Quartier und Verpflegung. Nach dem Beitritt Carl Augusts 1806 zum Rheinbund mußten zahlreiche Bürger in den Krieg ziehen, wo sie für die Interessen des Korsen fielen. Am 17.10.1806 befreite der Leutnant Hellwig mit etwa 50 Reitern 4.000 preußische Gefangene bei Eichrodt (1907 Schaffung des Hellwig-Denkmals). Die Scharmützel zogen sich bis zum Nikolaitor hin. Am 1.9.1810 explodierten drei Wagen eines durch die Stadt geführten Munitionstransports und zerstörten 33 Häuser. Über 60 Menschen kamen dabei ums Leben. Die Erinnerung daran hält der 1817 errichtete Schwarze Brunnen wach, bei dem das Wasser aus durchbohrten Kanonenkugeln fließt. Da war die Begeisterung

Das Burschenschaftsdenkmal

Schloßkirche in Wittenberg. Sie fanden mit ihrer Forderung nach einem einheitlichen, freien Vaterland in Eisenach großes Verständnis und freundliche Aufnahme. Nach einem gemeinsamen Gottesdienst in der Georgenkirche zogen sie zur Wartburg, wo zündende Reden gehalten wurden. Bei einer nächtlichen Versammlung auf dem Wartenberg schloß sich an die Feuerreden die symbolische Verbrennung von reaktionären Büchern, eines preußischen Ulanenschnürleibs, eines hessischen Militärzopfes und eines österreichischen Korporalstockes an. 1902 wurde an dieser Stelle die Bismarcksäule errichtet, die 1963 wegen Baufälligkeit abgetragen werden mußte. Auf der Göpelskuppe entstand das Burschenschaftsdenkmal (1902). Beide hatte der Dresdner Architekt Kreis entworfen. Das Andenken der fortschrittlichen Studenten und Professoren wird in zahlreichen Straßennamen des Nordviertels von Eisenach wachgehalten.

Der Jahrhunderte hindurch in der Residenzstadtatmosphäre mit ihren fürstlichen Empfängen und Paraden gezüchtete Untertanengeist sollte aber noch lange weiterleben. Die Eisenacher Bürger begnügten sich sowohl unter dem Eindruck der französischen Revolution 1830 als auch in der bürgerlichen Revolution von 1848 im wesentlichen mit Protesten und Petitionen an den Landesherren. Ein Sturm auf das Polizeigebäude brachte einige personelle Veränderungen im Staatsapparat, womit man zufrieden war. Der liberale Eisenacher Amtsadvokat Oskar von Wydenbrugk wurde 1848 nach Weimar in die Märzregierung des Großherzogtums gerufen, wo er als Staatsrat Minister wurde. Er wurde auch zum Abgeordneten für die Frankfurter Nationalversammlung gewählt. Ende April 1848 trafen 62 Abgeordnete, unter ihnen Robert Blum, Friedrich Ludwig Jahn und Jakob Grimm, mit der Bahn in Eisenach ein, wo sie begeistert am Bahnhof begrüßt wurden. Sie mußten allerdings mit der Post weiterreisen, weil die Eisenbahn damals in Eisenach endete. In Frankfurt schloß sich Wydenbrugk den gemäßigten Liberalen an, später trat er für den Deutschen Reformverein ein, der für die Einigung Deutschlands im großdeutschen Sinne votierte. Genannt sei auch noch der Eisenacher Gymnasialprofessor Dr. Wilhelm Weißenborn, der Abgeordneter des

verständlich, mit der nach dem tagelangen Durchzug der flüchtenden französischen Truppen nach der Schlacht bei Leipzig am 28.10.1813 Gneisenau, der im Schloß im Kreise von Blücher und Kleist seinen Geburtstag beging, empfangen und der Sieg als Befreiung gefeiert wurde.

Die nationale Begeisterung der Befreiungskriege drängte zur Ablösung des überlebten feudalistischen Regimes und der staatlichen Zersplitterung Deutschlands. Dieses fortschrittliche Begehren wurde durch die 1813 erlassene neue Eisenacher Stadtordnung gestärkt. In ihr spiegeln sich Steinsche Gedanken. Nun wurde die städtische Selbstverwaltung, die seit Johann Georg immer weiter zurückgedrängt worden war, neu geweckt.

Am Wartburgfest von 1817 trafen sich 478 Studenten und einige Professoren von elf protestantischen Universitäten zur Erinnerung an die Schlacht bei Leipzig und aus Anlaß des 300. Jahrestages des Thesenanschlags an der

Frankfurter Parlaments für den 2. Wahlkreis Sachsen-Weimar war.

*

Hatte Eisenach im Mittelalter und der Frühneuzeit bis zur Mitte des 18. Jahrhunderts in der Einwohnerzahl nur langsam zugenommen, so wuchs die Stadt mit dem Einsetzen der Industrialisierung zusehends.

Bereits 1571 war eine »Löbermühle« (Lohgerbermühle) vor dem »Clausthor« (»Nikolaitor«) genannt worden, in der die zum Gerben benötigte Lohe durch Stoßen bzw. Mahlen von Baum-, insbesondere Eichenrinde, hergestellt wurde. Ihr gegenüber lag am Mühlgraben die alte Mahlmühle, die als »Untermühle vom Clausthor« 1557 von Valentin Rudloff »versteuert« wurde. Die Wasserkraft war ein begehrtes Anlageobjekt, sie trieb Mühlen, Kupfer- und Zainhämmer, in denen Eisen zu stangenförmiger Zwischenware geschmiedet wurde. 1629 erwarb die Untermühle der fürstliche Baumeister Hans Weber, bekannt als Erbauer der Ratsapotheke und des Fischbacher Schlößchens. Er schuf auch Fachwerkbauten in Hersfeld und die Widemark in Vacha. Die Mühle erwies sich aber nicht immer als Goldquelle; denn seine Witwe wurde auf Zahlung der etliche Jahre schuldig gebliebenen Zinsen verklagt.

Mit Weitsicht und wirtschaftlichem Erfolg nutzte dann der Bürgermeister Justinus Schmidt (1651 – 1724) die Wasserkraft. Er war ein Eisenacher Kürschnersohn mit Gymnasial- und großkaufmännischer Ausbildung. Auf Grund seiner in Nürnberg und Langensalza gesammelten Erfahrungen richtete er um 1680 eine »Schön- und Waidfärberei« und danach eine »Tuch- und Raschmanufaktur« mit Walkmühle, Mangeln, Färbe- und Preßhäusern ein, unterstützt durch Herzog Johann Georg I. Mit diesem vorbildlichen frühen Fabrikbetrieb schuf er den Ausgangspunkt für die westthüringische Textilindustrie. Auf ihn geht aber auch der Vorschlag zur Gründung eines Waisenhauses zurück. In diesem »Spinn- und Arbeitshaus« mußten etwa 40 Kinder für ihn arbeiten. 1701 kam es in Eisenach zum ersten »höchst strafbaren« Aufstand und Streik

Portal des Residenzschlosses während der Restaurierung

aller 37 Zeugmachergesellen, die zur Durchsetzung ihrer Forderungen ins »Ausland« nach Neukirchen (damals gothaischer Nachbarort) zogen. Leiter dieser Aktion war Benjamin Eichel, der sich später zum Manufakturherren herausbildete. 1707 gründete Johann Heinrich Göckel eine Tuchmanufaktur, die »alles an sich zieht«, wie vermerkt wurde. Mehrfach wurde Justinus Schmidt in den Jahren 1707 bis 1721 zum Bürgermeister gewählt. Herzog Wilhelm Heinrich plante 1733 die Einrichtung einer eigenen Kerzenzieherei, was aber an Geldmangel scheiterte. Er förderte nun durch Konzession die Wagnersche »Zeug- und Raschfabrik« (1730) und erteilte 1733 Benjamin Eichel die Konzession zur Führung seiner »Fabrik für Färberei« innerhalb der Stadt am Sonnabendsmarkt. Dies war die Gründungsurkunde der Kammgarnspinnerei. Johann Lorenz Streiber (1723 – 1796) übernahm 1768 von Christian Friedrich Schmidt, dem Enkel des Gründers, dessen Manufakturen und schuf das erste Großunternehmen Eisenachs. Im Herbst 1777 führte er es dem Geheimen

Ratsapotheke und Ostseite des Residenz-schlosses

Legationsrat Johann Wolfgang Goethe, seinem jungen Freunde, vor. Dessen angenommene Beziehungen zu seiner Tochter Victoria wurden bereits erwähnt. Ihre jüngere Schwester Friederike Christiane heiratete 1777 Heinrich Jakob Eichel. Damit war die Voraussetzung geschaffen, alle Betriebe in einer Hand zu vereinigen, und die Familiendynastie der Eichel-Streiber entwickelte sich, die in vielen Beziehungen eine wichtige Rolle in Eisenach spielte. Diese Familie ist das Musterbeispiel für die Entwicklung vom Zunfthandwerk zum Handels- und Manufakturkapitalismus, für das Eindringen des ökonomisch erstarkenden Bürgertums in die bisher merkantilistisch betriebene Wirtschaft von Stadt, Land und Staat.

Die Kontinentalsperre und die napoleonischen Kriege beeinträchtigten die weitere Entwicklung der Textilunternehmen in Eisenach. Ob deswegen Benjamin Eichel 1809 die Trennung der Tuchmacherei von der Spinnerei vornehmen mußte oder ob er eine damit zu erreichende höhere Produktivität anstrebte, ist nicht zu entscheiden. 1812 stellte er jedenfalls in Eisenach die erste Kammgarnspinnmaschine in Dienst und nahm die Wollgarnfabrikation auf. Nach 1820 kam es insgesamt in der Eisenacher Textilindustrie zur wirtschaftlichen Erholung, wozu weitere englische Maschinen beitrugen. Durch die Gründung eines Konsortiums (Eichel/Pfennig/Cramer) und den Beitritt des Großgrundbesitzers Friedrich Eichel (1829) vergrößerte sich zusätzlich die wirtschaftliche Kraft des Unternehmens. 1861 erfolgte ein erneuter Schub mit dem Einsatz der ersten Dampfmaschine in der Burgmühle – die Wasserkraft war nicht mehr die alleinige Energiequelle. 1862 kam eine zweite Dampfmaschine in der Weißen Mühle hinzu, wo 1865 bisher verstreut gelegene, kleinere Betriebsteile zusammengefaßt wurden. Hier bildete sich der Standort der heutigen Kammgarnspinnerei heraus. Der Straßenname »Bleichrasen« verweist nachdrücklich auf die Weiterbehandlung der Garne und Stoffe. In der Fabrikordnung von 1863 war ein Passus enthalten, der die Kinderarbeit täglich nach der Schule und in den Ferien erlaubte, und zwar für ein Drittel des Lohnes der Erwachsenen.

Die Familie Eichel setzte aber auch schon auf einen zweiten Industriezweig: 1806 hatte Friedrich Eichel eine »Farben- und chemische Fabrik« gegründet, aus der die »Farbenfabrik von Arzberger, Schöpff & Co.« hervorging. Sie nutzte (bis 1966!) das gesamte Gelände zwischen Waldhausstraße und Bahnhofstraße, aber auch das Terrain neben der Untermühle. An deren Stelle wurde 1904 die erste »Eisenacher Brotfabrik« erbaut und, nachdem diese abgebrannt war, 1922 das Hotel »Terminus«, das heute die Büroräume der Eisenach-Information und das Pädagogische Kreiskabinett beherbergt. Zu nennen ist noch die »Dietelsche Bleiweißfabrik« (1835) im Ortsteil Rothenhof, die bis 1924 produzierte und deren alte Anlagen nebst Schornstein von der Eisenbahn aus gut zu erkennen sind.

Als 1908 der Hörselmühlgraben zugeschüttet worden war, erinnerten allein die tiefgelegenen Häuschen von »Klein-Venedig«, nämlich einstige Gerberhäuser, an das lange betriebene Gewerbe der Lederverarbeitung. Ein größeres Gebäude mit doppeltem und mit offenen Luken versehenen Trockenboden war letztes Zeugnis der hier einst betriebenen Textilherstellung. Mit dem Bau des langen Gebäudes der Eisenach-Information und des Reisebüros (1969 – 1971) in der Bahnhofstraße verschwanden dann diese letzten Sachzeugen der »Wiege der Eisenacher Produktionsstätten«.

Stand im »Historischen und Geographischen Lexikon« von Iselin (Basel 1740) noch über Eisenach: »Der Boden ist hier ziemlich fruchtbar, doch mehr an Hopfen, als an Ackerbau und Wiesewachs«, so vermerkt das »Zeitungs-, Post- und Comptoirlexikon« von 1811 schon eine Menge von Einzelerzeugnissen, nämlich Tuche, Rasch, Chalons (Kammgarngewebe), Serge, Soy, Plüsch, Leinwand, Leder, Bleiweiß, Fußteppiche, Pfeifenköpfe, Cervelatwürste, Walkerde u. a. Ferner werden die Wollkämmerei, die Baumwollspinnerei und auch die Fabrikation von Persico (roter Indigo) genannt. Aus den 40er Jahren berichtet ein geographisches Handbuch von Dr. Eugen Huhn vom Anbau von Korn, Krapp, Obst und Hopfen, von der Gärtnerei sowie der Fabrikation von Wollgeweben, Barchent, Drill, Twist, Wollgarn, Bleiweiß, Persio, Pfeifenköpfen und Siegellack. Bedeutend waren weiter die Wollkämmerei, der Handel mit Sämereien und Materialwaren, die Bierbrauerei (nach dem 1. Weltkrieg war die Actienbrauerei Eisenach der siebtgrößte deutsche Konzern!), drei Spinnereien, drei Walk-, drei Öl-, eine Graupen-, eine Pulver- und viele Mahlmühlen. Die Vielfältigkeit des Eisenacher Wirtschaftslebens weist auch die Deutsche Real-Enzyklopädie der 60er Jahre aus: »Eisenach besitzt viel Gewerbetätigkeit, hat beträchtlichen Handel und vielen Verkehr, da seit Eröffnung der Eisenbahnen sich von Eisenach aus der Strom der Vergnügungsreisenden in den Thüringerwald ergießt...« Vermerkt werden noch vier Apfelweinkeltereien, eine Korbwarenfabrik, die Fabrikation von Strümpfen, Tapeten, Tuchen, Zeugen, verschiedenartigen Chemikalien, Tabak, Schuhwaren, feinen Tongefäßen, Leim, Leder, Alabasterwaren und Maschinen.

Neu hinzukommende Betriebe – an der Kartäuserstraße sogar eine Ziegelei und zwischen Mühlgraben und Eisenbahn im Norden eine Herdfabrik – verstärkten die Industrialisierung. Eine neue, entscheidende Entwicklung der Stadt Eisenach setzte ein. Das kleine, verträumte Landstädtchen entwickelte sich langsam, aber zielstrebig zur Fremden- und Kongreßstadt.

Posthalterei und Gasthaus »Sonne« in der Georgenstraße

*

Das 5. Thüringer Liederfest, 1847 im Mariental und auf der Wartburg begangen, stellte sich die Vertiefung der nationalen Bewegung und die Einigung Thüringens zur Aufgabe. Diese Ziele wurden auch 1848 auf der ersten Versammlung des Allgemeinen Deutschen Lehrervereins in Eisenach in den Mittelpunkt gestellt. Seit 1838 erfolgte die Wiederherstellung der in vollem Verfall befindlichen Wartburg unter dem Großherzog Carl Alexander, im wesentlichen von Hugo von Ritgen realisiert. Die 1867 vollendete erste Restaurierung gab dem Gedanken der nationalen Einigung neuen Auftrieb und führte wiederum und erst recht zahllose Verbände und Persönlichkeiten in die Stadt am Fuße der Burg. 1859 fanden in der Gaststätte »Phantasie« im Mariental die Vorbesprechungen zur Gründung des Deutschen Nationalvereins statt, der im gleichen Jahr dann in Frankfurt/Main gegründet wurde,

Wartburgallee

aber danach noch mehrfach in Eisenach zusammentrat. Zu seiner konstituierenden Versammlung kam aber auch 1869 der Allgemeine deutsche sozialdemokratische Arbeiter-Congreß unter Bebel und Liebknecht nach Eisenach. 1850 sah die Stadt die Hauptversammlung des Gustav-Adolf-Vereins, seit 1852 regelmäßig die sog. »Eisenacher Konferenz« der evangelischen deutschen Kirchenregierungen, 1882 die Versammlung deutscher Naturforscher und Ärzte und 1907 die Neue Bachgesellschaft bei der Einweihung des Bachmuseums.

*

Parallel dazu stieg das Bildungsbedürfnis. Dem Zeicheninstitut folgte 1818 das Lehrerseminar, 1819 die Falk'sche Sonntagsschule für Lehrlinge, die 1825 an die Stelle von sechs recht primitiven deutschen Schulen tretende moderne Bürgerschule auf der Esplanade, die Handwerksschule für die Baugewerke (1827) und die Freie Gewerkschule zur Förderung und Vervollkommnung der Technik (1834). Um die Volksbildung bemühte sich auch der Eisenacher Gewerbeverein (1837). Im gleichen Jahr wurde der erste Kindergarten eröffnet, dessen nun über 150 Jahre alter Nachfolger seit 1843 An der Münze 4 steht. 1843 entstand die städtische Realschule in der Bürgerschule am Markt (später in der Goldschmiedenstraße), der ab 1848 vier Jahre lang der bekannte Pädagoge Dr. Karl Mager (1810 – 1858) das Profil gab. Ihn löste der bedeutende Schulmathematiker Dr. Gustav Koepp (1819 – 1903) ab, der Lehrer Ernst Abbes. An dieser Schule und teilweise parallel dazu an der Forstlehranstalt wirkten der international bekannte Bodenkundler Dr. Ferdinand Senft (1810 – 1893), der Anglist Dr. Fritz Koch (1813 – 1872), dessen »Historische Grammatik der englischen Sprache« »wegen der Gelehrsamkeit und Gründlichkeit« über alle englischen Grammatiken gestellt wurde und ihm den Doktorgrad der Universität Oxford brachte, und der Altphilologe Dr. Tycho Mommsen (1819 – 1900), Bruder des Historikers und ersten deutschen Nobelpreisträgers Theodor Mommsen und wie er mit Theodor Storm befreundet,

um nur einige zu nennen. Am Carl-Friedrich-Gymnasium, oft auch als »Luthers Schule« bezeichnet, lehrten ebenfalls bedeutende Personen wie Dr. Wilhelm Weißenborn (1803 – 1878), Dr. Karl Funkhänel (1808 – 1874), Dr. Wilhelm Rein d. Ä. (1809 – 1865) und Dr. August Witzschel (1813 – 1876). Weißenborn schrieb eine lateinische Syntax, gab den Livius heraus und war Mitglied des Frankfurter Parlaments. Funkhänel war ebenfalls Altphilologe; er leitete das Gymnasium erfolgreich 36 Jahre. Rein legte zahlreiche lokalgeschichtliche Arbeiten vor, u. a. das »Album der Schlösser und Ritterschaftlichen Besitzungen des Großherzogtums Sachsen-Weimar-Eisenach«. Rein war als Direktor des Germanischen Museums in Nürnberg vorgesehen, verstarb aber plötzlich vor seiner Berufung. Witzschel wurde allgemein durch seine zweibändige Sammlung der »Sagen, Sitten und Gebräuche in Thüringen« bekannt. Später wurde Hermann Helmbold (1867 – 1946) Pädagoge und Direktor am Gymnasium. Er ging als »Geschichtsschreiber Eisenachs« in die Lokalgeschichte ein, aber auch als Leiter des »Eisenacher Geschichtsvereins« (1924 – 1944).

Das bekannte Mädchenpensionat der Auguste Möder (1830 – 1897), die »Möderei«, hatte Zuspruch auch aus Angelsachsen und wurde in dem vielgelesenen Mädchenroman »Trotzkopf« von Emmy Friedrich (Pseudonym Emmy von Rhoden) beschrieben. Beinahe hätte Friedrich Fröbel im Bechtolsheimschen Haus am Jakobsplan eine Kindergärtnerinnenschule eingerichtet. Nach ihrer Rückkehr aus Großbritannien wurde seine Schülerin Eleonore Heerwart, eine gebürtige Eisenacherin, in seinem Sinne im thüringischen Raume aktiv, speziell in Gotha und Eisenach.

*

Diese vielseitige Wandlung der Stadt wurde durch ihren frühen Anschluß an das deutsche Eisenbahnnetz (1847 »Thüringer Bahn«, 1858 »Werra-Bahn«) begünstigt. Wesentlich wurde aber auch die Erschließung der landschaftlich immer reizvoller gestalteten Umgebung durch den

Dominikanerkloster, heute Institut für Lehrerbildung

Lichthof im Haus »Hainstein«

Felsengrotte im »Roeseschen Hölzchen«

»Die wilde Sau«, Sühnekreuz unweit des Rennsteiges

Gründer der Eisenacher Forstschule (1830 Schmelzerstraße 14, 1850 Frauenberg 17, ab 1905 Forstakademie, 1915 Auflösung), Oberforstrat Dr. Gottlob König (1776 – 1849), und seine Nachfolger Carl Grebe (1816 – 1890), Hermann Stoetzer (1840 – 1911) und Huldreich Matthes (1850 – 1926). 1873 nahm sich dieser Aufgabe auch noch der »Verschönerungsverein« an. Zu nennen sind von den Leistungen der forstlichen Landschaftsgestalter die Begehbarmachung der Drachenschlucht 1832, deren Namen wahrscheinlich König vorgeschlagen hat, die Anlegung des Prinzenteiches 1854, die Schaffung zweier Forstlehrgärten am Anfang des Helltales und im Roeseschen Hölzchen, die Nutzung des Kartausgartens im gleichen Sinne sowie die wegemäßige Erschließung der Umgebung Eisenachs. Dazu gehörten auch zahlreiche gestaltete Aussichten wie die von der Hohen Sonne und dem Hirschstein (zugewachsen) zur Wartburg bzw. »Marienblick«, »Helenenblick« (in Vergessenheit geraten) und später »Karolinenblick«, um nur einige zu erwähnen. 1808 war die Gartendirektion Eisenach als Teil der Hofverwaltung (Hofmarschallamt II) gegründet worden. Die noch zu nennenden Hofgärtner waren damit verpflichtet, Einfluß auf die Landschaftsgestaltung zu nehmen, später waren die Direktoren der Forstschule ihre Leiter und damit dienstlich gehalten, auf das Parkwesen und die Landschaftsverschönerung einzuwirken. Die Gartendirektion wurde 1890 aufgelöst, und nach dem Tod des Großherzogs Carl Alexander (1901) geschah erwiesenermaßen kaum noch etwas im »Naturpark« um Eisenach. Von den Gärtnern müssen genannt werden: Johann Georg Sckell (1725 – 1800), der in Wilhelmsthal und im Kartausgarten tätig war, der Hofgärtner Friedrich Gottlieb Dietrich (1765 – 1850), der den Kartausgarten zu einem botanischen Garten gestaltete, Hermann Jäger (1815 – 1890), der aus ihm einen Landschaftsgarten machte – der er heute noch im wesentlichen ist – sowie Eduard Petzold (1815 – 1891) und Huldreich Matthes, die nacheinander

Park Pflugensberg bzw. den umfassenderen Stadtpark schufen.

*

Gleichzeitig erfolgte eine durchgreifende Modernisierung und kulturelle Bereicherung der Stadt. Der Fortschritt hatte seit 1832 den alten Mauerring gesprengt, die teils trockenen, teils wassergefüllten Stadtgräben verschwinden lassen und vier der fünf Stadttore zu Fall gebracht. 1888 bis 1890 wurde mit der Neugestaltung der Nikolaikirche das einteilige Nikolaitor zu einem vierfachen Torensemble gestaltet. Schon Kämpfer verwies diesbezüglich auf einen besonderen Aspekt, den auch jetzt Marburger Denkmalpfleger bestätigten: »Daß es im 19. Jahrhundert nicht zu einer allgemeinen Wiederherstellung der alten Stadt, ähnlich der Erneuerung der Wartburg, kam, ist, wie das Beispiel der Nikolaikirche beweist, sicher nur nützlich gewesen.«[6] Und heute konnte festgestellt werden, daß manch desolat erscheinendes Fachwerkgebäude durchaus zu retten ist und damit historische Bausubstanz, die dank geringer bisheriger Abrißkapazitäten noch vorhanden ist. Dies betrifft u. a. Häuser an der Westseite des Markts, aber auch die sehr alten Wandmalereien in der steinernen Hellgrevenkemenate.

*

Eisenach war zwar nicht das Dichterparadies wie Weimar, doch suchten es immerhin einige bedeutende Persönlichkeiten auf, anderen bot insbesondere seine Umgebung Stoffe für ihre Werke. Johann Carl August Musäus lernte von 1747 bis 1754 auf dem Gymnasium und fand in Eisenach zur geistigen Reife. Christoph Marin Wieland schrieb 1775 sein Versepos »Sixt und Klärchen«, eine Verherrlichung der sagenhaften Klostergestalten, die ob ihrer »sündigen« Liebe in den Felsen »Mönch« und »Nonne« versteinert sein sollen. Johann Wolfgang Goethe schrieb auf der Durchreise sein herrliches Gedicht »Im Gegenwärtigen

Vergangenes« des »West-Östlichen Divans« (26.7.1814). Von 1863 bis zu seinem Tode 1874 lebte Fritz Reuter in Eisenach, zuerst im Schweizerhaus des Baurates Dittmar am Schloßberg, dann ab 1868 in seiner Villa im unteren Haintal. Der Pfälzer Dichter August Becker kam 1868 nach Eisenach, wo er 1891 verstarb. Mit seiner Novelle »Auf Waldwegen« und dem Roman »Eleonore« gab er stimmungsvolle Schilderungen der Eisenacher Umgebung. Er verkehrte mit Reuter und auch mit dem kurzzeitig in Eisenach lebenden Dichter Friedrich Friedrich. Viktor von Scheffel hatte 1857 dem Großherzog Carl Alexander einen Wartburgroman nach dem Vorbild seines »Ekkehard« zugesagt, er lebte 1859 sogar in einem Gartenhäuschen am Schloßberg in unmittelbarer Nähe der Burg, sein Roman blieb aber trotzdem in Ansätzen stecken. Reuter gehörte wie zahlreiche Professoren der 1854 gegründeten »Dienstagsgesellschaft« an, die nach dem Vorbild der weimarischen »Mittwochsgesellschaft« gegründet worden war und wissenschaftliche und künstlerische Betätigung pflegte. Reihum hielten die stets auf 30 begrenzten Mitglieder Vorträge, sie trafen sich aber auch gesellig in der Gastwirtschaft »Gröbler« am Karlsplatz, wie uns August Becker überlieferte. Der Elsässer Friedrich Lienhard (1865 – 1929) zog von Weimar in sein geliebtes Eisenach, wo er aber nur noch einige Monate lebte.

Nicht zu vergessen sind August Herbart (1851 – 1936), der in Eisenach lebende Dichter der »Rhönklänge«, Conrad Hoefer (1872 – 1947) mit seinen literaturwissenschaftlichen Sagenvergleichen und dem Bändchen »Hörselberg«, der mit humoristischen Werken in Eisenacher Dialekt hervorgetretene Ede Zahn (1872 – 1937) sowie Anna Hilaria von Eckhel (1873 – 1948, seit 1908 in Eisenach) mit ihren farbigen, den Süden wiedergebenden Romanen. Bekannt war auch Walter Flex (1887 – gefallen 1917) mit seinen vaterländischen Gedichten. 1930 bis 1950 lebte der Dramatiker und Romancier Maximilian Böttcher (1872 – 1950) in Eisenach, der insbesondere durch »Krach im Hinterhaus« und »Krach im Vorderhaus« bekannt wurde. Hanns Cibulka, Gotha, legte 1978 »Das Buch Ruth. Aus den Aufzeichnungen des Archäologen Michael S.« vor, das die herrliche Umgebung Eisenachs in gefühlvollen Einschätzungen lebendig macht. Gegenwärtig lebt und wirkt in Eisenach einer der bekanntesten Sachbuchautoren, der vor allem die Physik, Mathematik, Elektronik und verwandte Themenkreise allgemeinverständlich darzustellen versteht: Walter Conrad. – Bedeutende Musiker waren Karl Müllerhartung (1834 – 1908, 1859 – 1865 in Eisenach) als Kantor der Georgenkirche, Friedrich Kühmstedt (1808 – 1858, Dirigent des Musikvereins 1836 – 1857) als Organist und Musiklehrer am Seminar, Hermann Thureau (1836 – 1905, Dirigent ab 1865) als Leiter des Eisenacher Musikvereins, später Wilhelm Rinkens (1879 – 1933, 1906 – 1922 in Eisenach), Eugen d'Albert (1864 – 1932, 1885 – 1890 in der Bornstraße im selbstentworfenen Haus), Siegfried Kuhn (1893 – gefallen 1915) sowie Rudolf (1889 – 1971) und Erhard Mauersberger (1903 – 1982), von denen Rudolf Kreuzkantor in Dresden und Erhard Thomaskantor in Leipzig war.

*

Zurück zu den historischen Ereignissen: Die weitere Entwicklung der Stadt brachte 1849 bis 1857 den Versuch der »Steinkohlen-Aktien-Gesellschaft«, im Georgental Steinkohlen zu erbohren, was mit einem Fiasko endete. Deswegen wurden geplante Bohrungen bei Atchenbach gar nicht erst aufgenommen. Stark wurden die Aktien der Werrabahn gezeichnet, 1855 entstand am Predigerplatz das Gebäude des Sparkassenvereins. Auch ein 1860 gegründeter Vorschußverein förderte das Wirtschaftsleben. 1862 wurden in der Karlstraße Trottoirs mit Steinplatten angelegt, 1862 erstrahlten die ersten Gaslaternen. Auf dem Karlsplatz gab es den »Kandelaber« zu bestaunen, eine fünfflammige Gaslaterne in Leuchterform. Aus den Gassen der Innenstadt wurden Straßen, die Viehherden verkleinerten sich, die »Ackerbürgerstadt« entwickelte sich mehr und mehr zur »Stadt«. Zur Hörsel hin kamen Straßen mit einfacheren, vielfach stillosen Häusern hinzu. Es entstanden Gas- (1862), Wasser- (1874) und Elektrizitätswerk (1892), das Hauptpostamt (1887), der Bahndamm (1900 – 1904), der sieben niveaugleiche, beschrankte Übergänge entbehrlich machte, und der heutige denkmalgeschützte Haupt-

Carl-Alexander-Denkmal an der Wartburgallee

Wandelhalle im Kartausgarten

Detail eines Säulenkapitells im Hauptbahnhof

Hauptbahnhof, Fürstenwartesaal

bahnhof (1904), der dritte Bahnhofsbau Eisenachs (erster 1847, zweiter 1861, dann 1885 erweitert). Man errichtete moderne und komfortable Hotels und Gaststätten, die eigene »Dienstmänner« und »Equipagen« unterhielten. Bereits um 1861 konnte man Esel und Pferde für kürzere oder längere Touren mieten, aber auch »ortskundige Führer« bekommen. Zur Wartburg konnte man ab 1865 reiten. Ein »Eselstand« befand sich in der Oberen Predigergasse, zwei weitere lagen an der damaligen kleinen Gaststätte »Zum Roten Hirsch« am Anfang des Schloßberges (heute Wohnhaus Schloßberg 9). Nahebei wohnte Fritz Reuter im Schweizerhaus des Baurates Dittmar. Er schrieb in einem Brief: »Ich setze mich auf den Balkon meiner Wohnung, vor mir liegen schöne Gärten und die Stadt Eisenach im Tale...und in Steinwurfnähe ist die Eselei, ein Institut für Esel und junge Damen, die die Wartburg bereiten wollen. Welche Poesie liegt darin, wenn man ganz

in der Nähe mit ansehen kann, wie diese geduldigen Kreuzträger die jungen krinolinebeschwingten Thüringerinnen auf sich nehmen und gesenkten Ohres mit ihrer süßen Last auf die Berge trippeln.«

Das Bürgertum und die sich aus ihm herausbildende Bourgeoisie gewannen mit der fortschreitenden Entwicklung des Industriekapitalismus an Selbstbewußtsein und gründeten zu ihrer Unterhaltung und zur Pflege ihrer Traditionen 1879 das »Stadttheater«, ein Geschenk des kinderlosen Julius von Eichel-Streiber, und 1899 das »Thüringer Museum«. 1850 gedachte man würdig des 100. Todestages von Johann Sebastian Bach, 1867 fand die 800-Jahr-Feier der Wartburg statt. Vom 19. bis 22.6.1890 führte der Allgemeine Deutsche Tonkünstlerverband seine 27. Tonkünstlerversammlung in Eisenach durch, zu der in sechs Konzerten zeitgenössische Musik erklang. Es dirigierten, z. T. Uraufführungen eigener Werke, Richard Strauß, Eugen

Eisenach feiert Sommergewinn! Holzschnitt nach einer Zeichnung v. Hertel, 1867

d'Albert, Felix Dräseke, Franz Liszt und Engelbert Humperdinck. 1896/97 richtete man im ehemaligen Reuterhaus ein Reuter-Wagner-Museum ein. Es entstanden Denkmäler und Gedenkstätten: 1875 das Grabmal für Fritz Reuter auf dem neuen Friedhof (von Afinger), 1884 Donndorfs Bach- und 1895 Donndorfs Lutherdenkmal und 1909 das Denkmal für den 1901 verstorbenen Großherzog und Erneuerer der Wartburg Carl Alexander (von Hosaeus). Für Eisenachs bedeutendstes Arbeiterkind Ernst Abbe (1840 – 1905) reichte es aber nur zu einem Straßennamen und zu einer Gedenktafel am Geburtshaus, das dem Neubaugebiet Goethestraße weichen mußte. Heute kündet eine neue Tafel von Abbe (1980), und 1981 schuf Eberhard Reppold den Ernst-Abbe-Brunnen (in Linsenform) an der Goethestraße. Auf dem Hainstein wurde 1887 »Dr. Köllners Kurhaus und Pension« errichtet (heute »Haus Hainstein«), und 1890 bis 1892 entstand auf dem Goldberg das Schloß »Pflugensberg« im spätgotischen Stil als Wohnsitz der Familie Eichel-Streiber (heute Landeskirchenamt).

Alte Gotteshäuser, Nikolai- (1887), Georgen- (1898/99), und Annenkirche (1907) wurden restauriert. Neu erstanden die Synagoge (1885; während der Pogrome am 9.11.1938 zerstört; 1947 Gestaltung der Erinnerungsstätte) und die Elisabethkirche (1888). Burschenschaftsdenkmal und Bismarcksäule (beide 1902 von Kreis geschaffen) wurden bereits genannt. 1868 war der Neue Friedhof angelegt worden, 1901 erhielt er eine Kapelle nebst Krematorium. 1895 war das Diakonissen-, 1904 das Stadt-(Kreis-)krankenhaus und 1914 das Elisabethkrankenhaus errichtet worden.

*

An dieser Stelle gilt es das für Eisenach typische Frühlingsfest des »Sommergewinns« vorzustellen. Es ging in seinen Anfängen wahrscheinlich auf ein slawisches Frühlingsfest und germanische Kultbräuche zurück. Leider ist der aus dem »Todaustreiben« und dem »Sommerholen« entstandene Brauch weder in alten Eisenacher Akten noch Chroniken nachzuweisen.

Erst Johann Michael Koch, Lehrer an der Lateinschule, gibt 1704 den frühesten Bericht. Danach habe schon um 1650 der Brauch bestanden, ein Feuerrad vom Metilstein herabrollen zu lassen. Vor dem Georgentor, insbesondere am Ehrensteig, dem »Stiegk«, hat sich der Sommergewinn 200 Jahre lang in recht bescheidener Form am Leben erhalten. Am 20.3.1849 veröffentlichte Christian Schreiber im »Eisenacher Sonntagsblatt« einen Wechselgesang »Winter und Frühling«, und der Eisenacher Gymnasiallehrer Dr. August Witzschel berichtete 1852 (»Über den Sommergewinn in Eisenach«, Jahresbericht des Gymnasiums) u. a., daß Bäcker Brezeln feilhielten, das Symbol des Immerwiederkehrens, des sich immer erneuernden Lebenslaufes. Auch bunte ausgeblasene Eier, aus allerlei farbigen Läppchen zusammengesetzt und mit dem weißen Mark von Binsen und Holunder überzogen, sowie sogenannte »Sommervögel«, nämlich bunte, breitgeflügelte, langgeschwänzte Vogelgestalten aus Binsenmark, gehörten zu den typischen Verkaufsgegenständen. Die »Sommervögel« wurden gekauft, damit man sie in der Wohnstube aufhing und schweben ließ, »denn es ist gut, einen solchen Sommervogel das Jahr über in seiner Behausung zu haben«. Witzschel erwähnt auch einen Kletterbaum, von dem man bunte Bänder herunterholte, und ein Feuerrad, »an welches ein strohenes Mannsbild gebunden war, das sie den Tod nannten«. Um 1880 war das Fest zu einer Art Jahrmarkt verflacht. Bereits 1894 erwog der »Weststädtische Bezirksverein«, es zu neuem Leben zu erwecken. Der von seinem Vorsitzenden, dem Turnlehrer Hermann Goldner (1839 – 1911), 1897 gestellte Antrag, das Fest »durch Auffrischen des Althergebrachten in andere Bahnen zu lenken«, wurde einstimmig angenommen. Im gleichen Jahr zog man mit »Winterwagen« und »Sommerwagen« vom Markt in die Weststadt, wo vor der Elisabethenschule »Frau Sunna« eine Verkündigung vortrug und danach der »Winter« in Form einer Strohpuppe verbrannt wurde. Wegen des Todes der Großherzogin mußte man den Termin auf vier Wochen nach Sonntag Lätare verschieben, dieser Sonntag blieb aber der feste Termin. Weitbekannte Symbole des Festes waren und sind das Binsenei als Zeichen der Fruchtbarkeit, der Hahn als Verkünder des

Lichts des neuen Tages sowie die Brezel als Zeugnis des festen, sich immer wiederholenden Jahresverlaufes. Mit ihnen werden auch die Häuser des Westteils der Stadt Eisenach alljährlich geschmückt.

Die jährliche Feier des Volksfestes wurde nur durch die beiden Kriege und die Ereignisse 1989/90 unterbrochen. 1949 feierte es seine Wiedererweckung. Schon 1950 fand der erste Festzug statt, der von der Weststadt zum Markt führte. Die zwei thematischen Wagen fuhren anschließend zurück in die Katharinenstraße, wo das Streitgespräch und die Verbrennung der Strohpuppe den Umzug beschlossen. In den folgenden Jahren kristallisierten sich Originale wie »Henner«, »Frieder« und »Lawise« heraus, später »Konner« und zuletzt »Mäxer« und »Tante Frieda«. 1962 wurde noch ein thematischer Teil, der jedes Jahr andere heimatgeschichtliche oder allgemein geschichtliche Stoffe ins Bild setzte, in den Festzug eingefügt. In den 30er Jahren hatte Fritz Reinhardt den Text des Streitgesprächs zwischen »Sunna« und »Winter« erdacht, 1963 entstand die jetzige Fassung, die Helmut Stietzel schuf. Seit 1967, dem Jahr der 900-Jahr-Feier der Wartburg, wird das Streitgespräch auf dem Markt geführt, wo anschließend auch der »Winter« verbrannt wird. 1985 wurde die von Professor Laufer geschaffene Sommergewinnsplastik auf der Grünfläche zwischen Annenkirche und Hellgrevenkemenate aufgestellt.

Im Laufe der Zeit entwickelte sich der »Sommergewinn« zum größten Frühlingsfest in Deutschland und zu einem kulturellen Hauptereignis in Eisenach.

Das Nachtigallengäßchen am Ehrensteig, Federzeichnung

Sommergewinnsplastik von Prof. Günther Laufer am Schiffplatz

Daß sich Eisenach auch zu einer Kongreßstadt entwickelt hat, liegt nicht nur an der zentralen Lage und der Schönheit der Natur, die die Stadt umgibt. Dazu beigetragen hat auch der 1906 begonnene Versuch, mit der Wilhelmsglücksbrunner Karolinenquelle (die Saline liegt südlich von Creuzburg) aus Eisenach ein Weltkurbad zu machen, wovon noch die Wandelhalle und die Kurstraße künden. Das ehemalige Kurhaus ist jetzt Medizinische Fachschule. Nach vielen Bemühungen wurden die Bestrebungen 1938 endgültig eingestellt. Auch wohlhabende Fremde zogen nach Eisenach. Einer der ersten Rentiers war ein Herr Schledehaus, der das burgähnliche helle Gebäude vor dem Reuterhaus erbauen ließ. Ihm folgte dann Fritz Reuter nach, dessen Villa Prof. Ludwig Bohnstedt erbaute. Genannt werden soll auch Toeche-Mittler, der seine Villa (heute Musikschule) am Ende der Kapellenstraße mit einem wertvollen Baumbestand umgab. Jürgen Wichmann, ein Bremer Großkaufmann, erbaute 1901 eine Villa als Sommersitz (Mariental 42) und schuf mit dem Rhododendrongarten eine in ganz Thüringen einmalige Anlage. Er schenkte der Stadt die »Wichmannpromenade« zwischen »Prinzenteich« und Landgrafenschlucht. 1902 ließ die Stadt das »Städtische Licht- und Luftbad« zwischen Roeseschem Hölzchen und Metilstein anlegen und 1912 zwischen dem Roese-Stein und der damaligen Gaststätte »Hännesburg« eine Rodelbahn. 1924 schufen dann Naturfreunde am Westhang des oberen Haintales ein Vogelschutzgebiet. Geschäftstüchtige Grundstückspekulanten wie Georg Bornemann und die Terraingesellschaft Bierschenk & Freitag erschlossen die Höhen im Süden der Stadt dem Bau protziger Villen (1894 »Marienhöhe« mit 70.000 Quadratmetern). Um die Aussicht von der Wartburg nicht weiter einschränken zu lassen, legte Großherzog Carl Alexander mit der »Blauen Linie« eine Bebauungsgrenze fest. Die Schaffung von Wohnungen für einfache Menschen hielt bei dem raschen Wachsen der Einwohnerzahl (1820: etwa 7.500, 1837: bereits 9.300, 1858: 11.100, 1871: 14.000, 1882: 20.000, 1900: 30.000, 1904: 34.000, 1912: 40.000, 1914: 45.000, jetzt knapp 49.000) demgegenüber

allerdings nicht Schritt. Der Chronist Scheller schrieb 1898: »Von manchen wird die Vergrößerung der Industrie lebhaft gewünscht und betrieben; von anderen Seiten erhebt man dagegen Bedenken; weil es als unvereinbar erscheine, daß eine Stadt sich als eine Villenstadt für Ruhe oder sonstige Annehmlichkeiten Suchende und auch als Industriestadt entwickeln wolle. Für Eisenach, das bisher als »Fremdenstadt« galt und gelten will, hat die Vermehrung der Industrie bis jetzt keine Störung gebracht; denn der eigentliche Villenbezirk ist so weit vom Industriebezirk entfernt, daß in ihm Belästigungen durch Rauch, Geräusch oder andere Begleiterscheinungen der Großindustrie nicht zu bemerken sind.«[7]

Den größten Anteil an der Bevölkerungszunahme hatten neue Betriebe, vor allem die 1896 durch Heinrich Ehrhardt aus Düsseldorf gegründete Fahrzeugfabrik AG Eisenach. Ehrhardt galt neben Krupp als zweiter »deutscher Kanonenkönig«; er hatte aber den Automobilbau in Eisenach von Anfang an vorgesehen, wie es auch der Geschäftsbericht 1897/98 ausweist: »...die Abteilung für den Bau anderer Fahrzeuge, Wagen und Wagenteile, auch für militärische Zwecke, ist voll berechtigt, und es ist außerdem die Fabrikation von Motorwagen und Kleinbahnfahrzeugen in Aussicht genommen.« Damit ist Eisenach der zweitälteste Ort Deutschlands mit Automobilproduktion. 1899 beteiligte sich das Werk bereits am Automobilsport, 1904 kam der legendäre »Dixi« heraus, bald folgten schwere Lastwagen. Im 1. Weltkrieg wurden Heereslastwagen, Sanitätskraftfahrzeuge, Lafetten, Feldgeschütze, Munitionswagen, Protzen, Minenwerfer u.a. hergestellt.

Mit der Zunahme der Arbeiterschaft trat mehr und mehr neben den Absichten progressiver Bürger (Vorgespräche zur Gründung des Deutschen Nationalvereins 1859 und des Volksvereins 1869) die örtliche Arbeiterbewegung in Erscheinung. Sie wurde entscheidend durch den Eisenacher Kongreß von 1869 gefördert und beeinflußt. Gemäß einem Beschluß führender Vertreter des Verbandes Deutscher Arbeitervereine und des Allgemeinen Deut-

An der Hörsel in der Tiefenbacher Allee

Nordtor des Automobilwerkes Eisenach

Gedenkstätte »Eisenacher Kongreß 1869«

schen Arbeitervereins in Braunschweig vom 6. Juli 1869 veröffentlichte das »Demokratische Wochenblatt« vom 17. Juli 1869 die Einberufung des »allgemeinen deutschen sozial-demokratischen Arbeiter-Congresses auf Sonnabend, den 7. August nach Eisenach«. Die Tagesordnung umfaßte: »1. Die Organisation der Partei, 2. Das Parteiprogramm, 3. Das Verhältnis zur Internationalen Arbeiter-Assoziation, 4. Das Parteistatut, 5. Die Vereinigung der Gewerkschaften (Gewerks-Genossenschaften).« Die Wahl Eisenachs erfolgte nicht zufällig. Für die Stadt sprachen in erster Linie die Absicht August Bebels, durch die Abhaltung des Kongresses hier die Bestrebungen der Sozialdemokratie in Thüringen zu fördern, außerdem die durch den Großherzog 1868 gelockerten Bestimmungen der die demokratischen Rechte einengenden Vereinsgesetze sowie die Existenz eines aktionsfähigen Arbeitervereins. Dieser vermochte als Lokalkomitee die erforderliche organisatorische und technische Hilfe für die Ausrichtung des Kongresses zu leisten. Zur Ortswahl trug letztlich auch die zentrale Lage Eisenachs im Netz der Verkehrswege Deutschlands bei.

Am 5. August reisten die ersten von insgesamt mehr als 350 Delegierten – unter ihnen Bebel und Liebknecht – an. Sie waren Mandatsträger des Verbandes Deutscher Arbeitervereine, des Allgemeinen Deutschen Arbeitervereins und der Gewerksgenossenschaften. Viele von ihnen einte das revolutionäre Gedankengut der I. Internationale. Dieser bis dahin größte Arbeiterkongreß der deutschen Geschichte erlebte seine Konstituierung im Gasthof »Zum Goldenen Löwen« am Abend des 7. August. 106 Anhänger Ferdinand Lassalles, deren Ziel es war, den Kongreß zu beherrschen bzw. zu sprengen, spielten zu diesem Zweck Verfahrensfragen im Umgang mit den Mandaten zu Randalen hoch, die das Präsidium zwangen, die Beratungen abzubrechen. Nach Ausschluß der Randalierer begann der eigentliche Kongreß am 8. August im Hotel »Zum Mohren«. 267 Delegierte, die rund 200 Orte, ca. 150.000 Arbeiter, davon 10.000 politisch organisierte, vertraten, erlebten die Debatte zu Programm und Statut. Am 9. August konnte der Kongreß in der Gewißheit, alle ihm übertragenen Aufgaben auf demokratischer Grundlage gelöst zu haben, zur vorgesehenen Zeit beendet werden. Rund 70 Diskussions-

redner hatten an der Gründung der Sozialdemokratischen Arbeiterpartei, an der Verabschiedung ihres historischen Programms und ihres Statuts, am Beschluß, die erste parteieigene Zeitung, den »Volksstaat« herauszugeben, am Bekenntnis zur Einheit der Gewerkschaften und zur Internationale besonderen Anteil.

Der Delegierte Hillmann faßte unter dem Eindruck des Erlebten die Bedeutung des Kongresses in die symbolischen Worte: »Nicht ist er zu vergleichen mit der niedergehenden Sonne, sondern der aufsteigenden Sonne einer großen, für die Zukunft der Arbeitersache bedeutungsvollen Bewegung der Arbeiter Deutschlands.«

*

In der Folgezeit hatte die Arbeiterbewegung auch in Eisenach unter dem Sozialistengesetz (1878 – 1890) und besonders unter bezirksdirektorialen Verboten zu leiden. Erst 1902 erkämpfte die Sozialdemokratie den Einzug in den Gemeinderat.

Die Novemberrevolution führte hier ebenfalls zu Erschütterungen, nicht aber zur prinzipiellen Änderung der bestehenden Verhältnisse. Vorsitzender des gebildeten Arbeiter- und Soldatenrates war der Sozialdemokrat Karl Herrmann (1885 – 1974), späterer Ehrenbürger der Stadt. Das wichtigste Ergebnis der Erschütterungen war die Abdankung des Großherzogs von Sachsen-Weimar-Eisenach, Wilhelm Ernst.

Auch in Eisenach wurde jedes revolutionäre Aufbegehren der Arbeiter durch die Reichswehr unter wiederholter Verhängung des Ausnahmezustandes im Keime erstickt. Die Hinmetzelung von fünf unbewaffneten Werktätigen in der Frankfurter Straße am 18. März 1920 war nur die blutige Antwort auf die erste Einheitsfront, welche die Eisenacher Arbeiterschaft zur Abwehr des Kapp-Putsches kurz vorher auf dem Wartenberg geschlossen hatte. Danach rückte die Brigade Rumschöttel in Eisenach ein.

Von 1919 bis zur Eingliederung in den Kreis Eisenach im Jahre 1950 bildete Eisenach einen eigenen, durch 1922 bis 1923 erfolgte Eingemeindungen, auch der Wartburg, vergrößerten Stadtkreis. Seit 1921 ist die Wartburgstadt

Eingang zum »Schmelzerhof«

Sitz des Landeskirchenrates der Evangelisch-Lutherischen Kirche in Thüringen, an dessen Spitze von 1945 bis 1970 der Eisenacher Ehrenbürger D.Dr. Moritz Mitzenheim (1891 – 1977) stand.

Nach der verhängnisvollen Inflationszeit erholte sich das Eisenacher Wirtschaftsleben dank der Vielseitigkeit seiner Betriebe verhältnismäßig schnell, und eine lebhafte Bautätigkeit setzte ein (Hofferbertaue, Kirchbergsiedlung, Siebenbornsiedlung, Max-Reger-Hof, Stadtkrankenhaus). Unter der dann folgenden Weltwirtschaftskrise hatte Eisenach schwer zu leiden. Das Weiterbestehen der Kammgarnspinnerei und der Bayrischen Motorenwerke geriet ernsthaft in Gefahr, die Arbeitslosigkeit stieg beängstigend an.

In den 20er Jahren fand ein großes Beethovenfest (1920) und ein Lutherfest zur 400. Wiederkehr seiner Einbringung auf der Wartburg (1921) statt, zum 600. Jahrestag seiner Erstaufführung wurde 1921 das »Zehnjungfrauenspiel« im Hof des Gymnasiums aufgeführt. Die Fröbeltradition griff der Deutsche Fröbeltag 1927 in Eisenach auf. Auf Einladung der Wartburgstiftung begannen 1932 die Deutschen Dichtertage auf der Wartburg. 1922 schon hatte der letzte Großherzog Wilhelm Ernst die Wartburg-Stiftung begründet und die Wartburg der Allgemeinheit zur Verfügung gestellt. Die Kunstsammlungen allerdings waren Eigentum des Großherzoglichen Hauses geblieben und durften nicht entfernt werden. Der Kommerzienrat Bernhard Demmer regte 1922 die Gründung des Vereins »Freunde der Wartburg« an, der seit 1923 Veranstalter der »Wartburg-Maientage« war und die »Wartburg-Jahrbücher« herausgab. 1923 wurde das Predigerseminar auf dem Pflugensberg gegründet. Im gleichen Jahr trafen sich Vertreter der lutherischen Kirchen der ganzen Welt auf der Wartburg und in der Georgenkirche und gründeten den »Lutherischen Weltkonvent«, aus dem später der »Lutherische Weltbund« hervorging. Mitbegründer war der schwedische Bischof D. Nathan Söderblom.

1924 wurde der »Eisenacher Geschichtsverein« aus der Taufe gehoben, der wesentliche Forschungsarbeit geleistet hat und die »Mitteilungen des Eisenacher Geschichtsvereins« herausgab. Die im Rahmen des Kulturbundes arbeitende Arbeitsgemeinschaft »Geschichte der Stadt Eisenach« hat seine Traditionen fortgesetzt, seit Januar 1990 unter dem alten Namen.

1925 konstituierte sich die Stiftung »Curt-Elschner-Galerie«. Ein Großteil der Gemälde wird im »Thüringer Museum« gezeigt. 1930 wurde mit Hans von der Gabelentz der erste Kunsthistoriker Burghauptmann auf der Wartburg. Er mehrte deren Kunstschätze, richtete das erste Burgmuseum ein und gründete ein Burgarchiv. Bedeutsam war sein Buch »Wartburgschicksal. Aus dem Leben eines deutschen Romantikers« (1934).

In Eisenach entstanden damals bekannte Bauten: 1921 erfolgte die Einweihung des neuausgebauten Glockenturmes, 1923 zog das Realgymnasium aus der Schmelzerstraße 19 in das neue Gebäude in der (damaligen) Kartäuserstraße 60 um, die »Ernst-Abbe-Schule«. 1924 wurde der »Verkehrspavillon« gegenüber dem Hauptbahnhof eröffnet. Der »Verkehrsverein Eisenach«, der hier seinen Sitz hatte, brachte Wandervorschläge in Form von Faltkarten heraus und sorgte auch für die Aufstellung von Bänken und einen guten Zustand der Wanderwege. 1926 schuf Hugo Lederer zu Ehren der im Weltkrieg gefallenen Ärzte das Ärztedenkmal zwischen Nikolaikirche und Diakonissenhaus. 1927 brachte den Bau des »Waldhauses Sängerwiese« und des »Milchhäuschens« am Prinzenteich. Letzteres schuf der Verschönerungsverein. 1929/30 entstanden als Notstandsarbeiten die »Wartburgschleife«, die Parkplatzanlage im Bereich der alten Wartburgsteinbrüche, und das stilvolle kleine Gasthaus, 1932 erfolgte die Grundsteinlegung der »Wartburgwaldbühne« im Haintal, angeregt durch den in Eisenach lebenden Schriftsteller Carl August Walther. Erwähnenswert ist, daß ein windhosenähnlicher Sturm 1923 die Linden vor der Georgenkirche entwurzelte, daß 1930 die Stadt Eisenach den Kartausgarten aus dem Besitz des Großherzoglichen Hauses erwarb und daß 1931 die Eröffnung der Ausstellungsräume des Thüringer Museums im ehemaligen Marstall möglich wurde, nachdem ihn die Reichswehr, die dort ihre Pferde eingestellt hatte, freigegeben hatte. Im gleichen Jahr ließ die Wartburgstiftung auf dem Elisabethplan unterhalb des »Steinweges« und des »Velsbachsteins« ein großes hölzernes Kreuz errichten. 1921 fusionierte die Fahrzeugfabrik Eisenach mit der

Gothaer Waggonfabrik (»Dixi-Werke«). 1928 kauften dann die BMW-Werke das Eisenacher Unternehmen. Bis 1940 wurden ca. 88.000 BMW-Wagen produziert, ab 1940 dann Flugzeugmotoren in unterirdischen Produktionsstätten auf dem Dürren Hof, Minenwerfer, Sturmgeschütze und Teile für V-Waffen und Strahltriebwerke. Mehrfach galten dem Werk Luftangriffe. Anfang Juli 1945 begannen 500 Arbeiter die Trümmer wegzuräumen, die Werkhallen wieder provisorisch herzustellen und »motorlose Kleinfahrzeuge und Haushaltgeräte« anzufertigen, nämlich Handwagen in drei Ausführungen mit Blechrädern oder Blechspeichen/Holzrädern bzw. Kehrschaufeln, Bratpfannen und Kochtöpfe.

*

So deformierte die Nazizeit mit der Umstellung der Betriebe auf Kriegsproduktion, der Zwangsverpflichtung vieler Frauen und den Bombenschäden das gesamte Wirtschaftsleben. Die gezielten Kriegsvorbereitungen hatten den Bau der Kasernen gebracht; 1934 hielt ein Halbregiment Kradschützen Einzug, 1935 wurde das Panzer-Regiments 2 hierher verlegt. 1936 brachte die Fertigstellung des BMW-Teilbetriebes auf dem Dürren Hof und »rechtzeitig« vor Kriegsbeginn den Bau der als Lazarett vorgesehenen Schemm-Schule (heute 10. Oberschule). 1938 war der Marktplatz zum Aufmarschplatz umgestaltet worden, indem das Bachdenkmal zum Frauenplan umgesetzt und an die freigewordene Stelle der Marktbrunnen gebracht worden war. Symptomatisch auch, daß 1934 der faschistische »Gauleiter« den Vorsitz der Wartburgstiftung übernahm und durch den »Kreisleiter« 1938 eigenmächtig das seit 1859 den Bergfried der Wartburg zierende Kreuz durch ein Hakenkreuz ersetzt worden war. Auf Protest der Witwe des letzten Großherzogs, Feodora (»Feodora-Promenade« im Johannistal), mußte es wieder beseitigt werden.

Die Glocken der Eisenacher Kirchen wurden 1942 für Kriegsverwendung abgenommen. 1944 vergriffen sich die Machthaber erneut am Kreuz des Bergfrieds und ließen es sogar in den Burghof stürzen. Die Presse behauptete, ein

englischer Flieger habe es gerammt. Bereits 1946 konnte das Kreuz wieder installiert werden, wobei es erstmalig vergoldet wurde. Vor der 900-Jahr-Feier der Wartburg 1967 erfolgte dann eine Auffrischung der Goldauflage. Auch der St. Georg des Marktbrunnens wurde neu vergoldet. Natürlich sind auch Ereignisse anderer Art zu nennen: 1933 wurde die Wartburgwaldbühne mit Kleists »Hermannsschlacht« eingeweiht und das Denkmal für den schwedischen Bischof D. Nathan Söderblom auf dem Hainstein, das Paul Birr ebenso geschaffen hat wie das 1939 entstandene Bachdenkmal im Vorraum der Georgenkirche. 1934 brannte das Wartburghotel. Mit dem Wiederaufbau erfolgte eine Erweiterung. 1934/35 entstand das neue Diakonissen-Mutterhaus neben der Nikolaikirche, 1935 wurde das Stadtschloß renoviert und dabei der niedrige Seitenflügel an der Marktgasse abgebrochen. 1937 erreichte der Autobahnbau das Stadtgebiet, weswegen der seit 1913 bestehende Tierpark an der »Bismarckhütte« geschlossen werden mußte. 1936 wurde das St.-Georg-Denkmal (von Erich Windbichler) auf dem Jakobsplan aufgestellt, 1938 erfolgte der Abriß des Gesellschaftshauses »Erholung« Ecke Waisenstraße/Wartburgallee und deren Begradigung in diesem Bereich.

Die Stadt erlitt während des 2. Weltkrieges große materielle und ideelle Schäden. Eisenach beklagt den Tod aufrechter Antifaschisten wie Ernst Böckel, Willy Enders, Erich Honstein, Fritz Koch, Dr. med. Paul Oppenheim, Otto Speßhardt und Heinrich Zieger, ferner die Einäscherung der Synagoge und 1942 die Verschleppung ihrer jüdischen Mitbürger in die Gaskammern, den Tod weiterer etwa 2.500 Eisenacher im 2. Weltkrieg, einschließlich der Opfer von sieben Luftangriffen, sowie die schweren Bombenschäden an Industrie-, Wohn- und Kulturbauten wie Bachhaus, Lutherhaus, Rathaus (dessen Turm seither schräg steht), Georgenkirche u. a. Auch Tausende Verschleppte, von den Faschisten beschönigend »Fremdarbeiter« genannt, und Kriegsgefangene fanden in Lagern in und um Eisenach den Tod. An sie erinnern Ehrenmale wie das in den Erlengräben nahe dem Ortsteil Rothenhof. Erschütternd ist auch das freiwillige Ende des jüdischen Arztes Dr. Siegfried Wolff, der im Konzentrationslager

Im »Sophienbad«

Auschwitz zusammen mit den von ihm betreuten Kindern in der Gaskammer umkam.

Anfang April 1945 beschoß amerikanische Artillerie die Stadt. Einige Bürger, genannt seien Karl Erk und Franz Wagner, gingen den Amerikanern entgegen, um sie in die Stadt zu führen. Sie mußten als Geiseln mit den Soldaten einrücken. In der Georgenstraße kam ihnen der damalige amtierende Oberbürgermeister Dr. Rudolf Lotz entgegen, der am 6. April offiziell die Übergabe der Stadt erklärte.

*

Nach knapp dreimonatiger amerikanischer Besatzung zogen am 2. Juli 1945 die sowjetischen Truppen in Eisenach ein. Alle antifaschistisch-demokratischen Kräfte erhielten jetzt die Möglichkeit, ihr Geschick in die eigene Hand zu nehmen, den Faschismus restlos zu beseitigen und den materiellen und ideellen Neuaufbau zu beginnen.

Viele lokale und überregionale Ereignisse kennzeichnen die folgenden Jahre: Am 7. August 1945 wurde das Theater mit Lessings »Nathan der Weise« wiedereröffnet. Wilhelm Pieck sprach am 19. Februar 1946 im Hotel »Stadt Eisenach« zur Notwendigkeit der Arbeitereinheit. 1946 wurde das Kreuz auf dem Bergfried der Wartburg erneut installiert. Die Thüringische Landeskirche übernahm die Häuser der »Neulandbewegung« Hainweg 33 (»Neulandhaus«) und Hainweg 36 (»Neulandschlößchen«). Sie wurden lange Zeit als Ferien- und Kinderheim genutzt, in den letzten Jahren erfuhren sie dann eine Neuprofilierung als Bildungs- und Begegnungsstätte für die Jugendarbeit der Kirche. Das durch Bomben schwer beschädigte Bachhaus wurde schon 1946 wiederhergestellt, an der Georgenkirche begannen langwierige Aufbauarbeiten. Der erste Gottesdienst mit der Aufführung des Weihnachtsoratoriums fand am vierten Advent 1946 in der völlig eingerüsteten Kirche statt. Ihre Neuweihe erfolgte mit der Amtseinführung des Bischofs D.Dr. Moritz Mitzenheim am 19. Oktober 1947. Die Einführung nahm der schwedische Erzbischof Dr. Eidem vor. Neben dem Präsidenten des »Lutherischen Weltbundes« Professor Nygren waren zu diesem wichtigen Ereignis fast sämtliche Bischöfe Deutschlands in Eisenach. Die Georgenkirche erhielt noch 1947 fünf neue Glocken.

*Blick auf die Stadt-
und Kreisbibliothek
am Johannisplatz*

Das Lutherhaus konnte 1948 nach seiner Wiederherstellung eröffnet werden. Einen Teil des Gebäudes übernahm damals die evangelische Landeskirche. Im gleichen Jahr öffnete die Poliklinik ihre Pforten, die Privatklinik Hofmeier in der Schillerstraße wurde in die städtischen Krankenanstalten eingegliedert. Das Automobilwerk wartete mit der ersten Neuentwicklung auf, dem BMW 340. Die 50er Jahre brachten die Einrichtung der Kirchenmusikschule (1950), die Aufstellung der Grabplatten der Landgrafen in der Georgenkirche (1952), die Verlegung der Medizinischen Fachschule aus Mühlhausen nach Eisenach (1953) sowie die Eröffnung der Volksmusikschule (1953). 1962 wurde sie zur Musikschule mit studienvorbereitendem Unterricht erhoben. 1954 konnte die Wartburg nach größeren Restaurierungsarbeiten zur Beseitigung von Kriegsschäden eröffnet werden. Johannes R. Becher, Dichter und Kulturpolitiker der DDR (1954 auch Minister für Kultur), hielt dabei seine programmatische Rede »Ein Deutschland ist, soll sein und bleiben!« (22. Mai).

1955 wurde das Institut für Lehrerbildung gegründet, das seit 1960 im ehemaligen Dominikanerkloster untergebracht ist, nachdem das Luthergymnasium mit der Ernst-Abbe-Oberschule vereinigt worden war und in deren Gebäude in der Wartburgallee umgezogen war. 1955 wurde aber auch das Wartburgstadion im Nationalen Aufbauwerk geschaffen, es erfolgte die Firmierung des Volkseigenen Betriebes Automobilwerk Eisenach sowie die Durchführung der ersten »Internationalen Rallye Wartburg«. 1956 bezog der Rat des Kreises das ehemalige Hotel »Rautenkranz«, im Lutherhaus wurde die reformationsgeschichtliche Gedenkstätte eröffnet, gleichzeitig auch das bisher im Haus Hainstein untergebrachte evangelische Pfarrhausarchiv eingerichtet. Die Kulturszene fand eine erhebliche Bereicherung durch den Beginn der Wartburgkonzerte (1958), die Gründung des Collegium musicum (1958) und die ersten Veranstaltungen der Kammermusik der Wartburgstadt (1959). 1955 hatte Thomas Mann während seiner Reise zum Schillerjubiläum auch in Eisenach Station gemacht, 1961 brachte auf der Tagung der Kultur- und Geistesschaffenden des Bezirkes Erfurt das »Bekenntnis von der Wartburg«. 1962 fanden die Arbeiterfestspiele des Bezirkes Erfurt in Eisenach statt, und am 18.August 1964 trafen sich der damalige Staatsratsvorsitzende Walter Ulbricht und der Landesbischof D.Dr. Moritz Mitzenheim auf der Wartburg. Dieses Gespräch war ein weiterer Versuch, das Verhältnis zwischen der evangelischen Kirche und dem Staat zu ordnen, einen halbwegs erträglichen Umgang zu ermöglichen und damit den Lebensraum der Kirche zu sichern. Wichtiger wurde, daß es Bischof Mitzenheim gelang, die Freigabe von Rentnerreisen in die Bundesrepublik zu erreichen.

1966 konnte der erste Schulneubau übergeben werden, dem 1974, 1977, 1979 und 1981 weitere folgten.

Ein bedeutsames Jahr war 1967. Es brachte Eisenach die 900-Jahr-Feier der Wartburg, verbunden mit der 450-Jahr-Feier der Reformation und der 150-Jahr-Feier der deutschen Burschenschaften, aber auch 70 Jahre Bestehen des Automobilwerkes, die Eröffnung des Ausstellungspavillons des Automobilwerkes und der Gedenkstätte »Eisenacher Parteitag 1869«. 1969 wurden die Wandelhallenkonzerte wiederaufgenommen, 1968 bis 1971 erfolgte die Innenrenovierung der Nikolaikirche. Die Eisenach-Information wurde 1971 begründet. Im gleichen Jahr kam es zum Vertrag zwischen der Stadt Eisenach und der Neuen Bachgesellschaft über das Bachmuseum (Bachhaus). Das Haus und die Sammlungen blieben Eigentum der Gesellschaft, die Verwaltung wurde jedoch der Stadt übertragen. 1972/73 wurde die Renovierung und Neugestaltung des Bachhauses und Bachmuseums durchgeführt.

Der Umzug der Stadt- und Kreisbibliothek in das Gebäude am Johannisplatz (1972) brachte wie die Einweihung der neuen Jehmlich-Orgel in der Elisabethkirche (1972) bessere Bedingungen. 1973 entstanden die ersten fernbeheizten Neubauten in der Ackerstraße. Das Fernheizwerk Eisenach-Nord wurde dann stufenweise bis 1985 voll ausgebaut. Eisenach erlebte 1974 die 15. Arbeiterfestspiele des Bezirkes Erfurt und 1975 die 15. Landeskirchenmusiktage. 1974 bis 1976 erfolgte der Bau der beiden Wasserhochbehälter an der Karlskuppe als Vorbereitung des Wohnungsbaus in Eisenach-Nord (»Kuhgehänge« hieß dieses Gelände südlich der Autobahn), und 1977 wurde die Hörsel im Bereich des »Gries« als Vorarbeit für die Erschließung des Industriegebietes Eisenach-West begradigt. 1977 brachte den Beginn des Ausbaus der Mühlhäuser Straße und der Brücke über die Hörsel (1981 abgeschlossen), Sanierungsarbeiten am vom Verfall bedrohten Burschenschaftsdenkmal, die Eröffnung des seit 1975 restaurierten Rokokosaales, den Ausbau der Karlstraße als Fußgängerzone, die Einweihung der Volksschwimmhalle an der Katzenaue, die Einweihung der neuerbauten Peterskirche in der Hofferbertaue und die des neuen evangelischen Gemeindezentrums in der Ludwigstraße (Werner-Sylten-Haus). 1979 legte der Rat des Kreises eine Denkmalliste mit zahlreichen Objekten im Kreis und in der Stadt vor.

Auf der Zentralen Denkmalliste (Denkmale von besonderer nationaler und internationaler Bedeutung) stehen die Gedenkstätte »Eisenacher Parteitag 1869« (jetzt »Eisenacher Kongreß 1869«), das Bachhaus, der Marktplatz mit Schloß, Georgenkirche (mit Ausstattung), Rathaus und alter Residenz, die Wartburg, die Werrabrücke mit der Liboriuskapelle (Creuzburg) und die Brandenburg (Lauchröden). 1980 fand die Internationale christliche Friedenskonferenz im »Hotel der Wartburgstadt«, 1981 die 28. Tagung der Orthopädischen Gesellschaft der DDR hier statt. Die Telemann-Ehrung zum 300. Geburtstag Georg Philipp Telemanns wurde 1981 durchgeführt. Ihr folgten im Abstand von zwei Jahren die »Eisenacher Telemanntage«. Im gleichen Jahr konnte das renovierte und neugestaltete Reuter-Wagner-Museum der Öffentlichkeit übergeben werden. 1981 bis 1983 erfolgten Restaurierungsarbeiten am denkmalgeschützten Hauptbahnhof und erste Erhaltungsarbeiten an der Stadtmauer. 1982 wurde Schloß Fischbach nach Renovierung Sitz der Restaurierungswerkstatt Eisenach des VEB Denkmalpflege Erfurt, die Georgenkirche erhielt eine neue Orgel (Fa. Schuke, Potsdam), die vierte in ihrer Geschichte. 1983 konnte das Plegeheim

Das »Schmalste Haus der zivilisierten Welt« am Johannisplatz

Aufgang zum Schloßberg

Eisenach-Nord eröffnet werden, womit die seit 1977 laufenden Baumaßnahmen zum Abschluß kamen. 1983 begannen die Umbauarbeiten an der vom Verfall bedrohten Kreuzkirche, die Archiv der Landeskirche werden wird. Nach umfangreichen Renovierungsarbeiten (seit 1952) konnte die Wartburg wiedereröffnet werden. Dazu bot sich die feierliche Eröffnung des Luther-Gedenkjahres an. Die Gedenkfeier auf der Wartburg im Rahmen der Martin-Luther-Ehrung der DDR zu seinem 500. Geburtstag brachte dabei die Übertragung eines Gottesdienstes durch internationale Rundfunk- und Fernsehgesellschaften mit vielen Würdenträgern aus dem In- und Ausland, insbesondere aus der Bundesrepublik. Regionale Aufmerksamkeit fand im gleichen Jahr die im Rahmen der Karl-Marx-Ehrung erfolgte Übergabe des Denkmals der Arbeiterbewegung (von Anke Besser) auf der Freifläche nahe der Gedenkstätte »Eisenacher Parteitag 1869«. 1984 konnte die neue Sporthalle an der Katzenaue eröffnet werden. Sie steht der Eisenacher Handballmannschaft zur Verfügung, aber auch dem Breitensport.

1984 wurde das seit 1938 als Provisorium vorhandene Autobahnstück zwischen dem Kleinen Hörselberg und der Hofferbertaue sowie der Schüttdamm unterhalb der Bismarckhütte nach mehrjähriger Bauzeit (seit 1981) als durchgängige Trasse freigegeben. Anschließend erfolgte die Weiterführung bis zur Grenzübergangsstelle Wartha sowie die Inbetriebnahme des 7,8 Kilometer langen Teilstückes Eisenach-West – Herleshausen mit der imposanten Brücke über die Werra. Sie hat eine Spannweite von 798 Metern und eine Höhe von 89 Metern.

Das Jahr 1986 brachte die Einweihung der Thälmann-Gedenkstätte (Thälmannbüste von Eckhart Mater), die Enthüllung des »Eselsbrunnens« (scherzhaft als »Ratsherrenbrunnen« bezeichnet) von Prof. Laufer im Rathausgarten sowie die Einweihung des »Gemeindehauses Johanneskirche« in Eisenach-Nord, das durch ökumenische Spenden (Lutherischer Weltbund) und vor allem mit Hilfe der Partnerkirche Württemberg gebaut werden konnte. Die ökumenische Verbundenheit wird daran sichtbar, daß Freunde aus Amsterdam Leuchter, Tauf- und Abendmahlsgeräte stifteten.

1987 erfuhr das Sportzentrum Katzenaue mit der Eröffnung der Kegelbahn und der Aufstellung der Plastik »Ballspielende Mädchen« (von Gottfried Kohl) eine Vervollkommnung. 1987/88 wurden neue Betriebsteile des Automobilwerkes in Eisenach-West fertiggestellt, 1988/89 erfuhr der Michelsbach einen Ausbau, und 1989 wurde der Ausbau der Fernwärmeversorgung durch die Kammgarnspinnerei (vorläufig) abgeschlossen. Die neugestaltete und nunmehr historisch richtig benannte Gedenkstätte »Eisenacher Kongreß 1869« wurde eröffnet, das stark vernachlässigte Hotel »Zimmermann« am Karlsplatz wurde abgerissen. Seither gibt es hier eine große Baulücke, die den Gesamteindruck des Platzes beeinträchtigt. Am 1.10.1989 wurde der Nahverkehr Wutha-Eisenach-West (»Gries«) aufgenommen, insbesondere für die Beschäftigten des Automobilwerkes.

Nach dem 40. Jahrestag der DDR am 7.10.1989 begannen die friedlichen Demonstrationen gegen die undemokratische Alleinherrschaft der SED und der mit ihr verbundenen sogenannten Blockparteien, die auch in Eisenach neue Verhältnisse und viele Veränderungen brachten und noch bringen werden...

*

Einige wichtigere Themen aus den letzten Jahrzehnten sollen doch etwas genauer dargestellt werden: Schon bald konnten nach dem 2. Weltkrieg die durch Bomben gerissenen Baulücken geschlossen werden, so am Frauenplan und am Lutherplatz (1957 – 1960). Bachs Geburtshaus Lutherstraße 35, das allerdings keine Gedenkstätte war, wurde dabei nicht wieder aufgebaut. Dann entstanden Neubauten in der Friedrich-List-Straße (1958) und die Neubaugebiete Thälmannstraße (1964 – 1969), Stedtfelder Straße (1970/71), Goethestraße (1971 – 1975) und Petersberg (1976 – 1980) mit insgesamt 2.443 Wohneinheiten sowie das Wohngebiet Eisenach-Nord (1980 – 1983) mit 3.721 Wohneinheiten. Seit der komplexen Modernisierung der Stadt anläßlich der Nationalen Jubiläen 1967, die auch die Eröffnung der Nationalen Gedenkstätte »Eisenacher

Hinterhof in der Katharinenstraße

Parteitag 1869« brachten, gewann Eisenach ein neues Gesicht, wie sich zeigte, nicht immer zu seinem Vorteil als gewachsene, unverwechselbare Stadt. Der Wohnungsbau in Großplattenbauweise brachte uniforme »Wohnbereiche« in dichter Bebauung und mit wenig Grün sowie erhöhte Inanspruchnahme des Wasser- und Energieangebots. Die Randlage der Neubaugebiete schuf infrastrukturelle Probleme, beeinträchtigte aber auch vielfach die Identifizierung der Bewohner mit ihrer »Schlafstadt« (besonders Eisenach-Nord). In der Innenstadt verfielen zahlreiche Gebäude, bei vielen weiteren sind die Dächer äußerst schadhaft.

Nach Wegfall der alten, »museumsreifen« Straßenbahn (zwei Wagen übernahm im Mai 1976 das Verkehrsmuseum Dresden), 1957 wurde die Marientallinie, 1975 wurden die restlichen Linien eingestellt, verbesserte sich das innerstädtische Verkehrswesen etwas, es leidet aber unter den vielen engen, im Unterbau schlechten und überlasteten Straßen. Umgehungsstraßen blieben Planungsobjekte. Nachdem der Markt für den ruhenden Verkehr gesperrt worden war (15.8.1988), verschlechterten sich die Parkmöglichkeiten. Der historische Stadtkern wurde komplex nur um den Markt und in der Karlstraße, zum Teil am Karlsplatz saniert, Einzelgebäude ausgenommen. Denkmalpflegerische Belange beachtete man nur an einzelnen Objekten. Ein positives Beispiel ist der zu Wohnungen ausgebaute Glockenturm. Vorbildliches leistete der 1982 gegründete VEB Denkmalpflege Erfurt, Restaurierungswerkstatt Eisenach, insbesondere im Kreisgebiet und am Fischbacher Schlößchen, seinem Domizil. Mit diesem restaurierten Renaissanceschloß bekam die Stadt einen würdigen Saal für Kulturveranstaltungen und Konzerte. Nach dem voreiligen Abriß der historisch bedeutenden, im klassizistischen Stil errichteten Leichenhalle (von Coudray) am Alten Friedhof und wegen des unbefriedigenden Zustandes der Stadtmauerreste fand sich 1979 die Baubrigade »Interessengemeinschaft Denkmalpflege Eisenach« zusammen, welche Stadtmauerteile partiell wieder aufbaute, den Aufstiegsturm im »Goethegarten« restaurierte, den Standort des ehemaligen »Storchenturmes« ermittelte und diesen zu halber ursprünglicher Höhe aufmauerte (es war das Ver-

lies von Fritz Erbe), neben ihm an der Stadtmauer alte Grabsteine unter einem schützenden Dach aufstellte, die Fundamente des Wachtturmes »Am Münzplatz« sicherte, eine alte Begräbniskapelle wiederherstellte (mit dem Grabstein von Dorothea Grimm, der Frau Wilhelm Grimms) und die Bausubstanz des Burschenschaftsdenkmals sicherte. Weitere Leistungen waren die Schwammsanierung des Reuter-Wagner-Museums, die Freistellung der Schillerlinde (1905) im Mariental und die Beseitigung von Wildwuchs im Talgrund, die Instandsetzung von Wegen, Geländern, Brücken und des (mittleren) Teiches sowie des Stein- oder Marienbaches.

*

Das Territorium der Stadt Eisenach war von Anfang an nie sehr groß. Landgräfliche Ländereien, später das Amt Wartburg sowie herrschaftliche Wälder, die »Wildbahn«, und klösterliche Besitzungen verhinderten lange die flächenmäßige Ausdehnung der städtischen Ländereien und ihrer Triften. Mehrfach beklagte der Stadtrat, daß beides zu klein sei. Seit dem 16. Jahrhundert gab es einige Veränderungen, die in der Tendenz zur Vergrößerung des Territoriums führten.

Nach der Auflösung des Klosterbesitzes verkaufte Kurfürst Johann Friedrich 1544 freigewordene Ländereien, nämlich 649 Acker (bei der Annahme des sächsischen Maßes von 5534 m² = 1 Acker wären dies 359 Hektar), für 6.205 Gulden an die Stadt. 1850 kam die »Wildbahn« mit dem Mariental und der »Gaststätte im Mariental« (später »Phantasie«), aber auch der Ehrensteig zur Stadt. 1906 kaufte diese vom Staat das Johannistal. Das Jahr 1922 brachte Eisenach den Status einer kreisfreien Stadt und zahlreiche Eingemeindungen (von 1868 Hektar auf 2.350 Hektar), 1924 wurden aber die meisten der damals zugeschlagenen Orte wieder ausgemeindet. Im Ergebnis der Bodenreform wurden auf Grund des Gesetzes des Landes Thüringen vom 17.2.1949 die bis dahin selbständigen Gutsbezirke Ramsborn, Rothenhof und Trenkelhof in die Gemarkung der Stadt Eisenach einbezogen. Der größte

Zuwachs erfolgte 1961 durch die Auflösung der bis dahin selbständigen Forstbezirke zwischen dem Rennsteig bis zur Hohen Sonne, womit die beiden beliebten Ausflugsgaststätten »Hohe Sonne« und »Waldhaus Sängerwiese« zur Gemarkung kamen. Seither umfaßt die Eisenacher Flur 4.082 Hektar, 18 Ar und 39 Quadratmeter. Im Norden bildet die Höhe des Wartenberges sowie der Trenkelhof die Grenze, im Osten zieht sie sich über den Ostausläufer des Petersberges, den Hammelkopf, durchs Tal der Alten Fischbach und südlich der Mosbacher Linde an der Weinstraße entlang. Dann gehört das Waldgebiet nördlich des Rennsteigs mit dem nördlichen Tunneleingang der Eisenbahn zum Stadtgebiet. Im Westen bilden der südliche Herrenstieg und das Grenzbachtal (auch Rengelsbachtal) sowie der Siebenborn die Begrenzung, im Nordwesten die Karlskuppe.

Im Südteil Eisenachs, auf der »Marienhöhe« und an ihrem steilen Abfall ins »Klettental« mit der »Schäfchenwiese«, entwickelten sich aus dem ehemaligen »Schweizergarten« (Ausflugslokal mit zahlreichen Spielautomaten, dann Kinderheim) und dem Hotel »Marienhöhe« sowie anderen Gebäuden wichtige Einrichtungen des diakonischen Werkes. Hier werden Diakone ausgebildet und kirchliche Veranstaltungen durchgeführt (»Falk-Haus«, »Falk-Hof«). Im »Falk-Heim« werden seit ca. 15 Jahren geistig geschädigte Jungen und männliche Jugendliche in einer Rehabilitationseinrichtung vier Jahre lang gefördert. Am 6. April 1990 gründeten Eisenacher Heimatfreunde den »Förderkreis zur Erhaltung Eisenachs e.V.«, der sich für die Erhaltung und den Schutz der Wartburgstadt einsetzt.

In diesem Zusammenhang ist auf die »Malz- und Malzkaffee-Fabrik A. Heintz, Eisenach« hinzuweisen. Sie wurde 1873 gegründet und stellte bis 1948 »Heintz's Kaffee-Ersatz, naturrein und ungefärbt« sowie »Korn-Kaffee« her. Die alten Produktionsanlagen dieser Fabrik im Palmental sind lückenlos erhalten und wurden bereits von der Denkmalpflege als mögliches Technisches Denkmal bezeichnet. Die Erhaltung dieser Anlagen muß unbedingt erfolgen.

Seit Anfang des Jahres 1990 wurde der Bau von Wohnungen in Plattenbauweise, der seit Jahrzehnten üblich war, im Bereich der Elisabethkirche abgebrochen. Für die Bebauung der Baulücken in diesem Bereich liegen Pläne vor.

*

Das Eisenacher Wirtschaftleben ist von einigen größeren Betrieben geprägt, zu denen die Kammgarnspinnerei, Fahrzeugelektrik Ruhla, Spezialmaschinenbau und selbstverständlich das Automobilwerk gehören. Der Befehl 93 der Sowjetischen Militäradministration zur »Inbetriebnahme der Automobil- und Motorradproduktion im ehemaligen BMW-Werk, Zweigniederlassung Eisenach« hatte 1945 die Wiederaufnahme der traditionellen Fahrzeugproduktion gebracht, zunächst 1946 als sowjetische Aktiengesellschaft »Awtowelo«, ab 1952 dann als Volkseigener Betrieb Automobilwerk Eisenach im Kombinat IFA (Industrieverband Fahrzeugbau). Für Jahrzehnte wurden nun Zweitaktmotoren dominierend, zuletzt im »Wartburg 353«. Die Weiterführung der reichen Erfahrungen mit dem Viertaktmotor mußten aufgrund einer falsch orientierten Politik des Automobilbaues abgebrochen werden. Erst in der Zusammenarbeit mit der Volkswagen AG wurde 1988 diese Version im Modell »Wartburg 1.3.« wieder aufgenommen. Im Standort Eisenach-West (»Gries«) entstanden moderne Produktionsanlagen der Presserei und der Zylinderkopffertigung, erstmals erhielt auch ein Werkteil Eisenbahnanschluß.

Dem Werk stehen eine weitere wirtschaftliche Kooperation ebenso bevor wie eigene kreative Leistungen, um den traditionsreichen Eisenacher Automobilbau weiterzuführen und die Arbeitsplätze der Stammbelegschaft zu sichern. Verhandlungen mit der Adam Opel AG laufen seit Anfang 1990. Ende Mai wurde die künftige Zusammenarbeit offiziell bekannt gegeben: im 4. Quartal 1990 beginnt der Montage-Einstieg mit 50 Personenkraftwagen des Typs Opel-Vectra täglich im AWE-Neubaustandort-Eisenach-West. 1993 soll dann in Eisenach ein völlig neuer Opel entstehen, wobei 150 000 Einheiten jährlich vorgesehen sind, wenn das geplante neue Werk steht. Für den ersten

Ein neuer »Zaun« am Siechenberg
Am Ehrensteig

In der Mühlhäuser Straße
Ehemalige Zigarrenfabrik an der Fischweide

Städtische Müllhalde am Moseberg
In der Friedrich-Engels-Straße

In der Stedtfelder Straße
Im Rathausgarten

Schritt – die Montage der angelieferten Teile – hat das Haus Opel 20 Millionen DM an Investitionen vorgesehen, davon etwa je die Hälfte in Eisenach und Rüsselsheim. Bis zum Serienlauf wird in Eisenach auch der »Wartburg 1.3.« weiter gebaut, danach wird es lediglich noch eine Pick-up- bzw. Wartburg-Trans-Variante geben. Inzwischen wird aber die Investition davon abhängig gemacht, wie sich die Löhne hier entwickeln.

Auf dem Gebiet des Handels und der Dienstleistungen, die bei weitem nicht ausreichen, stehen in Eisenach ebenfalls große Aufgaben an. Das Handwerk ist zwingend auszubauen und verlangt zunehmend Privatinitiative. Betriebe der Metallverarbeitung, Elektrotechnik, Chemie u. a., bisher weitgehend staatlich gestützt und subventioniert, müssen in eigener Verantwortung ihre Produktionsanlagen modernisieren und die Effektivität erhöhen.

Zentrale Heizwerke wie die zwei Gasheizwerke (Stadtgas) im Goethe-Viertel und solche auf Rohbraunkohlebasis in Eisenach-West, in der Kammgarnspinnerei (mit einem 98 Meter hohen Betonschornstein, den ein Stahleinsatz noch um 5 Meter überragt – als Ganzes eine das Stadtbild stark störende Konstruktion), im VEB Elektrotechnik und das Reichsbahnheizwerk im Räuberloch sowie das große mit Siebkohle betriebene in Eisenach-Nord verbesserten wohl die Energie-, aber nicht die Umweltsituation. Bei der Kessellage der Stadt und den häufigeren Inversionswetterlagen kommt es oft zu Smog. Die für 1992 vorgesehene Belieferung mit Erdgas aus der Bundesrepublik wird diese Sachlage entscheidend zugunsten der Stadt und ihrer Bewohner, aber auch zugunsten der Bausubstanz verändern helfen. Überhaupt stehen mit dem Bau der 380-Kilovolt-Leitung aus Hessen, mit dem Weiterbau der Autobahn im sogenannten »Thüringer Zipfel« westlich von Gerstungen und der Aufnahme des Intercity-Verkehrs anspruchsvolle Aufgaben bevor. Mit dem Sommerfahrplan 1990 nahm der Intercity »Johann Sebastian Bach« den Verkehr zwischen Frankfurt/Main und Leipzig auf. Daß dieser IC in Eisenach hält, ist eine Reverenz an die Geburtsstadt Bachs.

*

Am Grenzübergang Wartha hat der Luzerner Künstler Silvan Baer im März 1990 das Kunstwerk »DIE BRÜCKE« gestaltet, das als Idee bereits 1987 entstanden war. Es setzt sich aus zwei übergroßen Bildern zusammen, durch deren Mitte der Grenzzaun zwischen der DDR und der BRD verläuft. Die Bilder bestehen aus je 5.700 Fahnen als Rasterpunkte auf Flächen von jeweils rund 50.000 Quadratmetern. Die Installation hier zwischen Wartha und Herleshausen stellt, von oben betrachtet, ein menschliches Herz dar. 150 Kilometer weiter nördlich wurde zwischen Helmstedt und Harbke das Bild eines menschlichen Hirns gestaltet.

Seit April ist nun auch am Grenzübergang Ifta nahe Creuzburg eine symbolische Gestaltung vorgesehen: Hier soll unter Einbeziehung des ehemaligen Grenzzaunes und des »Todesstreifens« das Eröffnungsbild eines Baumkreuzes geschaffen werden, welches Symbol für die Zusammenarbeit zwischen Künstlern und einem Wirtschaftsunternehmen aus der BRD sowie beteiligten Gruppen aus der DDR sein soll. Verschiedene gesellschaftliche Kräfte aus West und Ost wollen damit aber auch ein Zeichen im Sinn des erweiterten Kunstbegriffes des 1986 verstorbenen Künstlers Joseph Beuys setzen. In der Endfassung könnte daraus eine Baumtangente Eisenach – Kassel werden (parallel zur B 7), wo 1982 auf der documenta 7 Beuys die Aktion »7.000 Eichen für Kassel« begonnen hatte, die 1987 zur documenta 8 vollendet werden konnte.

Im Mai 1990 entstand erneut im Kreis Eisenach ein künstlerisches Symbol: Direkt auf der Grenze zwischen Dippach und Leimbach wurde ein kleiner Hügel aufgeschüttet, auf dessen Spitze Betonplatten der früheren Patrouillenwege eine Plattform markieren. Auf ihr befindet sich eine aus Metallgitterplatten zusammengeschweißte Pyramide, die der Düsseldorfer Bildhauer Anatol Herzfeld mit 89 Stacheldrahtkugeln verkleidete. Das gesamte Material stammt aus den Grenzsperranlagen der DDR. In die Grenzpyramide werden Mutterboden und Samen von Wildgräsern eingestreut, damit sie von innen her zuwächst und bald davon kündet, daß überall die Grenzanlagen vom Grün überwuchert werden und die Trennlinie durch Deutschland nur noch in der Erinnerung Bestand hat. Das Denkmal will die Überwindung von Stacheldraht, Metallgitterzaun und Mauer verdeutlichen und zugleich Mut für den Aufbruch machen.

Seit Anfang des Jahres 1990 arbeiten Umweltschützer aus Hessen und Thüringen gemeinsam daran, daß die ehemaligen Grenzgebiete – zumindest ein entsprechend breiter Streifen davon – unter Naturschutz gestellt werden. Geplant ist im Kreis Eisenach ein Landschaftsschutzgebiet »Mittlere Werra« mit integrierten wertvollen Einzelobjekten, vorhandenen und neu auszuweisenden Naturschutzgebieten und Flächennaturdenkmalen im Anschluß an das zu erweiternde Landschaftsschutzgebiet »Thüringer Wald«.

»Die Brücke« – Installation von Silvan Baer, Luzern, am Grenzübergang Herleshausen-Wartha

*

Wichtig für Eisenach und sicher auch für Marburg ist die 1988 abgeschlossene Städtepartnerschaft. Einer ersten Absprache, die im Rokokosaal des Stadtschlosses Eisenach stattfand, folgte ein Vierteljahr später die Teilnahme Eisenacher Vertreter an einer Stadtverordnetenversammlung der Stadt Marburg in der Aula der dortigen Universität, wobei der Partnerschaftsvertrag unterzeichnet wurde. Zwei Wochen danach erfolgte die Ratifizierung im Festsaal des Palas der Wartburg. Am 22. Januar 1990 übergab die Stadt Marburg drei Gliederbusse, ein Hochdruckspülgerät und einen Lastkraftwagen an die Stadt Eisenach. Beide Städte stehen in ständigen Konsultationen auf den verschiedensten Gebieten, damit Erfahrungen im Bereich der Verwaltungsreform in Eisenach genutzt werden können.

*

Beeindruckend waren im Herbst 1989 und dem folgenden Frühjahr die Friedensgebete (das erste am 23. Oktober 1989) und die Demonstrationen, die auch in Eisenach die friedliche Revolution zum Erfolg führten. Wesentliches Er-

gebnis demokratischer Bemühungen war die Übereignung des Erholungsheimes Wilhelmsthal an die Krebsliga der DDR, wobei allerdings der damals amtierende »Runde Tisch« und die sich neu bildenden Parteien von den Berliner Stellen montelang im unklaren gelassen wurden. Der »Runde Tisch«, ein Gremium verantwortungsbewußter Bürger aller Parteien und Gruppierungen, trug zur Diskussion anstehender Probleme und zur Lösung kommunalpolitischer Fragen durch zahlreiche konstruktive Aussprachen bei. Die ersten freien Wahlen seit 1933 (!) zur Volkskammer am 18. März 1990 brachten einen großen Erfolg für die Christlich-Demokratische Union und einen bemerkenswerten Stimmenanteil der neugegründeten Sozialdemokratischen Partei Deutschlands.

Das rege »Markttreiben« auf dem Platz vor der Georgenkirche und die Einrichtung des ersten Kaffee-Geschäfts der DDR in der Karlstraße waren die ersten Zeugen neuer »marktwirtschaftlicher« Handelstätigkeit. Die Bürger Eisenachs erhoffen von der angebahnten Entwicklung einen wesentlichen Aufschwung. Für seine Realisierung und eine merkliche Verbesserung der Lebensqualität in der Stadt, die ihren 1968 erworbenen Status als staatlich aner-

kannter Erholungsort 1985 aberkannt bekam, treten alle neuen und etablierten Parteien an.

Schellers optimistische Prognose aus dem Jahre 1898 bewahrheitete sich leider nicht. Die Industrie breitete sich in Eisenach immer mehr aus, die Ökonomie gewann den Vorrang vor der Ökologie. Auch der Südteil der Stadt wird durch Rauch und Straßenlärm belastet. Zunehmend erschweren Touristenströme die Durchlaßfähigkeit der Straßen. Die Sperrung der Auffahrt zur Wartburg bei erhöhtem Besucheraufkommen kann nur eine Übergangslösung sein.

Möge der traditionelle Eselsritt, der übrigens 1990 sein 90jähriges Jubiläum in der jetzigen Form feiert, ausgehend vom »Sattel« zwischen Metilstein und Wartberg, und der auf den mittelalterlichen Wassertransport durch die geduldigen Tiere zurückgeht, immer durch schöne, gesunde Wälder führen. Mögen die Wartburg und die übrigen Denkmäler Eisenachs stets von frohen Menschen besucht werden, die sich an dieser herrlichen Umgebung und ihren kulturellen Werten so recht erfreuen können.

Anmerkungen

1 Schwerdt, Heinrich/Jäger, Hermann: Eisenach und die Wartburg mit ihren Merkwürdigkeiten und Umgebungen. Eisenach 1871.
2 Nach Hinweisen von Dr. Heinz Rosenkranz, Jena. Bahlow deutet »Eisenach« allerdings anders: »Eisenach/Th., an Hörsel und Nesse (wo bis 400 v. Chr. noch Kelten saßen!), wie Isenach bei Trier stellen einen vorgerm.-keltischen Bachnamen dar: eine Isenach fließt b. Dürkheim/Pfalz, auch der Eisbach b. Worms hieß Isanaha, d. i. »Schmutzwasser«! (im Sinne von Sumpf, Moor, Moder, Schlamm) In: Bahlow, Hans: Deutschlands geographische Namenwelt. Etymologisches Lexikon der Fluß- und Ortsnamen alteur. Herkunft. Frankfurt/M 1965.
3 Noth, Werner/Beyer, Claus G.: Die Wartburg. Leipzig 1983.
4 Patze, Hans: Handbuch der historischen Stätten Deutschlands, Neunter Band. Thüringen. Stuttgart 1989.
5 Scheidig, Walter: Goethe und die Wartburg. Weimar 1966.
6 Opitz, Hellmut/Kämpfer, Fritz: Eisenach. Leipzig 1980.
7 Scheller, Eduard. Führer durch Eisenach, Wartburg und die Umgebung. Eisenach 1898.
8 Die Ausführungen über die Gedenkstätte stammen von Dr. Manfred Günther.

Blick vom Bergfried der Wartburg auf den vorderen Burghof und die Stadt

Eisenacher Innenstadt von Osten

62

Lutherdenkmal am Karlsplatz

Blick in die Karlstraße

Landestheater Eisenach

Städtebauliches Ensemble mit Nikolaikirchturm und Nikolaitor

An der Rennbahn (links oben)

In der Gothaer Straße (rechts oben)

Im Hofe des Dominikanerklosters (links unten)

Überreste des Saales der Gaststätte »Schmelzerhof«
(rechts unten)

Ein bayerischer Eisenacher im Ausstellungspavillon des
Automobilwerks

Das »Meffertsche Haus« am »Schwarzen Brunnen«

Kemenate des »Hellgrevenhofes« mit dem ehemaligen Leihhaus

Blick zur Wartburg (links oben)

Frankfurter Straße/Ecke Kasseler Straße (rechts oben)

Haustür in der Katharinenstraße (links unten)

Der ehemalige »Rodensteiner« und der »Rautenkranz«, heute Landratsamt (rechts unten)

»Prometheus«, Gemälde von Friedrich Preller d. Ä. in der Aula des Instituts für Lehrerbildung im ehemaligen Dominikanerkloster

Neustadt und Meistereigäßchen

EST DE SOLE SUMPTUS IGNIS ISQUE TOTUS MENTIS EST Ennius

PROMETHEUS
DAS VORBILD EINES KÄMPFERS FÜR DAS GLÜCK DES MENSCHENGESCHLECHTS

HOC ANTE OMNIA FAC
DISCE VIDERE

Blick vom Alten Friedhof zum Dominikanerkloster

Alter Friedhof, neu erbauter Aufstiegsturm

In der Drachenschlucht (rechts)

Im Landschaftsschutzgebiet Wartburg

In der Landgrafenschlucht

74

Schloß Fischbach

Schloß Pflugensberg im Stadtpark

Historische Ansicht des Marktplatzes

Historische Ansicht von Eisenach

Historische Ansicht des Marktplatzes mit dem Hotel »Halber Mond«

Der »Töpfenmarkt« hinter der Georgenkirche

Blick vom Hainweg zum Dominikanerkloster

Die Nikolaikirche auf dem Karlsplatz (rechts)

Hauptpostamt und Pfarrberg

*Blick auf den Erker der Stadtapotheke
in der Karlstraße*

Blick in die Nikolaikirche

Kapitell mit Adlermotiven in der Nikolaikirche

Fenster im Chor der Georgenkirche

Die Georgenkirche

Blick auf Kanzel und Orgel in der Georgenkirche

Die Kirchen

Die Georgenkirche

Wenn er im Kampf gegen Heinrich den Löwen siege, gelobte er dem heiligen Georg, würde er ihm eine Kirche erbauen, erzählt die Sage über Landgraf Ludwig III. Da er aber nicht siegte, sondern mit seinem Bruder in Gefangenschaft geriet, ist eine weitere sagenhafte Überlieferung der Nährstoff für ein gleiches Gelübde für den Fall seiner Befreiung. Ob so oder so, man braucht nach einem Anlaß für die Gründung der Georgenkirche nicht zu suchen. Die südlich der Stadtresidenz, des Steinhofes, gelegene kleine Kirche St. Michael war zu klein, um die Machtstellung Ludwigs unter den deutschen Fürsten zu dokumentieren. Zwischen 1182 und 1188 muß also der Baugebinn der großen, schlichten Hallenkirche angesiedelt sein, die noch heute die gleiche Umfassung wie im Mittelalter besitzt.

Aus der romanischen Erbauungszeit dürfte lediglich das Mauerwerk des Erbbegräbnisses erhalten sein, das 1902 mit dem 62 m hohen Turm im Renaissancestil überbaut wurde. Weitere Spuren des Mittelalters sind die gotische Dreifenstergruppe des Chores, die spitzbogigen Fenster, und die Strebepfeiler an den Außenwänden des Langhauses. Im Inneren verdecken die Emporen einen großen Teil der Fenster. Die Gestalt der Kirche wurde durch die Baumaßnahmen von 1560/61 im wesentlichen geprägt, als sie nach dem Umbau von 1515 bereits wieder arg verschlissen und durch die Ereignisse des Bauernkrieges so verwüstet war, daß der Herzog Philipp von Braunschweig sie bei seinem Durchzug 1553 als Rüsthaus benutzte. Auch Bauern sollen ihr Zugvieh während des Markttages in ihrem Inneren eingestellt haben. Einen Antrag des Rates der Stadt, das

Gotteshaus als Rathaus zu nutzen, beschied der damalige Landesherr, Kurfürst Johann Friedrich, abschlägig.

Wahrscheinlich hatte sich der längst fällige Wiederaufbau auch durch die ungeklärten kirchlichen Verhältnisse so lange hinausgezögert.

Nun wurden auch die beiden ersten Emporen eingebaut, deren untere auf mächtige Rundbogenpfeiler gestützt, ein massives Kreuzgewölbe erhielt. Am Pfeiler neben der Kanzel verewigte sich der Baumeister Hans Leonhardt durch ein Bildnis.

Statt der 21 Vicarien, die die Georgenkirche vor der Reformation besaß, gab es nur noch einen großen Altar. Alle Blicke ruhten auf diesem und der hinter ihm befindlichen Kreuzigungsgruppe. Sie war zu einer der frühen reformierten Kirchen Thüringens geworden.

Bereits 1562 wurde ein gedeckter Gang vom Zollhof herübergeführt; 1576 eine neue Orgel durch Georg Schauenberg eingebaut. Nach Anleitung Johann Christoph Bachs wurde sie jedoch 1695 bis 1698 wiederum durch eine andere von Georg Christoph Sterzing aus Ohrdruf ersetzt. Da jedoch auf der Orgel die Inschrift »Gloria In Excelsis Deo 1719« steht, muß daraus geschlossen werden, daß die künstlerische Ausstattung bei der Einweihung im Jahre 1707 noch nicht fertiggestellt war.

Im Jahre 1593 wurde die Kanzel, die zuvor (1561) eingebaut worden war, vom Maler Werner Saalfeld bemalt. Bereits 1610 machte die Kirche bereits wieder einen unziemlichen Eindruck gegenüber dem Schloß. Fürstliche Diener und Räte veranstalteten eine Sammlung, die eine frische Berappung der Kirchenaußenmauern zuließ. Lehfeldt/Voß deuteten dies als tünchen. Wahrscheinlicher ist aber damit ein neuer Außenputz gemeint.

1614 wurde der Chor mit malerischem Schmuck nach Maßgabe des Superintendenten Nikolaus Rebhan ausgestattet, 1672 wurde eine dritte Empore eingebaut und neu bemalt, 1676 eine neue Kanzel. Die alte kam in die Annenkirche. Noch bis 1743 waren der Nordseite der Georgenkirche die fürstliche Kanzlei, das frühere Rathaus, und ein Wachthaus vorgelagert. Eine Mauer umgab die Georgenkirche. Bereits 1710 beklagte Herzog Johann Wilhelm wieder den Zustand der Kirche. Aber erst 1717 war genügend Geld vorhanden, um eine vierte Empore einzubauen, das Dach zu verändern und die gewölbte Holztonne durch eine flache mit Stukkaturen versehene Decke zu ersetzen. Vorausschauend ließ er eine zweite Fürstengruft anlegen, denn bereits 1729 wurde er in ihr als zweiter beigesetzt.

Der Umbau 1898 bis 1902 veränderte das äußere Erscheinungsbild der Kirche am nachhaltigsten. Zunächst wurden die Emporen wieder auf drei reduziert, die mit Pilastern geschmückte Vorhalle an der Westseite und der 62 m hohe Turm an der Nordwestecke über der Fürstengruft errichtet. An der Nordseite des Turmes wurde ein gotisches Relief, der sogenannte »Bäckerstein«, der vorher in der Westfront der Kirche seinen Platz hatte, eingemauert. Eine Bauinschrift aus dem Jahre 1578 wurde in der offenen Vorhalle ins Mauerwerk eingebracht. Auf welche Arbeiten sie sich bezieht, ist nicht mehr nachzuweisen. Von der Ausstattung ist der mit spätgotischem Maßwerk verzierte kelchförmige Beckenstein des Taufsteines erwähnenswert. Sein mit Quasten verzierter Fuß verweist auf die späte Barockzeit.

Barocke Arbeiten sind auch die geschnitzte Kanzel, die auf einer schraubenförmig gewundenen korinthischen Säule steht. Die Außenseiten der Kanzelbrüstung sind mit allegorischen weiblichen Figuren verziert. Der Schalldeckel der Kanzel trägt drei Kinderfiguren, von denen eine ein Kreuz, eine andere den Hammer, die Leidenswerkzeuge Christi tragen. Auf der Kuppel erscheint der auferstandene Christus mit der Siegesfahne. Die Kanzeltreppe ist mit Engelsköpfen und hängenden Girlanden geziert.

Der schon erwähnte Orgelprospekt ist eine der besseren barocken Arbeiten. Hinter ihm verbirgt sich heute eine moderne, 1982 von der Firma Schuke, Potsdam, eingebaute Orgel. Hinter dem Altar fanden 1952 die Grabsteine der Thüringer Landgrafen ihren Aufstellungsort, nachdem sie aus Reinhardsbrunn, dem Hauskloster der Ludowinger, zunächst auf das Gothaer Schloß Friedenstein und dann in die Georgenkirche kamen. Ebenfalls im Altarraum befinden sich weitere Grabplatten, Gedenktafeln, Gemälde und Wappentafeln. Weitere Grabsteine sind im Kircheninneren und in der Vorhalle zu sehen, wie die Gedenktafel für den Franziskanermönch Johannes Hilten.

Jedoch hat sich in der Georgenkirche nicht nur greifbare Geschichte vollzogen. Hier wurde die heilige Elisabeth durch ihre Heirat mit Ludwig IV. zur Landgräfin von Thüringen. Sein Grabstein, ebenfalls im Altarraum aufgestellt, ist geziert mit der Pilgermuschel, obwohl er auf dem Weg in den Kreuzzug bereits auf hoher See vor Otranto verstarb.

Martin Luther stand als Kurrendesänger auf der Empore. Aus der Luft gegriffen scheint es nicht, daß er sich nach dem St. Georg den Geheimnamen »Junker Jörg« gab. Als er gegen Ende seines Lebens noch einmal über vier Wochen in Eisenach weilte, war die Georgenkirche bereits verwüstet.

Am 21. März 1685 wurde Eisenachs berühmter Sohn Johann Sebastian Bach geboren und zwei Tage später in dem noch heute genutzten Taufstein getauft. Sein Onkel, Johann Christoph Bach, brachte seinem Neffen die ersten Orgelklänge nahe und sang gemeinsam mit dem damaligen Lateinschüler auf der Empore.

Georg Philipp Telemann war von 1708 bis 1712 Hofkapellmeister in Eisenach und schuf für jeden Sonntagsgottesdienst eine Kantate. Später schrieb er über seine Zeit in Eisenach und in der Georgenkirche: »Anjetzo befinde ich mich in Eisenach, welches ich wohl die hohe Schule nennen kann, worinnen ich nicht allein in verschiedenen zur Musica gehörigen Sachen zu einer wahren Solidarität komme, sondern auch im Christenthume ein ganz anderer Mensch worden bin.« Max Reger spielte ebenfalls oft auf der Eisenacher Orgel.

Die Grabsteine der Thüringer Landgrafen in der Georgenkirche

Die Traditionen der Luther- und Bachzeit – fast 130 Jahre waren Angehörige der Familie Bach als Organisten angestellt – werden bis zum heutigen Tage fortgeführt. Der Eisenacher Bachchor, dessen Begründer, die Brüder Mauersberger, zu Kantoren des Dresdener Kreuzchores und des Leipziger Thomanerchores berufen wurden, nimmt dieses kulturelle Erbe wahr.

Im Jahre 1733 wurden in St. Georg 3.000 Salzburger Emigranten empfangen, die – um ihres Glaubens willen vertrieben – auf dem Weg nach Ostpreußen waren. Es fanden Dank- und Fürbittgottesdienste statt, bevor die Vertriebenen zur Unterkunft auf die Eisenacher Familien aufgeteilt wurden. Am 19.10.1817 fand in Eisenach, unter dem heimlichen Schutz des damaligen großherzoglichen Innenministers Johann Wolgang Goethe, das »Wartburgfest der deutschen Burschenschaften« statt. Bevor die Studenten ihren Zug zur Wartburg begannen, feierten sie in der Georgenkirche einen Gottesdienst und gedachten der 300-Jahrfeier der Reformation.

Auf der Rückreise von der ersten Weltkonferenz für praktisches Christentum kehrten 1925 führende Kirchenleute in Eisenach ein und feierten den ersten ökumenischen Gottesdient in Deutschland. 1948 trafen sich in der Georgenkirche die Vertreter aller egvangelischen Kirchen Deutschlands zu eindrucksvollen Gottesdiensten, nachdem sie die Vereinigte Evangelisch-Lutherische Kirche Deutschlands und die Grundordnung der Evangelischen Kirche in Deutschland beschlossen hatten.

Auch in den Zeiten der Wende 1989/90 wurde die Kirche zum Mittelpunkt der neuen friedens- und freiheitssuchenden Kräfte der ganzen Region. Tausende versammelten sich jeden Montag zum Friedensgebet und lenkten – ob Christen oder nicht – die Entwicklung im Kreis Eisenach in neue Bahnen. Verläßt der Besucher das Gotteshaus, so spürt er im Vorraum die neueren Zeiten. Auf der Nordseite ein Gedenkstein an eine Emigrantin der Französischen Revolution erinnernd, die in Eisenach Zuflucht fand, auf der Südseite die eindrucksvolle Bachstatue. Als man der Georgenkirche in der Hitlerzeit das Bachdenkmal vor der Kirche nahm, den Georgsbrunnen von der Mitte des Marktes um der Aufmärsche willen an die Seite drückte,

schuf sich die Kirchengemeinde ein eigenes Bachdenkmal. Es erinnert in seiner Gestaltung sehr an jene Zeit.

Wirft der Besucher noch einen Blick zurück, so sieht er, gleichsam zusammenfassend, die um die Jahrhundertwende gestaltete Vorhalle mit dem markanten Lutherwort und den 62 Meter hohen Turm, der erst 1902 von Otto March nach dem Vorbild des Turmes der Kirche in Trient errichtet worden ist. An der Nordseite des Turmes erinnern Zeichen an die Verbundenheit dieser Kirche mit den Bürgern der Stadt. Der sogenannte »Bäckerstein«, ein gotisches Relief aus dem 15. Jahrhundert, zeigt nach der Volkserinnerung einen Bäcker, der mit falscher Waage gewogen hatte und zur Schau gestellt wurde. Das Denkmal für die gefallenen Soldaten des 1. Weltkrieges mit dem – wohl heute nicht mehr nachvollziehbaren – Spruch des Eisenacher Dichters des 1. Weltkrieges Walter Flex hat wohl nur überdauert, weil es an einer Kirche angebracht ist.

Die Nikolaikirche

Ein Kristallisationspunkt der Stadtsiedlung Eisenach dürfte der »Sonnabendmarkt« gewesen sein. Hier gründete Ludwig III., auch der Fromme oder der Milde genannt, die Nikolaikirche im letzten Viertel des 12. Jahrhunderts. Ludwig gab 1190 die Pfarrei der Kirche an Benediktinernonnen, behielt jedoch sich und seinen Nachkommen Vogtei und Gerichtsbarkeit über Kirche und Kloster vor. Seine Tante Adelheid wurde die erste Äbtissin.

Daß der Platz schon zeitig ein Markt war, erhärtet das Nikolaus-Patrozinium, das auf handeltreibende Bevölkerung schließen läßt. Um den dreieckigen Platz also, von dem ein Teil jedoch noch bis ins 16. Jahrhundert von einem Friedhof beansprucht wurde, siedelten sich Bürger an.

Die dreischiffige Basilika, deren Mittelschiff von den Seitenschiffen durch sich in der typisch romanischen Art abwechselnde Pfeiler und Rundsäulen abgeteilt wird, ist ein wertvolles Denkmal der Spätromantik. Die Basen und Kapitelle der Rundsäulen stellen hervorragende künstlerische Leistungen dar. Ihre Verwandtschaft mit den Steinmetzarbeiten das Palas der Wartburg und der Doppelkapelle der Neuenburg bei Freyburg an der Unstrut ist frappierend und läßt den Schluß zu, daß hier die gleichen Steinmetze am Werk waren. Die Pfeiler, die gemeinsam mit den Rundsäulen die hohen Rundbögen das Mittelschiff tragen sind weitaus schlichter gearbeitet. Zwei von ihnen sind an den Ecken mit Rundsäulen besetzt, die beiden anderen sind achteckig. Ihr Kapitell ist ein schlichter Wulst.

1886/87 wurde die Kirche unter Leitung von Prof. Hubert Stier weitgehend restauriert. Dabei wurden vorherige spätgotische Umbauten möglichst stilrein romanisch wiederbelebt, wie zum Beispiel die Fenster der Seitenschiffe, des Mittelschiffs, der Westfassade und die Eingangstür an der Südseite. Die nahe dem Turm liegenden Fenster wurden gänzlich beseitigt. Die Westfront erhielt statt des hohen Spitzbogenfensters eine romanische Fensterrose. Von der vormals zweigeschossigen Vorhalle wurde eines abgetragen. Von diesem blieb nur das Kämpfergesims erhalten.

Der Turm der Kirche blieb in seiner Substanz weitgehend unberührt, da lediglich das beschieferte Fachwerk-Obergeschoß durch ein aus acht hohen romanischen Giebeln bestehendes Geschoß ersetzt wurde. Der in seinem unteren Teil quadratische Turm wurde in seiner Urform erhalten. Hier mußten nur geringfügige Ausbesserungsarbeiten ausgeführt werden. Ebenso verhielt es sich mit den von Lisenen und Rundbogenfriesen eingefaßten drei Geschossen im Mittelteil des Turmes.

Vollkommen fertiggestellt war die Nikolaikirche auch im Mittelalter nie. Neben den Zerstörungen des Bauernkrieges brachten die verschiedenen Umbauten, namentlich die in den Jahren 1611/12, als in den südlichen Kreuzarm eine Sakristei eingebaut wurde, der die dort befindliche Chornische weichen mußte, weitere Veränderungen mit sich. Eine rohe, hölzerne Empore wurde eingebaut, der 1717 noch eine weitere folgte. Dabei wurde auch die Nordschiffwand erhöht und Nord- und Mittelschiff unter ein Dach gebracht.

Das nördliche Querhaus war, wie die Bögen der Vierung belegen, zwar geplant, wurde aber in dieser Form nie gebaut. Wenn der nördliche Kreuzarm je bebaut war, dann nur mit einem zum Kloster gezogenen Gebäude. Von der alten Ausstattung ist lediglich der Taufstein erhalten, dessen oberer Teil vermutlich älter als die Kirche selbst ist.

Eine Reihe gut erhaltener Grabsteine erinnert daran, daß in der Nikolaikirche nicht wenige Mitglieder bekannter Eisenacher Familien ihre letzte Ruhestätte fanden.

1968 bis 1973 wurde die Kirche ihrer bisher letzten Renovierung unterzogen. Wiederum wurden die gerade gültigen denkmalpflegerischen Gesichtspunkte angewandt. Die romanisierenden Farben des 19. Jahrhunderts wurden entfernt und der gesamte Kirchenraum auf den Altar bezogen. Auch die Kanzel und das Lesepult als dienende Elemente wurden verkleinert und vereinfacht. Der Altarraum mit dem eindrucksvollen Schnitzaltar aus der Saalfelder Schule (um 1520) wurde zur wesentlichen Stätte der Anbetung. Der Schnitzaltar beinhaltet die Grablegung Christi mit Bischof Nikolaus, dem Schutzheiligen der Kirche, und dem Apostel Johannes zur rechten Seite. Auch der Triumphbogen wurde in seiner Bedeutung wieder neu betont. Der Künstler Eckhardt Mater aus Mihla bei Eisenach schuf dazu 1973 das Kruzifix aus Bronze.

Leider ist das Gotteshaus zur Zeit nicht beheizbar. Darum müssen auch die in den letzten Jahrzehnten beliebten Krippenstunden an der Krippe der Arnstädter Künstlerin Hilde Pilz wegfallen, bis eine neue moderne Heizung beschafft werden kann.

Eine andere Besonderheit der Nikolaikirche ist noch zu erwähnen. Die Glocken werden manuell geläutet und zwar im Querschiff zur Rechten des Altars und im Angesicht der Gemeinde. Vor den Glockenseilen steht der Taufstein, dessen oberer Teil vermutlich älter ist als die Nikolaikirche.

Die Annenkirche in der Georgenstraße

Bescheiden, fast unscheinbar ist die Annenkirche in die Häuserzeile eingebaut. Es scheint ihr Schicksal zu sein, gegenüber der gewaltigen Georgenkirche und der monumentalen Nikolaikirche übersehen zu werden. Sie ist dennoch nicht aus dem Gemeindeleben wegzudenken und hat von jeher ihre besondere Bedeutung gehabt.

Die Annenkirche

Eine völlige Rekonstruktion der Annenkirche wurde in den Jahren 1965/1966 vorgenommen. Unter das ursprüngliche Tonnengewölbe wurde eine gerade Decke eingezogen. Die Emporen wurden herausgenommen. Der Altarraum wurde nach liturgischen Gesichtspunkten neu geordnet. Die wesentlichen Elemente christlichen Glaubens werden in einer unübersehbaren und harmonischen Einheit dem Besucher unaufdringlich vor Augen gebracht; der große einladende Altar, die moderne Kanzel zur linken und der Taufstein zur rechten Seite. Das spätgotische Kruzifix über dem Altar und der Osterleuchter vollenden die in sich geschlossene Stätte der Anbetung.

Als man die Emporen 1948 ausbaute, ließ man jedoch eine Chorempore stehen und versah sie 1974 mit einer neuen Orgel, die allerdings in diesen Tagen völlig rekonstruiert werden muß.

Die Annenkirche setzte in den letzten Jahrhunderten ihres Bestehens mancherlei besondere Akzente. War sie immer die Kirche des »Hospitals«, so wurde sie auch zeitweise als Garnisonkirche und, um die Jahrhundertwende, als Kirche der zum Diakonissen-Mutterhaus gehörenden Stiftsgemeinde genutzt.

Nach der Inschrift im Torbogen neben der Kirche soll sie im Jahre 1226 von der heiligen Elisabeth zusammen mit dem Annenstift begründet worden sein. Genaueres wissen wir allerdings erst ab 1309, als ein »neues Hospital« vor der Stadtmauer am Georgentor erwähnt wird. Die räumliche und innere Verbindung mit dem Annenstift ist bis zum heutigen Tage geblieben.

Freilich entwickelte sie sich in den folgenden Jahrhunderten immer mehr zur Gemeindekirche für die westliche Vorstadt. Ihre Bedeutung stieg noch mehr, als in den letzten Jahrzehnten die Kreuzkirche unweit der Annenkirche nicht mehr für den Gottesdienst benutzt wurde. Die Öffnung zur Gemeinde wird schon im Dreißigjährigen Krieg deutlich, als die beiden Renaissanceportale nach der Straßenseite eingebaut wurden. Im 18. Jahrhundert erhielt die Kirche dann zwei Emporen.

Die Clemenskapelle

Kommt der Besucher von Osten in die Stadt, so wird er zuerst der Clemenskapelle begegnen. Dieses kleine Gebäude ist sicherlich das älteste erhaltene sakrale Bauwerk Eisenachs. 1293 wird diese Kapelle zum ersten Mal urkundlich als Kapelle vor dem Nikolaitor in Verbindung mit einem Aussätzigenhospital genannt. Das Tonnengewölbe im vorderen Raum ist allerdings noch älter. Die Clemenskapelle erlebte eine wechselvolle Geschichte. Nach 1813 wurde sie durch geschlagene und fliehende französische Soldaten verwüstet. Sodann wurde das Hospital in die Weststadt verlegt. Als gegen Ende des 19. Jahrhunderts die Stadt auch nach Nordosten wuchs, erinnerte man sich dieser Kapelle und baute sie wieder aus. Seitdem ist sie mehrfach renoviert worden. Der letzte Außen- und Innenanstrich fand in den 80er Jahren statt.

Die Clemenskapelle

Die Paul-Gerhardt-Kirche

Als erste Kirche nach dem Kriege wurde sie 1952 bis 1954 für die im Norden wachsende Gemeinde gebaut. Sie ist ein Werk der schweren Nachkriegsjahre: einfach und schlicht; mit der großen, sonnigen Fensterwand nach Süden lädt sie die Gemeinde ein und wurde auch bald von ihr als Zentrum angenommem. In der Nordwestecke wurde ein kleiner Glockenstuhl gebaut. Seit 1963 hängt hier die Margarethenglocke. Sie wurde 1488 gegossen und ist die älteste erhaltene Glocke Eisenachs. 1967 kam eine zweite Glocke aus der Apoldaer Glockengießerei, die Christusglocke, dazu. In den letzten Jahren wurde die Kirche von Gemeindemitgliedern neu ausgemalt.

Das Peterskirchlein

Das kleine, dem heiligen Petrus geweihte Kirchlein ist ein Fertigteilbau – ein Geschenk der schwedischen lutherischen Kirche. Ursprünglich lagen hier im Nordosten die Wurzeln der Stadt; eine Peterskirche wird erwähnt, aber nach dem Untergang dieses »Alt-Eisenach« vergessen. Erst in den ersten Jahrzehnten dieses Jahrhunderts wurde hier ein neuer Stadtteil gebaut. Die Kirchengemeinde errichtete zunächst eine gebrauchte Baracke für den Gottesdienst und das übrige kirchliche Leben dieser Siedlung, die jedoch rasch wieder baufällig war. So kam dieses Geschenk aus Skandinavien sehr gelegen.

Das Gemeindezentrum Werner-Sylten-Haus

Ebenfalls im Nordosten der Stadt gelegen, konnte dieses 1976/77 erbaute Gemeindehaus wichtige Aufgaben für die Gesamtgemeinde übernehmen. Geplant war ein Gemeindehaus schon Jahrzehnte vorher. Aber in der Hitlerzeit wurde nur der Bau eines Pfarrhauses und nicht der eines anschließenden Gemeindezentrums erlaubt. Erst 1976 ging mit Hilfe der Kirchen der Bundesrepublik ein lang gehegter Wunsch in Erfüllung. Die Hanglage des Bauwerkes brachte es mit sich, daß im Obergeschoß ein würdiger Gottesdienstraum mit etwa 220 Plätzen entstehen konnte. Der weit über die Grenzen der Stadt bekannte Kunstschmied Prof. Günther Laufer schuf ein Kreuz und dazu passende schmiedeeiserne Leuchter.

Der Raum in seiner gesamten Ausgestaltung läßt spüren, wie die Gemeinde des zu Ende gehenden 20. Jahrhunderts Gottesdienst feiern will. Ein moderner Raum, der jedoch keine Minute die Würde des Geistlichen vermissen läßt.

In dem Bestreben, das Gemeindehaus zur Kirche werden zu lassen, wurde 1980 noch ein kleiner Glockenturm gebaut. Die dort hängende Glocke dokumentiert ebenfalls ein Stück Eisenacher Kirchengeschichte. Ursprünglich wurde sie als Bachglocke für die Georgenkirche gegossen. Als dort neue, größere Glocken beschafft wurden, erhielt sie ihren Platz in der Kreuzkirche, bis diese von der Gemeinde aufgegeben wurde. Heute wohnen die Menschen nicht mehr nur im Zentrum, sondern hauptsächlich im Norden der Stadt. Darum läutet die Bachglocke jetzt hier zum Gebet. Das große Kreuz auf dem Glockenstuhl leuchtet weit in die Oststadt hinein.

Die Thüringer Kirche hat ihre Geschichte, auch die leidvolle, nicht vergessen. Darum erhielt dieses Gemeindezentrum den Namen Werner-Sylten-Haus. Werner Sylten hatte zwar keine engere Verbindung zu Eisenach, aber für die ganze Thüringer Kirche ist er unvergessen. Als Pfarrer in Thüringen bekam er als »Halbjude« Schwierigkeiten mit dem Staat und mit der damaligen deutsch-christlichen Kirchenleitung. 1936 wurde er aus dem Dienst der Evangelischen Kirche Thüringens entlassen und lebte zunächst in Gotha als Geschäftsführer der Lutherischen Bekenntnisgemeinschaft.

Nach Schließung dieses Büros durch die Gestapo wurde er nach Berlin in das sogenannte »Büro Grüber« gerufen, wo er an der Seite des Propstes Grüber in der Hilfsstelle für rassisch Verfolgte arbeitete. 1941 wurde er verhaftet und in das Konzentrationslager Dachau überführt, wo er am 26.8.1942 ermordet wurde. Die Kirche will mit der Namensgebung ein Zeichen setzen.

Das Michaeliszentrum

Die Erschaffung dieses Gemeindezentrums gehört in die Zeit, in welcher es für die Kirche besonders schwer war, Baumöglichkeiten wahrzunehmen. Die Stadt wuchs nach Nordwesten und in Richtung Stedtfeld. Es gelang der Gemeinde, ein altes Bauernhaus käuflich zu erwerben und unter größten Schwierigkeiten ein Gemeindezentrum mit etwa 90 Plätzen und einer Pfarrwohnung auszubauen. Der erste Gottesdienst fand 1972 statt.

Der Name Michaeliszentrum erinnert an eine uralte St. Michaeliskapelle, die in jener Gegend gelegen haben soll. Die nahe gelegene Michelskuppe erinnert noch daran.

Das Gemeindehaus Johanneskirche

Um 1980 begann der Aufbau eines neuen Stadtteils im Norden der Stadt. Nach wenigen Jahren wohnten dort bereits 10.000 Eisenacher. Die Kirchengemeinde machte sich Gedanken über den Wohnwert und die Lebensqualität in einer Satellitenstadt. Sie war der Meinung, daß dazu eine Kirche gehöre. Der Bau einer Kirche wurde aber nicht genehmigt. Dagegen war eine Spende des Lutherischen Weltbundes und ein Fertigteilhaus von der Württembergischen Kirche zugesagt. Nach langen Verhandlungen gelang es, im Tausch ein Grundstück – allerdings am Rande des Neubaugebietes – zu erwerben. 1986 konnte schließlich das Gemeindehaus eingeweiht werden. Die Namensgebung war ein Kompromiß: »Gemeindehaus Johanneskirche«. Der Name Johannes soll erinnern an die Johanniskapelle, die einmal im Süden der Stadt stand.

Das Gemeindehaus Johanneskirche ist die erste kirchliche Einrichtung, in dem die Belange der Körperbehinderten beachtet wurden. Sie ist gleichzeitig mit ihren Nebenräumen zu einem Zentrum der christlichen, afrikanischen Arbeiter des Automobilwerkes geworden.

Die Kreuzkirche auf dem Alten Friedhof

Die Elisabethkirche

Die St. Elisabethkirche

In der Sophienstraße steht die neugotische St. Elisabethkirche. Sie wurde am 8. September 1888 geweiht. In der Stadt der heiligen Elisabeth sollte das Gedenken an diese große Heilige wieder durch eine Elisabethkirche lebendig sein. Diese Kirche ist für die heutige Städtepartnerschaft Marburg – Eisenach schon ein über hundert Jahre altes Zeichen. Die Erbauer der Kirche hatten bewußt an der großen Elisabethkirche in Marburg Maß genommen und in Eisenach eine kleine Nachbildung errichtet.

Während des ganzen Mittelalters war die Elisabethkirche in Marburg ein berühmter Wallfahrtsort. So sollte auch die Kirche in Eisenach ein Zentrum für die 1844 gegründete neue römisch-katholische Gemeinde sein. Wenn diese Kirche auch nur einen Turm hat, so ist doch das Grundmodell der Marburger Elisabethkirche im äußeren Bereich leicht zu erkennen. Die innere Ausstattung hat mit der Marburger Elisabethkirche nichts mehr gemein. Nach dem Zweiten Vatikanischen Konzil wurde die Kirche, die früher auch im Stil des ausgehenden 19. Jahrhunderts ausgemalt war, völlig neu gestaltet, damit der Gottesdienst im Sinn der Liturgiereform gefeiert werden konnte.

Im Altarraum befindet sich ein kleiner Flügelaltar. Die Figuren in der Mitte stammen aus dem 16. Jahrhundert. Dieser Altar hat einen merkwürdigen Weg genommen. Er ist ein Geschenk des zur Zeit des Kirchenbaus in Frankfurt am Main lebenden Prälaten Johannes Jansen, eines begeisterten Kunstkenners und Kunstsammlers. Er hatte den Altar auf dem Speicher einer protestantischen Kirche entdeckt. Es gelang ihm, dieses Kunstwerk zu erwerben. In seinem Testament verfügte er, daß dieser Altar nach seinem Tode der Elisabethkirche in Eisenach übereignet werden solle.

Links neben dem Hauptaltar befindet sich die Elisabethkapelle. Die Figur der heiligen Elisabeth ist das Werk eines Holzschnitzers aus der Rhön. Sie wurde zum Thüringer Katholikentag, der zum 700. Todestag der heiligen Elisabeth im Jahr 1931 in Eisenach stattfand, aufgestellt.

Der Kreuzweg der Kirche ist eine Arbeit der Eisenacher Künstlerin Katharina Volbers. Sie ist eine Schülerin von

Karl Schmidt-Rotluff. Deshalb ist dieser Kreuzweg konsequent im expressionistischen Stil gestaltet.

An der Rückseite der Kirche befinden sich zwei Heiligenfiguren: der heilige Konrad und der heilige Antonius. Es sind Arbeiten der Erfurter Künstlerin Hildegard Hendrichs. Tabernakel und ewiges Licht gestaltete Professor Laufer aus Eisenach.

Im Jahre 1972 konnte die neue Jehmlich-Orgel eingebaut werden. Sie hat 18 klingende Stimmen, mechanische Traktur und Schleifladen. Zum hundertjährigen Kirchweihjubiläum im Jahr 1988 wurde die Kirche gründlich renoviert.

Mit dem Bau dieser Elisabethkirche in Eisenach lebte ein untergegangenes Patrozinium wieder auf. Es hatte nämlich in Eisenach schon einmal eine Elisabethkirche gegeben. Hinter der Hauptpost in Eisenach befindet sich das ehemalige Prediger- oder Dominikanerkloster. Heute dienen diese Kirchenräume als Museum für mittelalterliche Schnitzplastik in Thüringen. Heinrich Raspe, der Schwager der heiligen Elisabeth, hat diese Kirche kurz nach dem Tod der Heiligen errichten lassen. Hatte er doch erfahren, daß in Marburg das Grab seiner Schwägerin ein bedeutender Wallfahrtsort geworden war. Elisabeth wurde bereits im Jahr 1235 heilig gesprochen. So sollte auch in Eisenach eine Kirche dem Gedenken der Heiligen geweiht sein. Im Jahr 1240 wurde diese Klosterkirche geweiht auf den Titel des heiligen Johannes des Täufers und der heiligen Elisabeth geweiht.

Die sehr kostbaren Kunstwerke, die heute in diesen Räumen gezeigt werden, vermitteln etwas vom religiösen Leben und Empfinden der Menschen der damaligen Zeit. Es sei ganz besonders hingewiesen auf die Johannes-Figur aus der zweiten Hälfte des 12. Jahrhunderts. Sie kann uns etwas vom Menschenbild und der Frömmigkeit der Menschen des beginnenden Mittelalter, also der Zeit der heiligen Elisabeth, vermitteln.

Elisabethkirche, Plastik der heiligen Elisabeth

Der nördliche Hof mit Ritterhaus und östlichem Wehrgang, zeitgenössische Darstellung vor der Restaurierung

Die Wartburg

»Nun ist der letzte Aufstieg überwunden, und wir stehen an dem Schalter für Eintrittskarten. Auch die übliche Andenken-Bude fehlt nicht, deren Inhalt hier besonders geschmackvoll wirkt. Eintrittskarten 50 Pfennige, Stöcke und Schirme hier abgeben; wenn eine neue Führung beginnt, wird ein Zeichen mit der Glocke gegeben. Nun werden wir durch die Bauten und Hallen getrieben; an ein ruhig Genießen ist nicht zu denken. Endlich stehen wir im Lutherzimmer. Die Sünden der Väter haben den Raum schon arg zugerichtet; was tun die Söhne? Hier hängt ihr Werk: ›Die Besichtigung der Kemenate der heiligen Elisabeth 10 Pfennige à Person.‹ Zum Überfluß verkündet uns das auch noch der Führer, der sich mit ausgestreckter Hand an der Tür aufgebaut hat, mit dem Hinweis, daß seine Tätigkeit nun zu Ende sei. Auch die Kemenate der heiligen Elisabeth besuchen wir, sie ist die 10 Pfennige wohl wert, wie neben mir jemand bemerkt. Natürlich wieder ein Führer, und kaum sind wir diesem entronnen, so ruft uns ein dritter an: ›Meine Herrschaften! Die Besteigung des Turmes kostet nur 10 Pfennige. Wunderbarer Rundblick!‹ So geht es tagaus, tagein, Jahr um Jahr all' den Tausenden, die die Wartburg besuchen«.

Man mag selber entscheiden, was von dieser Schilderung eines Wartburgbesuchers aus dem Jahre 1912 seine Gültigkeit behalten hat. Unbestreitbar ist, daß sich um die Jahrhundertwende der Massentourismus zu entfalten begann. Der alte Burgkommandant, Bernhard von Arnswald, zählte für das Jahr 1859 rund 20 000 Besucher – die Tendenz war ständig steigend.

Dem immer reger werdenden Zuspruch trug man Rechnung: eine Zufahrtstraße wurde angelegt, Andenkenverkäufer stellten sich ein, und ein besonders findiger Eisenacher richtete um 1890 eine Eselstation ein, um mit seinen grauen Vierbeinern den beschwerlichen Aufstieg etwas bequemer zu machen.

Erst recht kann der Wartburgbesucher heute ins Schwitzen kommen, spätestens dann, wenn er sich in die Warteschlange vor dem Kartenverkauf einreiht. Und dennoch tut er es meist geduldig; die Wartburg muß man kennen und gesehen haben. Wenige der so zahlreichen und schönen Burgen können solch eine Popularität für sich verbuchen. Verwunderlich ist diese Tatsache indes nicht, vereinen sich doch hier mehr als 900 Jahre Geschichte, Kunst, Kultur und landschaftliche Schönheit zu einem einzigartigen Erlebnis für Auge und Ohr.

Das Geburtsjahr der Wartburg wird festgelegt durch eine Sage, nach der Graf Ludwig der Springer im Jahre 1067 den Berg heimlich in Besitz nahm und über Nacht bebaute. Bei der Eile des Vorgehens muß jene »Urwartburg« eine einfache hölzerne Anlage gewesen sein, die aber immerhin zunächst den ehrgeizigen Plänen des Gründers genügte. Sein Ziel war Landbesitz und dessen Verteidigung. In »Brunos Buch vom Sachsenkrieg« aus dem Jahre 1080 wird die Wartburg erstmals genannt; Graf Ludwig als königlicher Gegner dargestellt, der seine politischen Interessen mit allen Mitteln durchzusetzen wußte. Der klugen Hausmachtpolitik der Ludowinger war Erfolg beschieden.

1123 wurde hessisches Gebiet angegliedert, 1131 verlieh König Lothar III. dem aufstrebenden Adelsgeschlecht die Landgrafenwürde, und im Verlaufe des 12. Jahrhunderts vergrößerte sich die Landgrafschaft auf ein beachtliches

Kapitell der Mittelsäule im Landgrafenzimmer, Sandstein, letztes Drittel des 12. Jahrhunderts

Gebiet, das im Westen von Lahn und Sieg, im Osten von Saale und Unstrut begrenzt wurde. Die Gründung des ludowingischen Hausklosters Reinhardsbrunn, die Errichtung der Neuenburg bei Freyburg an der Unstrut und der Runneburg bei Weißensee, der Kauf der Eckardtsburg bei Eckardtsberga und der Creuzburg bezeichnen nur einige Eckpfeiler des zielstrebigen Landesausbaus.

Noch vor 1200 hatten die Thüringer Landgrafen die ersten Höhen ihrer Macht erklommen. Die Wartburg, nunmehr im Landesinneren stehend, wurde zu einer fürstlichen Residenz ausgebaut, die selbst kaiserlichen Ansprüchen gerecht werden konnte und dem Vergleich mit Kaiserpfalzen der Stauferzeit durchaus standhält.

Zwischen 1170 und 1200 entstand der romanische Palas – ein repräsentativer und wehrhafter Wohnbau, der in unseren Breiten seinesgleichen sucht. Die eng begrenzten räumlichen Möglichkeiten zwangen den Baumeister zur Höhe dreier Stockwerke. Ausgewogenheit und Harmonie der Architektur sowie künstlerische Vollendung der reichen Kapitellplastik weisen den Wartburgpalas als ein seltenes Kleinod profaner Baukunst aus. Die Geheimnisse um die Herkunft seiner Schöpfer sowie die genaue Zeit der Entstehung sind anhand stilkritischer Betrachtungen nur teilweise geklärt worden. Die Formenvielfalt der Kapitelle – ursprünglich waren es etwa 200 – zeigen eine enge Verwandtschaft zur Doppelkapelle Schwarzrheindorf, von der man weiß, daß sie um 1150 entstand. So mögen die gleichen Steinmetzen sowohl dort, als auch ein bis zwei Jahrzehnte später auf der Wartburg und in der Eisenacher Nikolaikirche gearbeitet haben. Dendrochronologische Untersuchungen am Deckengebälk des Speisesaales unterstützen diese zeitliche Annahme.

Der Blick auf die Ostseite des Palas verdeutlicht seine Wehrhaftigkeit. Das Bauwerk scheint unmittelbar aus dem steilen Hang emporzuwachsen, der Sockelbau besitzt über einer Reihe Schießscharten nur kleine, schmale Fenster, bevor sich die Baumasse endlich durch Bogenfenster auflockert.

Die gastlich geöffneten Arkaden an der Westfassade hingegen machen dem Betrachter burgenhafte Enge und Eingeschlossenheit fast vollständig vergessen, vermitteln vielmehr südländischen Zauber. In der Tat ließen sich die Palasbauer von den spätrömischen Portikusvillen inspirieren, ohne dabei jedoch an die heftigen Herbst- und Winterstürme zu denken, die man in Italien nicht kennt. Späteren Generationen waren dann auch Behaglichkeit und Schutz vor den Wetterunbilden mehr wert, als die eleganten offenen Wandelgänge. Bereits im 14. Jahrhundert wurden alle Arkaden zugemauert. Offenbar hat der Palas, der so bis ins 19. Jahrhundert hinein als geschmackloser, steinerner Kasten galt, damit die besten Überlebenschancen gehabt.

Doch nicht nur äußerlicher Glanz zeichnete die Wartburg des 12. und 13. Jahrhunderts aus. In ihrem Inneren entfaltete sich gleichzeitig die höfisch-ritterliche Kultur zur vollsten Blüte. In Landgraf Hermann I. fanden Walther von der Vogelweide, Wolfram von Eschenbach, Heinrich von Veldeke und viele andere Dichter und Sänger ihren beständigsten Gönner, und manches ihrer Werke mag an seinen Höfen, vielleicht sogar auf der Wartburg entstanden sein, wie man es zum Beispiel von Eschenbachs »Parzival« annimmt. Das landgräfliche Mäzenatentum – dem der Babenberger in Wien vergleichbar – hatte durch Hermanns Studien in Paris ein stattliches Fundament, wodurch ihm auch antike Stoffe in ihrer französischen Fassung bekannt und zugänglich waren. Dies versetzte ihn in die Lage, deutsche Dichter zu neuen Bearbeitungen anzuregen. Herbort von Fritzlar erhielt durch Landgraf Hermann die Vorlage zu seinem »Liet von Troie«; Biterolf schuf – ebenfalls nach französischem Text – ein »Alexanderlied«, das aber verschollen ist.

Aus vielen Versen erschließt sich das bunte Treiben am Thüringer »Musenhof«, und insbesondere Walther von der Vogelweide pries des Thüringers gastliches Haus: »Ich stehe im Dienste des freigiebigen Landgrafen. Das halte ich stets so: Nur dem Würdigsten diene ich! Auch andere Fürsten haben eine offene Hand, aber eben nicht so beständig. Hermann dagegen war seit je gebefreudig, und er ist es noch heute. Er macht darin eine bessere Figur als andere; bei ihm gibt es darin kein launisches Schwanken. Wer in dem einem Jahr durch Freigiebigkeit glänzt, im nächsten aber so knauserig ist wie zuvor, dessen Ruhm gleicht dem

Klee, der erst im saftigen Grün prangt, bald aber dahinwelkt. Thüringens Blume leuchtet sogar im Schnee: Sommer wie Winter treibt sie ihre lobenswerten Blüten wie vom ersten Tage an.«

Durch die Sage vom Sängerkrieg sollte die Wartburg endlich zu wahrem Weltruhm gelangen: Einst trafen sich am Landgrafenhof sechs Sänger, um ihre Künste vorzuführen – Heinrich der Schreiber, Walther von der Vogelweide, Reinmar Zweter, Wolfram von Eschenbach, Biterolf und Heinrich von Ofterdingen. Mit ihren Versen warben sie um die Gunst des Fürsten, priesen ihn und sein Land. Nur einer von ihnen – Heinrich von Ofterdingen – besang nicht den Landgrafen, sondern lobte seinen eigenen Herrn, den Herzog von Österreich. Es sollte sich bald zeigen, daß er mit einem gefälligeren Lied besser beraten gewesen wäre. So galt er als Verlierer des Wettstreites und sollte dem Henker übergeben werden. Nur die gütige Landgräfin Sophie hatte Mitleid und gewährte ihm Schutz. Ofterdingen erbat bei ihr, Meister Klingsor aus Ungarn holen zu dürfen; seiner Entscheidung wolle er sich unterwerfen. So geschah es. Nach vereinbarter Jahresfrist kam Ofterdingen in Begleitung des berühmten Sängers und Magiers auf die Wartburg zurück. Der Wettkampf wurde erneut begonnen, fand aber durch Klingsors Redegewandtheit und Zauberkunst ein gutes Ende.

Bis heute streiten sich die Gelehrten, ob hierbei Dichtung oder Wahrheit überwiegen. Namentlich das 19. Jahrhundert hat diese Sage jedoch so prächtig lokalisiert und ausgeschmückt, daß man es nun dabei belassen sollte.

Der kunstliebende Landgraf war allerdings ebenso ein kalt berechnender Politiker, der je nach eigenem Vorteil die Parteien wechselte. Eine Eintragung seiner Gattin Sophie in ihr Psalterbuch – es befindet sich im oberitalienischen Cividale – läßt die Sorge um das zukünftige Seelenheil des Fürsten erahnen. Noch zu dessen Lebzeiten hat sie danach inbrünstig gebetet, Christus möge Hermann, obwohl »er in viele Verbrechen und Sünden verstrickt ist«, vor seinen Gegnern schützen und ihm den Einzug in das Himmelreich nicht verwehren.

Wie bereits seine Vorgänger betrieb auch Hermann I. eine ausgeklügelte Heiratspolitik, durch die im Jahre 1211 die vierjährige Elisabeth, Tochter des ungarischen Königs Andreas II. und seiner Gemahlin Gertrud von Andechs-Meran, nach Thüringen kam. Zehn Jahre später wurde sie die Gemahlin Ludwigs IV.

Die Gestalt Elisabeths hebt sich von der schillernden Kulisse des Landgrafenhofes ab. Mit ihrem selbstgewählten Ideal von Armut und Barmherzigkeit muß sie familiäre Konflikte heraufbeschworen haben, die zum Beispiel auch in der Legende vom Rosenwunder anklingen. Danach trug sie einst Brot zu den Ärmsten der Stadt und wurde auf dem Weg von ihrem Ehemann überrascht. Auf seine Frage, was sie in ihrem Gewand verberge, anwortete sie, auf ein göttliches Wunder hoffend, es seien Rosen. Das Wunder geschah und soll den jungen Landgrafen von der Reinheit ihrer Seele überzeugt haben.

Ein Kreuz bezeichnet heute den Platz des Siechenhauses, das Elisabeth 1226 am Fuße des Wartberges errichten ließ. Indem sie selbst Aussätzige dort aufnahm und ohne Rücksicht auf ihre Gesundheit pflegte, durchbrach sie die Standesschranken und lebte christliche Ethik vor. In ihrer sechsjährigen Ehe hatte Elisabeth drei Kindern das Leben geschenkt. Mit dem Sohn Hermann schien zwar die Erbfolge gesichert, doch starb er im jugendlichen Alter von 18 Jahren unter mysteriösen Umständen. Die älteste Tochter Sophie heiratete den Herzog von Brabant und beteiligte sich später im Interesse ihres Sohnes Heinrich am Krieg um das ludowingische Erbgut. Die jüngste Tochter, Gertrud, beim Weggang ihres Vaters noch nicht geboren, sollte einst Äbtissin des Klosters Altenberg werden.

Elisabeths Gemahl Ludwig brach 1227 im Gefolge Kaiser Friedrichs II. zum Kreuzzug auf. Den Boden des gelobten Landes betrat er nicht. Bereits auf See, vor der Küste von Otranto, erlag er im September einer tödlichen Krankheit. Nach seinem Tode verließ Elisabeth die Wartburg und trennte sich von ihren Kindern, um ihr Leben nun ganz im Sinne ihres Vorbildes, des heiligen Franziskus und seines Ordens, weiterzuführen. Sie starb am 17. November 1231 in Marburg. Ihr Beichtvater Konrad betrieb ihre Heiligsprechung mit großem Eifer, doch erst Elisabeths Schwager, der Deutschordensritter geworden war, erreichte dies im Jahre 1235.

Den Thüringer Thron hatte Ludwigs Bruder, Heinrich Raspe, bestiegen. Er sollte der letzte Vertreter seines Geschlechtes werden, zuvor jedoch auch den kühnsten Traum seiner Ahnen verwirklichen: den Griff nach der deutschen Krone. 1246 wurde Raspe zum (Gegen-) König gewählt. Daß er ein schweres Amt übernahm und sich dessen nur ein Jahr lang rühmen konnte, schmälert freilich seine königliche Bedeutung. Heinrich Raspe starb 1247 auf der Wartburg, die damit Beginn und Ende der Ludowinger sah.

Leicht waren die Zeiten für die Eisenacher gewiß nie gewesen, doch der nun einsetzende Streit um das landgräfliche Erbe versetzte die Stadt und das Land in einen rund 15 Jahre dauernden Kriegszustand. Erst 1263 kam es zur Einigung, wonach Hessen den Nachkommen Elisabeths zugesprochen und somit Besitz der Brabanter, Thüringen aber durch die Markgrafen von Meißen übernommen wurde.

Die Wartburg, obwohl infolge der neuen Besitzverhältnisse wieder in die undankbare Randposition gedrängt, erlebte unter den Wettinern ihre erste Verjüngungskur. Ein durch Blitzschlag verursachter Brand im Jahre 1317 hatte Bergfried, Palasdach und ein benachbartes Wohngebäude so stark beschädigt, daß Baumaßnahmen zwingend notwendig waren. Von künstlerischer Sorgfalt konnte kaum die Rede sein. Der Zweck bestimmte die Mittel, und sicher zu Recht hielt der kriegsgewohnte Markgraf, Friedrich der Freidige, eine stärkere Befestigung für sinnvoller. So ließ er als erstes den Hauptturm neu aufführen. Der Palas erhielt ein steiles, gotisches Dach, statt der Arkaden kleine unregelmäßig verteilte Fenster und einen burgengerecht hoch gelegenen Eingang. Im ersten Obergeschoß des Palas wurde vom ursprünglich größeren Sängersaal ein Teil abgetrennt und als Kapelle eingerichtet. Reste zeitgenössischer Bemalung – sechs Apostel mit Spruchbändern – haben sich hier bis in unsere Gegenwart erhalten.

Der nachträgliche Einbau des Kreuzgewölbes erfolgte unter Mißachtung aller statischen Erfordernisse, was in nachfolgenden Zeiten oft Grund zur Besorgnis bot. Die Schaffung eines gänzlich neuen Sakralraumes legt die Vermutung nahe, daß der Burgbrand von 1317 auch eine bestehende Kapelle zerstört hat. Ihr einzig möglicher Standort könnte die Fläche des heutigen Kommandantengartens gewesen sein. Doch selbst wenn eine solch bedeutende Anlage wie die Wartburg ohne ein kirchliches Bauwerk kaum denkbar ist, so fehlt doch noch immer jeglicher Beweis für dessen ehemalige Existenz.

Mit dem südlichen Bergfried, der in das 14. Jahrhundert datiert wird, verstärkte Friedrich gewiß nur eine bereits vorhandene Anlage, die an dieser gefährdeten Stelle zur Verteidigung schon seit eh und je unabdingbar gewesen sein dürfte.

Das einzige wirklich interessante Bauwerk war ein Fachwerkhaus über den Kellern des verbrannten Wohngebäudes. Es wurde fortan auch das »gemalte Haus« genannt und soll in der hiesigen Holzbauweise typenbildend gewesen sein.

Um 1450 veränderte sich das Bild der Burg noch einmal. An die Stelle der Zinnenmauer, die überall dort die Anlage begrenzte, wo Bauwerke auf der Felskante fehlten, traten Wehrgänge, die aufgrund der mittlerweile empfindlicheren Technik der Feuerwaffen notwendig wurden, und darüber hinaus den Vorteil hatten, daß man ungesehen um den gesamten Burgring gelangen konnte. Da auch Ritterhaus und Vogtei durch Gotik und Renaissance geprägt waren, dominierte von nun an das Fachwerk auf der Wartburg.

In eben dieser Gestalt nahm die alte Landgrafenveste im Jahre 1521 ihren prominentesten Bewohner auf: Martin Luther. Der auf ihm lastende Kirchenbann und die kaiserliche Reichsacht wogen zu schwer, als daß er weiterhin in der Öffentlichkeit hätte auftreten können. Von Altenstein her vernahm man dann auch die Kunde, Luther sei überfallen und entführt worden. Während seine Anhänger um das Leben des großen Mannes bangten, seine Feinde ratlos waren, wußten nur wenige der engsten Mitstreiter und Freunde um die Wahrheit.
Die Version des Überfalls hatte – wie geplant – Luthers Spur erfolgreich verwischt. An die abgelegene, fast vergessene Wartburg dachte niemand. Vom Burghauptmann Hans von Berlepsch umsorgt, verbarg sich der Reformator vom 4. Mai 1521 bis zum 1. März 1522 vor aller Welt.

Jamnitzer Kasten

Eine helle holzverkleidete Stube mit Alkoven, eigentlich eines der Kavaliersgefängnisse, diente ihm als Wohn-, Schlaf- und Arbeitsstätte. Im ritterlichen Habitus des »Junker Jörg« wäre er nach kurzer Zeit schon keinem mehr verdächtig erschienen, auch wenn manches Gebahren einem aufmerksamen Beobachter recht merkwürdig hätte vorkommen müssen, zum Beispiel seine Leidenschaft für Bücher. In der kurzen Frist von nur 10 Wochen übertrug er das Neue Testament aus dem griechischen Urtext in eine allgemein verständliche deutsche Schriftsprache. Gewiß, es war nicht die erste Bibelübersetzung – doch was für ein Unterschied zu früheren. Rein inhaltlich mögen sie wohl alle mehr oder minder übereinstimmen, aber was sich zum Beispiel in der bekannten Koberger Bibel, die 1483 in Nürnberg erschienen war, als ungelenk und schwer faßlich liest, das wurde durch Luther leicht und fließend.

Luthers Ankunft auf der Wartburg, Gemälde von Paul Thumann, 1873

Sein Wartburgwerk mag ihm besonders gegenwärtig gewesen sein, als er 1530 in seinem »Sendbrief [...] vom Dolmetschen [...]« schrieb: »[...] nun es verdeutscht und bereit ist, kann es ein jeder lesen und meistern, läuft einer jetzt mit den Augen durch drei, vier Blätter und stößt nicht einmal an, wird aber nicht gewahr, welche Wacken und Klötze da gelegen sind, da er jetzt über hin gehet wie über ein gehobelt Brett, da müssen wir schwitzen und uns ängsten, ehe wir solche Wacken und Klötze aus dem Weg räumten, auf daß man konnte so fein daher gehen [...]. Denn man muß nicht die Buchstaben in der lateinischen Sprache fragen, wie man soll deutsch reden, wie diese Esel tun, sondern man muß die Mutter im Hause, die Kinder auf der Gasse, den gemeinen Mann auf dem Markt drum fragen und denselbigen auf das Maul sehen, wie sie reden und danach dolmetschen, so verstehen sie es denn und merken, daß man deutsch mit ihnen redet [...].«

Es ist also nicht nur die Kürze der Zeit, in der seine Übersetzung entstand, sondern mehr noch Luthers sprachwissenschaftliche Leistung, die uns bis heute größte Hochachtung abnötigt.

Eher zum Schmunzeln dagegen reizt die Legende vom Tintenfleck, nach dem auch der jetzige Besucher hartnäckig Ausschau hält. Luther sei der Teufel des Nachts erschienen, und er habe ihn voller Zorn mit seinem Tintenfaß beworfen, heißt es da. Spuk und Poltergeister will Luther in dem alten Burggemäuer selbst erlebt haben. Sein Ausspruch, er habe den Teufel mit Tinte bekämpft, womit natürlich seine Schriften gemeint sind, tat ein Übriges zu jener Legendenbildung, die insbesondere im 19. Jahrhundert zu einem liebeswerten Übereifer geführt hat: Der ominöse Fleck wurde »rekonstruiert« – zur Freude der Besucher und zum letzten Male vor der Jahrhundertwende.

Wirklich gefunden wurde dagegen ein anderes Relikt, das uns auch in das 16. Jahrhundert zurückführt: Ein Namenszug an der steinernen Mauer im Verlies des Südturmes, eingekratzt von einem Gefangenen, der als Märtyrer der Täuferbewegung verehrt wird.

Nach der Niederlage des Bauernkrieges hatte gegen Ende der 20er Jahre des 16. Jahrhunderts jene sozial-religiöse Strömung auch in Thüringen Fuß gefaßt. Müntzer-Anhänger, wie Melchior Rink, traten zum Täufertum über. Durch die prinzipielle Ablehnung weltlicher und kirchlicher Obrigkeit und die Verweigerung von Kriegsdiensten mußten die Täufer – ihr äußeres Zeichen war die Erwachsenentaufe – mit Macht und Gesetz kollidieren.

Fritz Erbe war ein Bauer aus dem Dorf Herda bei Eisenach, der sich standhaft zu den Täufern bekannte und, wie viele von ihnen, grausam verfolgt und bestraft wurde. Einigkeit hinsichtlich des Strafmaßes bestand unter den Landesfürsten durchaus nicht, und ein kaiserliches Mandat hierzu wurde recht unterschiedlich ausgelegt. So ließ Georg von Sachsen unbeirrbare Täufer hinrichten, während der gemäßigtere Philipp von Hessen sie des Landes verwies.

Nun lag Herda, dem Amt Hausbreitenbach zugehörig, in gemeinsamer Verwaltung von Hessen und Sachsen – ein Umstand, der Erbe zum Verhängnis werden sollte. Da nämlich über sein endgültiges Schicksal keine Entscheidung getroffen werden konnte, brachte er die letzten acht Jahre seines Lebens in jenem schauerlichen Turmkerker der Wartburg zu und starb 1548.

Eseltreiberstübchen

Helm eines gebläuten Trabharnischs, um 1560

In der Chronik wird übrigens erzählt, daß der erbarmungswürdige Häftling im Jahre 1544 durch seinen Alarm die Burg von einer Feuersbrunst bewahrte. Rechtzeitig gelang es, die Flammen unter Kontrolle zu bringen, doch war der Torturm immerhin so in Mitleidenschaft gezogen worden, daß man ihn bis auf die Höhe des angrenzenden Ritterhauses abtragen mußte.

Aber auch ohne die verheerenden Folgen eines Feuers bröckelte die Bausubstanz unablässig. Kurfürst Johann Friedrich der Großmütige, der die Wartburg außerordentlich schätzte, beauftragte daher seinen Ingenieur-Architek-

ten Nikolaus Gromann mit dem festungsartigen Ausbau der Anlage, damit sie gegebenenfalls der modernen Waffentechnik standhalten konnte. Gromanns Zeichnungen gelten als die ältesten erhaltenen Bauunterlagen. Die meisten der Pläne sind allerdings nicht realisiert worden. Man sollte sich darüber freuen. Der Beginn des 17. Jahrhunderts brachte der Burg auch noch einen Hauch Barock ein. Herzog Johann Ernst, dem durch Landesteilung nur ein kleiner Besitz um Eisenach beschieden war, zog sich gern auf die Wartburg zurück, da im Lande der Dreißigjährige Krieg tobte. Er war der letzte Fürst, der hier wohnte und seine Spuren hinterließ.

In der nun folgenden Zeit schien die Burg ihrem Verfall entgegenzudämmern. Was der Zahn der Zeit zernagte, was bei Sturm zu Schaden gekommen war, stürzte entweder in sich zusammen, oder wurde abgerissen. Auf diese Weise ging vor allem im Verlaufe des 18. Jahrhunderts Wertvolles unwiederbringlich verloren: die alte Hofstube, der Bergfried, das gemalte Haus Friedrichs des Freidigen, das Bollwerk. Daß die Burg niemals bewohnt war, mag noch Schlimmeres verhindert haben.

Burgkommandanten und -vögte, Amtsleute und Kastellane sorgten sich wenigstens um die notwendigen Reparaturen, legten da oder dort wohl auch selbst einmal Hand an.

Völlig gleichgültig war den neuen Besitzern – seit 1741 das Herzogshaus Sachsen-Weimar-Eisenach – die Wartburg nicht. Da war von ihr als »Denkmal des Altertums« die Rede, das »fernerhin conservieret werde«. Jedoch allein mit dem guten Willen konnte nichts bezahlt werden, und die Kassen in Weimar waren und blieben leer.

Minister Goethe, der 1777 zum ersten Male auf der Wartburg weilte, fand an den alten Mauern keinen rechten Gefallen. Umso mehr begeisterte ihn die herrliche Landschaft, die sich davor ausbreitete. An Charlotte von Stein schrieb er: »[...] Hier oben! Wenn ich Ihnen nur diesen Blick, der mich nur kostet aufzustehn vom Stuhl, hinübersegnen könnte. In dem grausen, linden Dämmer des Monds die tiefen Gründe, Wiesgen, Büsche, Wälder und Waldblößen, die Felsenabgänge davor, und hinten die Wände, und wie der Schatten des Schloßbergs und Schlos-

Die Wartburg von Osten, zeitgenössischer Stich, um 1900

Geätzter Prinzenharnisch

ses unten alles finster hält und drüben an den sachten Wänden sich noch anfaßt. Wie die nackten Felsspitzen im Monde röten und die lieblichen Auen und Täler ferner hinunter, und das weite Thüringen hinterwärts im Dämmer sich dem Himmel mischt [...]. Wenns möglich ist zu zeichnen, wähl ich mir ein beschränkt Eckchen, denn die Natur ist zu weit herrlich hier auf jeden Blick hinaus! [...]« Tatsächlich griff er gelegentlich zum Stift, um dies und jenes zu skizzieren, und so verdanken wir ihm letztendlich eine Vorstellung vom Bollwerk und dem Fachwerkhaus aus dem 14. Jahrhundert. Beides war kurze Zeit später verschwunden. Goethes wirkliches Interesse an der Wartburg regte sich erst 1815, da er mit einem bemerkenswerten Plan aufwartete: Mittelalterliche Schnitzwerke, aufgefunden in Blankenhain bei Jena, sollten auf der Wartburg aufgestellt werden, »auf daß die Burg in Zukunft noch manchen Pilger mehr zähle«. Man weiß nicht, weshalb jener glückliche und moderne Gedanke nicht in die Tat umgesetzt wurde.

Allerdings durfte sich die Burg in dieser Zeit trotz des schlechten Zustandes zunehmender Beliebtheit und Wertschätzung erfreuen. Die frommen Wartburgpilger, die seit dem ausgehenden 16. Jahrhundert schon ihre Namen in die holzverschalten Wände der Lutherstube ritzten, hatten sie ohnehin niemals vergessen. Zu ihnen gesellten sich nun die Romantiker – des Lobes voll über das malerische Bild des altersgrauen Denkmals inmitten blühender Natur. Die Wartburg wurde gezeichnet und besungen wie nie zuvor, das deutsche Mittelalter, bislang kein Thema, gepriesen und verherrlicht. Das Tor zu einer fernen Vergangenheit war aufgetan, in der das selbstbewußter werdende deutsche Bürgertum nach seinen Traditionen, seiner Kultur, nach den Wurzeln seiner nationalen Identität suchte. Von hier aus bedurfte es nur eines kleinen Schrittes zu den Anfängen einer kulturellen Erbepflege, die auch mittelalterlichen Baudenkmalen zugute kam.

Diese Art der Verehrung spielte nur eine zweitrangige Rolle, als sich am 18. und 19. Oktober 1817 rund 500 deutsche Studenten auf der Wartburg zusammenfanden. An altehrwürdiger Stelle wollten sie die 300. Wiederkehr der lutherischen Reformation und den 4. Jahrestag der

Völkerschlacht bei Leipzig feierlich begehen. Kein Wunder, daß es beim stillen Gedenken nicht blieb, hatten doch die meisten von ihnen mit der Waffe in der Hand im Befreiungskrieg gegen Napoleons Armeen gefochten. Die Wünsche und Sehnsüchte, die das deutsche Volk an den umjubelten Sieg geknüpft hatte, – ein freies und einiges Vaterland – waren nicht in Erfüllung gegangen. »Man schaut in das Großherzogtum Weimar, Herzogtum Gotha, Meiningen, nach Hessen – man sieht den Himmel sich über Sachsen, Preußen, Bayern, Würtemberg und Österreich wölben – doch wo ist Deutschland?«

Tiefe Resignation spricht aus diesen Worten, die am 15.11.1815, – ein halbes Jahr nach Gründung des Deutschen Bundes – in das Stammbuch der Wartburg eingetragen worden sind. Der Schreiber konnte nicht ahnen, daß die Wartburg bald eine Antwort auf seine Frage hören sollte, denn Deutschland regte sich. Seine Bürger brüteten nicht nur in dumpfer Niedergeschlagenheit, sondern begannen ihrem Unmut laut und vernehmlich Ausdruck zu verleihen.

So wurde das Wartburgfest zum glühenden Appell der fortschrittlichen deutschen Jugend, zur ersten nationalen Kundgebung in deutschen Landen überhaupt.

»Hier oben auf der Wartburg ist der rechte Ort, das Bild der Vergangenheit uns vor die Seele zu rufen, um aus ihr Kraft zu schöpfen für die lebendige Tat in der Gegenwart, gemeinschaftlich uns zu beraten über unser Tun und Treiben, unsere Ansichten auszutauschen, das Burschenleben in seiner Reinheit uns anschaulicher zu machen, und endlich, unserem Volk zu zeigen, was es von seiner Jugend zu hoffen hat, welcher Geist sie beseelt, wie Eintracht und Brudersinn von uns geehrt werden, wie wir ringen und streben den Geist der Zeit zu verstehen, der mit Flammenzügen in den Taten der jüngsten Vergangenheit sich uns kundtut [...]. Der Gottesglaube aber, dessen Reinheit Luther uns wiedergegeben hat, kann nur dann dem Menschen das werden, was er sein soll, wenn er fußet im vaterländischen Boden, wenn er seine Anwendung findet im Vaterlande, durch dieses im bürgerlichen Wirkungskreise und weiter im häuslichen Leben.« Der Jenaer Student Heinrich Riemann begrüßte so die Festteilnehmer im Fest-

Zug der Burschenschaften zur Wartburg am 18. Oktober 1817, zeitgenössischer Stich

saal der Wartburg. Waren das schon kühne Worte, so fand das Fest am Abend auf dem der Burg gegenüberliegenden Wartenberg erst seinen rechten Höhepunkt. An den traditionellen Siegesfeuern, die seit der Leipziger Schlacht alljährlich dort entzündet wurden, warfen die Burschen einen hessischen Zopf, einen österreichischen Korporalstock, einen preußischen Schnürleib und einige besonders verhaßte Schriften in die Flammen.

Unter dem Hinweis auf Luthers Verbrennung der Bannbulle schürte nun der Berliner Student Maßmann das Feuer. »Die Feuerbrände hier mögen als die Vertreter und Reigenführer der ganzen Sippschaft büßen! So tretet denn heran [...] und schauet, wie Gericht gehalten wird über die Schandschriften des Vaterlandes. Möge das höllische Feuer sie alle verzehren und vernichten, wie arge Tücke oder die Jämmerlichkeit und Erbärmlichkeit sie eingab!« Solch unerhörter Vorgang rief die Reaktion auf den Plan. Die Regierungen in Wien und Berlin intervenierten beim weimarischen Herzog mit Nachdruck und verlangten scharfe Maßnahmen gegen die Jenaer Studenten. Es sollte

Großherzog Carl Alexander von Sachsen-Eisenach (1819 – 1901)

Endgültig sollte die Hochbetagte ihren Dornröschen-schlaf beenden, als der junge Erbgroßherzog Carl Alexander von Sachsen–Weimar–Eisenach im Jahre 1838 eine umfassende Wiederherstellung des alten Landgrafensitzes ins Auge faßte. Von diesem Tage an wurde sie zur kleinen Konkurrentin des Kölner Domes, denn, so heißt es in Max Baumgärtels Werk »Die Wartburg« von 1908: »Während ganz Deutschland seit einem Jahrzehnt eifrig an der Herstellung und dem Ausbau des Kölner Domes arbeitete, unternahm hier ein junger einzelner Fürst eines kleinen Landes das bedeutende Werk, die Burg wiederherzustellen, die mindestens denselben Anspruch darauf hat, als National-denkmal zu gelten, wie der stolze, hochragende Dom am Rheine.« Wer wollte das bestreiten.

Der traditionsbewußte Weimarer Erbgroßherzog, der den Glanz der Klassik noch selbst erlebt hatte, verfolgte große Pläne, die auch den verblassenden Ruhm seiner Stadt neu beleben sollten. Dabei wurde die geistige Höhe der Goethe- und Schillerzeit freilich nicht wieder erreicht. Vielleicht war es sogar ein vermessener Gedanke, im Ver-laufe eines Jahrhunderts ein solch erhabenes Ziel zweimal anzustreben. Ein berühmter Musenhof blieb Weimar den-noch, und ein viel älterer, wie die Wartburg, sollte es wie-der werden.

Für ein halbes Jahrhundert verwandelte sie sich, oder vielmehr das, was von ihr geblieben war, in eine Baustelle. Der »gute Geist« des großen Werkes sollte der Burgkomm-mandant Bernhard von Arnswald werden. Von 1841 bis zu seinem Tode 1877 bewohnte er die Burg, die sein Lebensinhalt, ja seine Liebe wurde. Immer dann, wenn eine Arbeit ins Stocken, ein Plan ins Wanken geriet, half er weiter mit neuen Ideen und neuem Tätigsein. Seine Grabungen im Burggelände lösten manches Rätsel über die ehemalige Beschaffenheit der Anlage und waren den Architekten immer Anstoß und Wegweiser. Nacheinander versuchten sich der Kunstmaler Alexander Simon und die Baumeister Friedrich Sältzer, Georg Ziebland und Ferdi-nand von Quast an der Wiederherstellung der Wartburg, der eine mehr, der andere weniger erfolgreich.

Begonnen wurde mit den dringlichsten Aufgaben, der Sicherung des romanischen Palas durch den Eisenacher

nur der Anfang einer grausamen Kampagne gegen die Burschenschaften sein. Carl August, unter dessen liberaler Regierung die Jenaer Burschen zumindest bis 1819 ein fürstliches Wohlwollen wie nirgendwo sonst genossen, hatte den Studenten Tür und Tor der Wartburg geöffnet und auch die Stadt zur freundlichen Unterstützung angehalten. Selbstredend richteten sich auch gegen ihn, den Schirm-herren, die Vorwürfe und Verdächtigungen, deren er sich jedoch zu wehren wußte. Und was der Burg heute einmal mehr zur Ehre gereicht, brachte ihr seinerzeit keineswegs Ruhm ein. Vielmehr fiel sie darob in »Mißcredit bei den hohen Monarchen.«

Baurat Johann Friedrich Sältzer. Sowohl er als auch Simon hatten in dem wuchtigen Bau verborgene Schönheit erahnt; nach Öffnung der Arkaden offenbarte sie sich. Konkrete Pläne über das gesamte Vorhaben der Wartburgerneuerungen lagen in jener Anfangsphase nicht vor; auch gingen die Vorstellungen über das zukünftige Aussehen weit auseinander.

Nach Ansicht des Kunstmalers Simon, der seit 1838 eifrige Nachforschungen am Palas betrieben hatte, sollte eine Kapelle mit dem »Grabmal des Gründers« errichtet werden, flankiert von zwei halboffenen Kreuzgängen »worin die Fürsten, die Dichter und Weisen ruhen«.

Von Sältzer wurde der Bau eines »Lutherturmes« in Erwägung gezogen. Die Entwürfe des preußischen Hofkonservators Ferdinand von Quast, der nach dem recht untätigen Münchner Baurat Ziebland zu Rate gezogen worden war, stellte man auf dem Gothaer Architektentag 1846 einem fachkundigen Publikum zur Diskussion. Überladen mit phantasievollen Zutaten fanden auch sie wenig Zustimmung. Die Burg hätte so an Ursprünglichkeit verloren, wäre nicht mehr geworden, als die »[...] sogenannten Restaurationen von Ritterburgen [...], welche uns in angenehmer Täuschung einen Augenblick von der Vorzeit träumen lassen.« Diese Worte eines Tagungsteilnehmers bezeichnen jenen Fachmann, der schließlich aus der halben wieder eine ganze Burg machte und dabei allen Wünschen des Erbgroßherzogs entgegenkam.

Sachkenntnis des mittelalterlichen Burgenbaus, die Bereitschaft, Vorhandenes zu erhalten, die Fähigkeit schöpferischer Nachahmung waren sehr anspruchsvolle Forderungen zu einer Zeit, da einschlägige Wissenschaftsbereiche noch in den Kinderschuhen steckten. Der Gießener Architekturprofessor Hugo von Ritgen erfüllte sie nach bestem Wissen und Gewissen. Ab 1849 lag das gesamte Wiederherstellungsprojekt in seinen Händen.

Zunächst übernahm er die Fortführung der Restaurierung des Palas, die 1852 abgeschlossen wurde. Indes nahm die künstlerische Gestaltung der Innenräume noch weitere Jahre in Anspruch. Zu den wertvollsten Schätzen gehören die 14 Fresken des spätromantischen Malers Moritz von Schwind in Elisabethgalerie, Sängersaal und Landgrafen-

Hugo von Ritgen (1811 – 1889), er leitete die Wiederherstellung der Wartburg von 1848 bis 1889

Die Restaurierung der Wartburg, zwei Entwürfe Hugo von Ritgens

zimmer. Nach zweijähriger Arbeit waren sie 1855 vollendet.

»Ich höre jetzt so viel von Romantik, daß ich nicht mehr genau weiß, was die Leute darunter verstehen. Für mich ist die romantische Welt die, wo man seine Feinde niederhaut, für seine Freunde ins Feuer geht und einer verehrten Frau die Füße küßt. Dazu ein Hintergrund von gesunder und lebendiger Natur statt unserem Kanzleitisch«, kommentierte Schwind mit einem Augenzwinkern. Besonders aufwendig für alle Gewerke wurde die Gestaltung des Festsaales. Mittels reicher Malerei und Plastik sollte der Siegeszug des Christentums und sein Triumph über heidnischen Aberglauben dargestellt werden. Der Kölner Maler Michael Welter und der begabte Bildhauer Konrad Knoll übernahmen nach Ritgens Konzeption die Ausführung. Der Festsaal wurde zu einem Musterbeispiel historistischer Kunstauffassung und fand im Schloß Neuschwanstein seine getreue Nachbildung.

1853 begann Ritgen mit der historisierenden Ergänzung der nur noch lückenhaft erhaltenen Burganlage. Nach vierjähriger Bauzeit konnte das Richtfest des neuen Bergfriedes gefeiert werden; seit 1859 krönt ihn das goldene Kreuz, das mittlerweile zu einem Wahrzeichen der Wartburg geworden ist.

Daneben wuchs gleichzeitig die Neue Kemenate empor, die als Fürstenwohnung konzipiert und eingerichtet wurde. Rechtzeitig zur 800-Jahrfeier, die man 1867 feierlich beging, waren Torhalle und Dirnitz vollendet. Letztere war eigens zur Aufnahme der reichen Rüstsammlung erbaut worden. Umfangreiche Reparaturen an Ring- und Stützmauern, der Neubau des Gasthofes, der Umbau des Brauhauses in ein großherzogliches Gästehaus ließen kaum eine Unterbrechung der Arbeiten zu. Während des gesamten Wiederherstellungswerkes ließ sich Ritgen von einem bemerkenswerten Grundsatz leiten: »Erhalte, was irgend zu erhalten ist; das Schadhafte ergänze streng nach dem Vorhandenen. Das Fehlende muß im Geiste des Altertums gedacht, der Idee unserer Zeit angepaßt werden«. So fanden alte Baureste, Kellergewölbe und Fundamente ihre Berücksichtigung ebenso wie alte Wartburgdarstellungen, die noch greifbaren Grundrißzeichnungen aus dem 16. Jahr-

hundert, mittelalterliche Literatur, Chroniken und Baurechnungen.

Die Vielfalt und Fülle der Aufgaben, denen sich Ritgen zuwandte, ist erstaunlich, denn auch für die Innenausstattung der Räume war hauptsächlich er verantwortlich. Er fertigte kreative Entwürfe zu Textilien und kunsthandwerklichen Gebrauchsgegenständen, für Möbel und Interieur.

Die Vollendung des letzten Bauwerks, des neoromanischen Ritterbades, erlebte der Wartburgarchitekt nicht mehr. Hugo von Ritgen starb 1889 in Gießen.

Im Urteil der Fachwelt ist die Wiederherstellung der Wartburg seitdem gleichermaßen mit Lob und Tadel bedacht worden. Es mag Ritgen mit Sicherheit mancher Mißgriff unterlaufen sein. Veranschaulichen wir uns jedoch das seinerzeit begrenzte Wissen um mittelalterliche Kultur, das eben erst erwachte Interesse an jenen steinernen Zeugen der Geschichte, deren Instandsetzung gewöhnlich von romantischem Schwärmertum überwuchert war, so sind Leistung und Kühnheit des Herangehens der besonderen Würdigung wert.

Eine letzte künstlerische Zutat erhielt in den Jahren 1902 bis 1906 die bis dahin bemalte Elisabethkemenate. August Oetken schuf hier das kostbare Glasmosaik, das Szenen aus dem Leben der heiligen Landgräfin darstellt und überdies reich an Ornamenten des Jugendstils ist.

Die Wartburg war zu dem geworden, was Großherzog Carl Alexander beabsichtigt hatte: ein Gesamtkunstwerk, das auch in Musik und Literatur lebendig war. Erinnert sei an Ludwig Bechsteins Wartburgsagen, an Victor von Scheffels unvollendeten Wartburgroman und an das Oratorium »Die Legende von der heiligen Elisabeth« von Franz Liszt. Richard Wagners Oper »Tannhäuser oder der Sängerkrieg auf der Wartburg« trug den Ruhm der alten Burg über die Ländergrenzen hinaus in alle Welt.

Infolge der Revolution von 1918 und der Ausrufung der Republik dankten die deutschen Fürstenhäuser ab. Die großherzogliche Familie verließ Weimar und zog auf ihr Schloß Heinrichau. Zuvor war vertraglich vereinbart worden, daß ihr die Wohnräume auf der Wartburg erhalten bleiben sollten, und daß vom Inventar der Burg nichts ent-

Blick in das ehemalige großherzogliche Arbeitszimmer

Steinerner Drache am Treppenaufgang zum Sängersaal, Plastik von Konrad Knoll, um 1860

fernt werden dürfe. Die Geschicke der Wartburg lagen nun in den Händen einer Stiftung, deren erster Ausschuß sich 1922 konstituierte. Sie verfügte nun auch über den kronfiskalischen Wartburgbesitz, zu dem 30 Hektar Wald, 28 km Wasserleitung, Wiesen und Grundstücke gehörten.

Von 1894 bis 1929 war Hans Lucas von Cranach, ein Nachfahre des großen Renaissancemalers, Schloßhauptmann. Aus seinem Nachlaß übernahm die Wartburg eine Reihe wertvoller Gemälde. 1925 war Hermann Nebe als wissenschaftlicher Führer und Burgwart eingestellt worden. Er steht am Anfang der wissenschaftlichen Forschungsarbeit auf der Burg selbst.

Nach Cranachs Tod nahm der Kunsthistoriker Hans von der Gabelentz diese Stelle des Burghauptmanns ein. Sowohl er und seine Vorgänger als auch sein Mitarbeiter Nebe erwarben sich während ihrer Amtszeiten hohe Verdienste um die Wartburg und ihre Sammlungen. Jedoch beschwor das 20. Jahrhundert mit seinen beiden verheerenden Weltkriegen auch für die Wartburg düstere Jahre herauf. Seit der Machtübernahme durch die Nationalsozialisten häuften sich propagandistische Veranstaltungen, zu denen endlich auch das Kreuz nicht mehr passend schien. 1938 wurde es vom Bergfried entfernt und durch ein riesiges Hakenkreuz ersetzt. Nach internationalen Protesten stellte man den alten Zustand zwar wieder her, doch nicht für lange. 1944 wurde die Arbeit gründlicher verrichtet, indem man das goldene Wahrzeichen zerschnitt und auf den Hof warf. Dazu hieß es, ein englischer Flieger habe es gerammt, vom Turm gerissen und sei selbst abgestürzt. Erst 1946 hatte die Burg ihr Kreuz wieder; der Eisenacher Kunstschmied Günther Laufer baute und stiftete es. Zu den schmerzlichsten Kriegsverlusten gehört auch die Rüstsammlung, die seit 1946 verschollen ist.

Mißbraucht für die faschistische Ideologie, baulich und denkmalpflegerisch vernachlässigt, befand sich die gesamte Burganlage um 1950 in einer bedenklichen Verfassung. Insbesondere der Palas mußte dringend gesichert werden. Ihm drohte Einsturzgefahr, der man jahrelang nur mit provisorischen Verstrebungen und Stützen begegnet war. Durch das Einziehen von Stahlbetondecken wurde eine statische Garantie erstmals auf Dauer gewährleistet.

1952 errichtete man zwischen Palas und Bergfried ein neues Treppenhaus, das den sicherheitstechnischen Anforderungen Rechnung trug. Die großherzoglichen Wohnräume und der Rüstsaal der Dirnitz nahmen nun ein Wartburgmuseum auf.

In den 60er Jahren wurde vor allem in der Vorburg gearbeitet. Das Fachwerk mußte grundlegend erneuert und konservatorisch behandelt, die Dächer mit handgeformten Fittichziegeln neu eingedeckt werden. Restauratorische Maßnahmen erforderte auch der bedrohliche Zustand der Schwind-Fresken, die bereits seit 1870 das Sorgenkind der Wartburg sind und ständiger Pflege bedürfen.

Ein gesellschaftlicher Höhepunkt waren die nationalen Jubiläen von 1967: 900 Jahre Wartburg, der 450. Jahrestag des Beginns der Reformation und die 150. Wiederkehr des Jahrestages des Wartburgfestes der deutschen Burschenschaften.

Im Mittelpunkt der Restaurierung in den 70er und 80er Jahren standen Erforschung und Rekonstruktion des mittelalterlichen Raumbildes in Rittersaal, Speisesaal und Kapelle. Umfangreich restauriert wurden auch die Dekorationsmalereien im ersten und zweiten Obergeschoß des Palas. Zur Lutherehrung im Jahre 1983 wurde ein völlig neu gestaltetes Museum eröffnet.

Dank einer kontinuierlichen Denkmalpflege seit den 50er Jahren bis in die Gegenwart sind Bauwerke und Kunstschätze der Wartburg in einem optimalen Zustand, wovon sich mittlerweile jährlich über eine Million Besucher überzeugen. Und damit sind wir genau da, wo wir begonnen haben: bei den Besuchern. Über das gesamte Jahr und jeden Tag ist die Wartburg geöffnet und hält ein reiches Angebot an Sehenswertem bereit. Auf eine Führung durch die Räume des romanischen Palas sollte nicht verzichtet werden. Während des Rundgangs durch Ritter- und Speisesaal, Elisabethkemenate, Kapelle, Galerie, Sängersaal, Landgrafenzimmer und Festsaal erfahren die Besucher Wartburggeschichte und -geschichten hautnah.

Den Kunstinteressenten steht das Museum offen, dessen ständige Ausstellung vor allem Schätze aus den Sammlungen der Wartburg zeigt. Die verschiedensten thematischen Darstellungen wechseln in einem Sonderausstellungsraum.

Blick auf die Vogtei mit dem Nürnberger Erker vor der umfassenden Restaurierung der Vorburg

Ein Besuch der Lutherstube muß gewiß nicht erst empfohlen werden; in ihrer unmittelbaren Nachbarschaft liegt das Studierstübchen Willibald Pirckheimers, des großen Humanisten und Zeitgenossen Luthers. Die spätgotische, ganz aus Holz gearbeitete Zelle wurde 1867 von Nürnberg auf die Wartburg verpflanzt, ebenso wie der Nürnberger Erker, der so zur Zierde der Vogteistube wurde.

Seit 1989 ist die Besichtigung des Ritterbades möglich, das nach sorgfältiger Restaurierung durch seine klare neoromanische Gestaltung besticht. Einen weiten Blick über die Thüringer Landschaft gewährt der Südturm, der allerdings im Winterhalbjahr nicht bestiegen werden kann. Und sollte der Besucher das Turmverlies sehen wollen, so wird auch diesem Wunsch Rechnung getragen.

Die Ostseite der Wartburg

Die Wartburg von Norden, romantische Darstellung vor der Restaurierung

Blick vom Nürnberger Erker zu Torhalle und Bergfried

Blick in den zweiten Burghof auf Palas (links) und Gadem (rechts)

Blick in den Rittersaal

*Doppelkapitell in der Palaskapelle mit
dem Motiv des Schlangenbändigers,
1. Hälfte des 13. Jahrhunderts*

Landgrafenzimmer mit Fresken von
Moritz von Schwind (links oben)

Westlicher Wehrgang (links unten)

Landgrafenzimmer mit Fresko der
Wartburggründung von Moritz von
Schwind (rechts oben)

Porträt Luthers von Lucas Cranach in
der Lutherstube (rechts unten)

Vogtei, Blick in die Lutherstube

Vogtei, Tür zum Pirckheimerstübchen

Palas, Blick in den Festsaal (rechts)

Blick in den Sängersaal mit Fresko Moritz von Schwinds

Leuchterengel, Werkstatt des Tilman Riemenschneider

Pirckheimerstübchen, spätgotisch

Das Rosenwunder, Fresko von Moritz von Schwind in der Elisabethgalerie

Elisabethkemenate

Die Bachgedenkstätte am Frauenplan

Bachdenkmal am Frauenplan

Im Garten des Bachhauses

Diele im Bachhaus

Instrumentensaal im Bachhaus, Querspinett, J. H. Silbermann, Straßburg um 1765

Küche im Bachhaus

Bachhaus, Viola da Gamba um 1725 und Pochette (Taschengeige)

Bachhaus, Barockes Schnitzwerk einer Harfe um 1690

132

Das Bachhaus

Das Eisenacher Bachhaus ist eine international geachtete Gedenkstätte für Johann Sebastian Bach. Das Haus, in dem sie untergebracht ist, blickt auf eine mehrhundertjährige Geschichte zurück. Das Gewölbe des Kellers, aus Bruchsteinen von Porphyrkonglomerat errichtet, weist auf die Entstehungszeit im 13. Jahrhundert hin.

Zu jener Zeit haben sich Kanoniker des Deutschen Ritterordens um den 1246 erstmals nachgewiesenen Dom »Unser lieben Frauen« angesiedelt, und die Vermutung liegt durchaus nahe, daß es einem von ihnen gehört hat. Die unterschiedlichen Geschoßhöhen lassen noch heute im Haus erkennen, daß hier einstmals drei Häuser gestanden haben müssen. Auch die Fassadenbreite von nahezu 20 m gegenüber der früher üblichen 3 bis 6 m pro Parzelle läßt diese Vermutung zu. Wann sie unter einem Dach vereinigt wurden, ist allerdings nicht mehr nachweisbar, weil zahlreiche Akten mehreren Stadtbränden zum Opfer gefallen sind. Doch geben die Baubefunde im Inneren des Hauses und auch an der Fassade Hinweise darauf, daß dies um 1600 herum erfolgt sein muß und es zu jener Zeit ein Ackerbürgerhaus war, mit einer Scheune (dem heutigen Instrumentensaal) und Ställen für Tiere (die heutige Eintrittskasse). Seine erste Erwähnung in den Stadtakten läßt sich für 1590 rekonstruieren und seit 1617 sind die Eigentümer auf Grund der Steuerzahlungslisten eindeutig und lückenlos nachweisbar, bis es 1906 in den Besitz der Neuen Bachgesellschaft überging, der es auch heute noch gehört.

Vor dem Ankauf des Hauses lagen einige wichtige Ereignisse, die für die Wiederentdeckung und das Bekanntwerden der Werke Bachs nach seinem Tod 1750 bedeutungsvoll wurden: Die erste Bachbiographie von Johann Nikolaus Forkel 1802, die Gründung der Bachgesellschaft 1850 in Leipzig, ein Konzert zum 100. Todestag Bachs 1850 in Eisenach. Damals wurde in den Zeitungen die Errichtung eines Bach-Denkmals in der Geburtsstadt Bachs angeregt. 1884 konnte dies Vorhaben mit Hilfe privater Spenden auch verwirklicht und das Denkmal vor der Georgenkirche errichtet werden. – Seit 1938 hat es seinen Platz am Frauenplan neben dem Bachhaus. – Bei Vorarbeiten zu seiner Bachbiographie hatte Carl Heinrich Bitter 1864 Verbindung zu noch lebenden Angehörigen der Bach-Familie aufgenommen und erfuhr die in der Stadt seit geraumer Zeit verbreitete mündliche Überlieferung, Johann Sebastian Bach sei in dem Haus mit der heutigen Bezeichnung Frauenplan 21 geboren worden. Außerdem wurde eine angeblich verschollene Familienchronik erwähnt. Am 21. März 1868 wurde die auf Bitters Vorschlag geschaffene und vom Eisenacher Musikverein gestiftete Gedenktafel am Haus angebracht. Nun war es als Geburtshaus von Johann Sebastian Bach gekennzeichnet. Spätere Biographen haben diese Aussage ungeprüft übernommen.

1900 wurde die Neue Bachgesellschaft als Nachfolgerin der 1850 gegründeten Bachgesellschaft, die ihre selbst gestellte Aufgabe mit einer Gesamtausgabe der Werke Bachs erfüllt hatte, ins Leben gerufen. Sie wollte sich unter anderem auch des Geburtshauses Bachs in Eisenach annehmen. Zwar hatte sie beim Kauf des Hauses 1906 bereits Zweifel am Wahrheitsgehalt der Erzählungen, überwand jedoch zur Freude ungezählter Besucher sämtliche Bedenken, rettete das Haus vor dem drohenden Abriß und richtete 1907 dort ein Museum ein. Ohne Übertreibung kann aber auch gesagt werden, daß es in der Stadt Eisenach kein

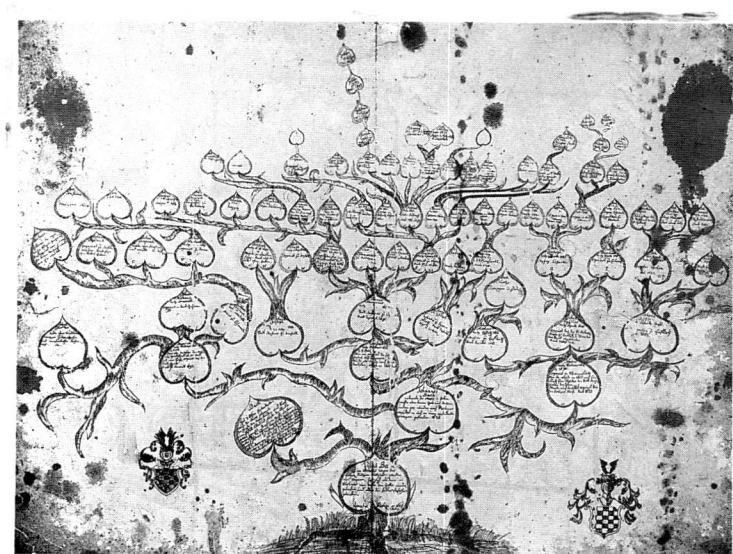

Stammbaum der Bach-Familie

schöneres Haus gibt, das dem Zweck einer Gedenkstätte für Johann Sebastian Bach besser dienen kann. Auch als 1928 bei nochmaliger Überprüfung der Archivbestände bewiesen wurde, daß es zur Zeit von Bachs Geburt dem Schuldirektor Börstelmann gehörte und er somit nicht dort zur Welt gekommen sein dürfte, daß darüber hinaus das Haus in der damaligen Fleischgasse, auf dessen Grundstück mit dem gegenwärtigen Namen Lutherstraße 35 ein Nachfolgebau aus dem 19. Jahrhundert steht, dem Vater von Johann Sebastian und bei Hof und Stadt wohlgeachteten Johann Ambrosius Bach gehört hatte, war die Liebe zu diesem Haus bei den Musikfreunden nicht mehr zu erschüttern. Letzendlich dürfte es auch gleichgültig sein, ob Bach hier oder quasi nebenan das Licht der Welt erblickte – an seiner musikalischen Leistung und der Verehrung für sie ändert das nichts. Heute erhebt das Bachhaus nicht mehr den Anspruch, als Geburtshaus bezeichnet zu werden, sondern bekennt sich rückhaltlos und ohne Einschrän-

kung dazu, Gedenkstätte für Bach zu sein und arbeitet in diesem Sinn zur Freude von jährlich mehr als 100.000 Gästen aus der ganzen Welt sowie für die Eisenacher Bevölkerung.

Der Initiator des Ankaufs war seinerzeit in Eisenach Dr. Georg Bornemann, der sich auch für die erste Einrichtung und den Erwerb von Sammlungsgütern einsetzte. Zum größten Teil geschah das wieder mit Geldern, die aus privaten Spenden und Konzerteinnahmen eingegangen waren. Bachportraits und andere Abbildungen bzw. Kopien von Originalen wurden beschafft. Darunter ist das von Johann Jakob Ihle um 1720 gemalte Bildnis als besondere Kostbarkeit zu betrachten, weil es eins der wenigen überlieferten Portraits nach dem lebenden Bach ist. Es zeigt ihn in der Kleidung des Köthener Hofkapellmeisters. Oscar von Hase, Mitinhaber des Musikverlages Breitkopf & Härtel, hat es aus seinem Besitz dem Bachhaus 1907 übereignet. Liebevoll trug Bornemann historischen Hausrat aus der Umgebung des Bachhauses zusammen, um damit eine kleine Küche und Wohnräume einzurichten, die ein Bild vermitteln sollten, wie die Wohnstatt der Familie Bach ausgesehen haben könnte.

Sogar einige Handschriften von Johann Sebastian Bach konnten erworben werden sowie der Grundstock einer Bibliothek.

Nicht zuletzt trug man historische Musikinstrumente zusammen, um »nach und nach die hauptsächlichsten Typen zusammenzubringen, welche damals gebräuchlich waren, um den Besuchern einen Begriff zu geben, mit welchen Mitteln Johann Sebastian Bach arbeitete.« So schrieb Bornemann an den Besitzer des Musikhistorischen Museums in Köln, Wilhelm Heyer. 1907 konnten u.a. ein Pedalclavichord aus Ostheim vor der Rhön und von Paul de Witt in Leipzig eine Spinett erworben werden, das Jean Henri Silbermann um 1765 in Straßburg gebaut hat. Der Erwerb einer in allen Teilen original erhaltenen Viola da gamba, die Bachs Freund Johann Christian Hoffmann 1725 in Leipzig geschaffen hat, war ein besonderes Ereignis. Ob Johann Sebastian Bach darauf gespielt hat ist nicht bekannt. 1910 konnte die Sammlung des Liszt-Haus-Kustos in Weimar, Dr. Aloys Obrist, in Empfang genommen werden. Ihre 207 Stücke stammten zwar nicht alle aus der Bachzeit, waren jedoch zum größten Teil wertvolle Zeugnisse für den Kunstsinn und das handwerkliche Können früherer Meister des Instrumentenbaues. Das Zusammentragen von historischen Musikinstrumenten wurde zum zentralen Anliegen des Bachhauses. Inzwischen ist die Sammlung auf rund 350 Exemplare angewachsen, die bis 1972 mit berechtigtem Besitzerstolz fast alle gezeigt wurden, obwohl sie damit das Profil des Hauses als Bach-Museum und -Gedenkstätte verwischten. Die Verzeichnisse dieser Sammlung wurden seit 1910 in stets neu erfolgter Überarbeitung mehrfach veröffentlicht.

Ein Ereignis aus dem 1. Weltkrieg 1914/18 sei zur Geschichte der Hausorgel erzählt: Als das Material für die Herstellung von Kriegsgerät immer knapper wurde und die Bevölkerung Gegenstände aus Metall abgeben mußte, erhielt auch das Bachhaus den Befehl, die Zinnpfeifen des Orgelpositivs abzuliefern. Das hätte das Ende des Instrumentes bedeutet! Dagegen kämpfte Bornemann energisch in einem Brief an den Vorstand der Residenzstadt Eisenach an:

»Die von mir aus dem Bachhaus in Eisenach angemeldete Hausorgel (Nr. 157 der Instrumentensammlung) würde durch die Wegnahme der originalgroßen 24 Pfeifen und den Ersatz durch moderne Zungen- und Metallpfeifen anderen Metalls ihren kunsthistorischen musealen Wert einbüßen. In Anbetracht dieses Umstandes und des geringen Gewichtes von nur 6 1/2 kg bitte ich um Befreiung von der Enteignung.
Eisenach, den 12. Februar 1917.
Dr. Georg Bornemann. Museumsleiter.«

Seine Bemühungen hatten Erfolg! Die Pfeifen der Orgel blieben dem Bachhaus erhalten und können noch heute die Zuhörer durch ihren Klang erfreuen.

Nach dem Krieg setzte wieder ein erfreulich hohes Besucherinteresse für das Bachhaus ein. Die Zahl stieg im Jahr 1922 auf nahezu 15.000 Gäste, die in diesem Haus Erbauung und Ablenkung von den täglich wachsenden Problemen der so überaus schwierigen Zeit suchten. Der Eintrittspreis stieg 1923 auf 500 Milliarden Mark und eine Postkarte kostete 200.000 Mark. Erst mit Einführung der

Orgelpositiv um 1750 und Viola d'amore um 1725

Silhouetten aus der Bach-Familie

Rentenmark wurden solche Wahnsinnspreise wieder abgebaut und normalisiert.

In dieser Zeit mußte Dr. Bornemann, inzwischen fast erblindet, die Leitung des Hauses abgeben. Nach einigen anderen, nur kurzfristig tätigen Herren. wurde Studienrat Conrad Freyse 1923 zum neuen Kustos des Bachhauses berufen. Mit ungeheurer Energie setzte er sich für den weiteren Ausbau der Sammlungen ein und organisierte, selbst Musiker von Beruf, erste Konzerte zu Bachs Geburtstag im Bachhaus. 1925 gelang ihm u.a. der Erwerb einer zum Violoncello umgebauten Viola da gamba von Joachim Tielke aus Hamburg von 1685. Inmitten anderer Kostbarkeiten sei auch eine Sammlung mit Briefen und Handschriften von Franz Liszt, Hans von Bülow, Joseph Joachim, Clara Schumann, Eugen d'Albert, Max Bruch, Philipp Spitta genannt. Und im Zusammenhang mit der Suche nach Bildnissen der Familienangehörigen Bachs war eine Sammlung von Silhouetten, die auch Ohrdrufer Bachbildnisse enthielt, eine willkommene Bereicherung der Bestände des Bachhauses wie auch der Musikwissenschaft. Zum »Zweck der Instrumentensammlung« schrieb Freyse im Bach-Jahrbuch 1938: »Die Gedenkstätte eines Musikers ist ohne Instrumente nicht zu denken. Im Bachhaus sind sie besonders notwendig, da ›seine‹ Klangwelt mit Ton werkzeugen zusammenhängt, die der Gegenwart zum großen Teil unbekannt oder fremd sind. Schöne Formen und Ausstattung der Instrumente verbindet uns stark mit der Zeit, in der sie erklangen. Die kunstgewerbliche Seite einer solchen Sammlung führt tief hinein in die Geheimnisse der Spielwandlungen [...] Das Instrumentarium des Bachhauses stellt sich in den Dienst musikwissenschaftlicher Forschungen [...]. Die Gedenkstätte eines Musikers darf kein totes Museum bleiben. Die Musik, das klingende Element seines Schaffens, muß den genius loci in seiner Kunst jederzeit verlebendigen können. Sie soll den Besucher in die geistige Welt des Meisters führen. Dieser spricht an geweihter Stätte durch seine Kunst zu uns.«

Pokal aus dem Besitz Johann Sebastian Bachs

1935 war das wertvollste Stück ins Bachhaus gekommen: Ein Pokal mit geistreichen Gravuren, die in poetischer Form auf den Besitzer Johann Sebastian Bach hinweisen. Es dürfte ein Geschenk von Dresdener Freunden Bachs zu seiner Ernennung als Königlich-Polnischer Kurfürstlich-Sächsischer Hofcompositeur gewesen sein.

Schließlich setzte der 2. Weltkrieg wieder eine Zäsur in der kontinuierlichen Arbeit des Bachhauses. Zwar hatten sich alle Kräfte, die sich in Eisenach dem Werk Bachs verpflichtet fühlten wie der von Rudolf Mauersberger gegründete Bachchor, Erhard Mauersberger mit der Fortführung der Arbeit seines Bruders sowie mit Cembalo- und Orgelkonzerten, dazu der Eisenacher Musikverein mehrfach zu Eisenacher Bachtagen um den Geburtstag Bachs am 21. März herum zusammengetan und brachten auf diese Weise den Musikfreunden immer wieder Freude und Kraft zum Ausharren und Überleben, doch setzten dem 1944/45 Bombenangriffe und der Beschuß der Stadt mit schweren Schäden ein vorläufiges Ende. Glücklicherweise hatte Freyse das Museumsgut ausgelagert, so daß es erhalten blieb und er es nach dem raschen Wiederaufbau des Hauses 1947 erneut an seine alten und bekannten Plätze bringen konnte.

Freyse hat dem Bachhaus bis 1964 seine ganze Kraft gewidmet. Er hat den großen Neubeginn im Bachhaus nach dem Krieg mitgestaltet, sich um Begegnungen mit Bach für Menschen, in zunehmendem Maß auch aus fremden Ländern, bemüht und nicht zuletzt nach den bestehenden Möglichkeiten die Bestände des Hauses noch erweitert. Bei seinem Bemühen um eine stilgerechte Gestaltung des Gartens stieß er auf eine zugeschüttete Zisterne, die früher als Ziehbrunnen gedient haben mochte. Ein alter Brunnenaufsatz, der als Eisenacher Steinmetzarbeit in den Bachhausgarten paßte, wurde aufgesetzt und gibt noch heute dem Fleckchen Erde einen liebenswerten Blickpunkt. Ein Gartenhäuschen, mit einem Tisch und zwei Stühlen aus Thüringen um 1700 ausgestattet, trägt ebenfalls zur Behaglichkeit des Anwesens bei. Eine kleine Putte, als »Drehleiermännlein« in den Sprachgebrauch eingegangen, wurde dem Bachhaus 1959 als Leihgabe aus dem Schloßgarten von Creuzburg überlassen. Die Sandsteinfigur hält

Wohnräume einer bürgerlichen Familie um 1700, Schlafzimmer

eine Drehleier im Arm, wie sie bereits im 10. Jahrhundert gebräuchlich war.

1964 wurde Freyse von dem Musikwissenschaftler Professor Dr. Günther Kraft abgelöst. Er hatte sich durch Forschungen zur Genealogie der Bach-Familie verdient gemacht, was in seiner Habilitationsschrift »Entstehung und Ausbreitung des musikalischen Bachgeschlechtes (Unter besonderer Berücksichtigung des Wechmarer Stammes)« seinen Höhepunkt gefunden hatte. Das Anliegen dieser Arbeit formulierte Kraft so: »In dem Zusammenwirken der mannigfaltigen Komponenten der handwerklich-künstlerischen Tradition und der sozial-revolutionären Bewegung liegt das Geheimnis begründet, das zu dem Lebens- und Schaffensbild Johann Sebastian Bachs führte.«

Kraft wollte das Haus zu einem wissenschaftlichen Zentrum entwickeln, dem die systematische Pflege des klingenden Erbes Johann Sebastian Bachs obliegt und das sich als thüringische Musiksammlung profilieren sollte. 1966 richtete er eine Gedenkstätte für den großen Humanisten und Bachforscher Albert Schweitzer ein. Neben Briefen, Bildern und Büchern konnten auch einige Musikinstrumente gezeigt werden, die das Bachhaus aus Lambarene zum Geschenk erhalten hatte.

In den folgenden Jahren stiegen die Besucherzahlen aus dem In- und Ausland sprunghaft an und erreichten 1970 erstmals die Höhe von 75.000 Gästen. Ihnen allen das Bachhaus zu einem erfreuenden Erlebnis werden zu lassen, war für die kleine Mitarbeiterschar eine große Aufgabe. Damals wurden auch Souvenirartikel geschaffen, denn viele Museumsbesucher möchten sich doch ein Erinnerungsstück mit nach Hause nehmen. Eine Schallplatte »Konzert im Bachhaus«, die im Haus selbst und teilweise mit hauseigenen Instrumenten eingespielt worden war, erwies sich als besonders zugkräftig. Die Entfernung des Wohnsitzes von Kraft in Weimar zum Bachhaus in Eisenach, dazu seine stark angegriffene Gesundheit führten 1971 zur Beendigung seiner Tätigkeit als Leiter des Bachhauses. Ihm folgte Ilse Domizlaff, von Beruf Pianistin und Musikerziehrin, in diesem Amt. Sie wurde die erste fest angestellte Direktorin und machte die Leitung und den weiteren Ausbau des Hauses zu ihrer hauptberuflichen Aufgabe.

Bei der gründlichen Analyse des Aussehens und der Aussagen des Bachhauses sowie der Bausubstanz wurde sofort deutlich, daß eine grundlegende Sanierung des Gebäudes notwendig wurde. Es erwies sich als in seiner Standfestigkeit bedroht, war es doch bereits mehrere hundert Jahre alt, hatte schwere Erschütterungen durch die Kriegseinwirkungen erlitten und war dem Ansturm von den vielen tausend Menschen im Museumsbetrieb keinesfalls gewachsen. Außerdem war die Bach-Forschung inzwischen weiter vorangekommen, und eine neue inhaltliche Gestaltung war dringend erforderlich. Es begann mit der Erneuerung des Daches und ging durch das ganze Haus mit Auswechseln von Deckenbalken und Fußböden bis in den Keller mit dem Einbau einer neuen Zentralheizung und Sanitäranlagen.

Bei der Gestaltung der Ausstellungen galt es, Bewährtes nicht einfach zu negieren, sondern bestimmte Gesichtspunkte wie z.B. die Raumeinteilung beizubehalten. Hier werden seitdem Wohnräume einer bürgerlichen Familie um 1700 gezeigt, mit Originalmöbeln und -einrichtungsgegenständen aus dieser Zeit, also aus Bachs Kindheit in Eisenach. Sie sollen die Besucher des Hauses emotionell einstimmen auf die Bilder und Dokumente in den folgenden Räumen, die Informationen zu Bachs Leben vermitteln. Selbst mit dem damals hinzugewonnenen Nachbarhaus reichte die Ausstellungsfläche nur dazu, Bachs Leben und Schaffen schlaglichtartig zu beleuchten. Hinzu kamen Informationen über die nach Bach lebenden Musikergenerationen, die für ihr eigenes Schaffen viele Anregungen aus der Bewunderung und Kenntnis des ungeheuren Formen- und Gestaltungsvermögens, der alle menschlichen Gefühlsbereiche umfassenden Ausdrucksskala und des Klangreichtums der Kompositionen erhielten. Die damals festgelegte strenge Konzentration auf Johann Sebastian Bach zwang aber auch zum Eliminieren all der Stücke, die nicht unmittelbar zu seiner Würdigung beitragen konnten. Selbstverständlich hatte das auch Folgen für die Instrumentenausstellung, in der bis dahin zahlreiche Instrumente aus der zweiten Hälfte des 18. und aus dem 19. Jahrhundert gezeigt wurden. Seit 1973 werden hauptsächlich solche Exemplare vorgestellt, die zu Bachs Lebenszeit gebräuchlich

Hoffront des Bachhauses

Brunnen im Garten des Bachhauses

waren und die er in seinen Werken eingesetzt hatte. Einige Kopien von Originalen und Leihgaben anderer Einrichtungen mußten dabei helfen.

Die bekannte Gartengestaltung, die nach barocken Vorbildern entstand, wurde ebenfalls beibehalten und die Bepflanzung nach Möglichkeit stilecht erneuert. Dieses kleine umfriedete Stückchen Erde gibt dem Haus zusätzlich viel Atmosphäre und trägt zum Gesamteindruck positiv bei.

Ilse Domizlaff konzipierte die neuen Ausstellungen und die weitere Wirksamkeit des Hauses. Da das Archiv des Bachhauses zu wenig Quellenmaterial besitzt, im übrigen 1950 das Bach-Archiv in Leipzig gegründet wurde, das mit der Aufgabe umfassender Sammeltätigkeit für Dokumente um und zu Bachs Leben und Wirken beauftragt war und sich auch bereits zu einer international gefragten Forschungsstätte entwickelt hatte, stellte sie das Bachhaus in den Dienst der Vermittlung wissenschaftlicher Erkenntnisse

und vor allem eines musikalischen Erlebnisses für die bald mehr als 100.000 Besucher im Jahr. So wurde der Museumsrundgang durch die Wohn- und Ausstellungsräume mit einem Musikvortrag verbunden, in dem Werke Bachs erklingen und teilweise original auf historischen Tasteninstrumenen gespielt werden. In der schönen Atmosphäre des Instrumentensaales, umgeben von historischen Musikinstrumenten, vollzieht sich das beste Stück Bachscher Überlieferung: Seine Musik. Sie für die Zuhörer, die aus vielen Ländern mit unterschiedlichen Musiktraditionen kommen und deren Erfahrungen mit Musik und speziell mit der von Bach naturgemäß sehr verschieden sind, zu einem beeindruckenden und vor allem anregenden Erlebnis werden zu lassen, ist die schöne Aufgabe der Mitarbeiter im Bachhaus heute.

Neben der täglichen Führungs- und Vortragstätigkeit wurde und wird besonderes Augenmerk auf ständige Besucherkreise gelenkt. Das beinhaltet die Arbeit mit Kindern und Jugendlichen, Museumsbesuchen von Vorschulkindern, Schulkonzerte für die sechsten Klassen der Eisenacher Schulen, eine Kinderarbeitsgemeinschaft bis zu den achten Klassen und einen Jugendklub für Schüler und Jugendliche ab 15 Jahren. Für Erwachsene gibt es ein Convivium musicum, das sich mit dem Kennenlernen Bachscher Werke und der Lebensumstände, in denen er sie geschaffen hat, beschäftigt und die Verbindungen zu seinen musikalischen Vorläufern und Nachfahren bis zum gegenwärtigen Musikschaffen erläutert.

Das Sammeln von Musikinstrumenten wurde auf solche aus der Bachzeit und aus Thüringen konzentriert. Es konnten u.a. ein Cembalo aus dem Jahre 1715 und einige Streichinstrumene erworben werden, die vor allem Zeugen des Instrumentenbaues in Thüringen sind, bevor er im vorigen Jahrhundert im Vogtland zu hoher Blüte reifte.

Zur Pflege der Instrumentensammlung und zu ihrer weiteren Restaurierung wurde eine Spezialwerkstatt aufgebaut, in der ein speziell ausgebildeter Restaurator diese verantwortungsvolle Aufgabe versieht.

Selbstverständlich kann das Bachhaus nicht ohne Konzerte denkbar sein, die stets Werke von Bach, aber auch anderer Komponisten im Programm haben. Damit befindet sich diese Konzeption in bester geistiger Nachbarschaft, hat doch auch Bach immer wieder Kompositionen seiner Zeitgenossen studiert und aufgeführt. Häufig wird auf historischen Instrumenten gespielt und auch die hauseigene Sammlung einbezogen. Vor allem werden solche Solisten verpflichtet, die wissenschaftliche Erkenntnisse über die Musizierpraxis der Bach-Zeit in ihrem Spiel verwirklichen. So trägt das Bachhaus heute zur Erprobung theoretischer Aspekte in der Praxis bei. Den Abschluß und Höhepunkt der jährlich im Winter stattfindenden Reihen bildet stets das Konzert zum Geburtstag von Johann Sebastian Bach am 21. März. Ihm wird alljährlich eine Ehrung Bachs am Denkmal auf dem Frauenplan mit dem Niederlegen von Blumengebinden angeschlossen.

Schon lange bestand der Wunsch, auch der Musikerfamilie Bach eine Reverenz zu erweisen. Nach intensiven Diskussionen wurde jedoch entschieden, sich im Rahmen der 1972/73 durchgeführten Gebäudesanierung und Neugestaltung der Ausstellung auf Johann Sebastian Bach zu konzentrieren. Erst zu Beginn der 80er Jahre konnte man den Gedanken wieder aufgreifen, als ein Nachbargebäude gekauft werden konnte. Dort, im Haus Frauenplan 23, entstanden neue Museumsräume und die Möglichkeit, die Musikerfamilie Bach in ihrer territorialen Ausbreitung über viele thüringische Städte und kleinere Gemeinden zu zeigen.

Weiterhin werden die Musikersöhne Johann Sebastian Bachs dort gewürdigt sowie das Musikleben in Thüringen und speziell in Eisenach um 1700 dargestellt. Selbstverständlich fehlen auch hier die Instrumente nicht, die zeitlich zuzuordnen sind. Es gibt ein Interieur mit Musikinstrumenten aus der Zeit von 1770 bis 1800 und eine Zusammenstellung von Objekten, die in Thüringen entstanden sind. Daß auch dort Musik erklingt, ist selbstverständlich: Musik aus der Bach-Familie. Im Jahre 1986 wurde dieses Haus der Öffentlichkeit übergeben.

Gleichzeitig wurde ein Experiment unternommen: Die Verbindung der historischen Ausstellungsmaterie mit moderner Kunst. Eine Holzstele mit dem Namen »Lauschender«, die die Bezirksverwaltung Erfurt dem Bachhaus zum 75. Geburtstag geschenkt hat, steht auf dem Treppenabsatz und lädt zu konzentriertem Zuhören der Musik ein. Ihr zugesellt sind zwei Grafiken, die aus der 1985 entstandenen Mappe »SOLI DEO GLORIA« stammen und Ergebnisse der Auseinandersetzung einiger Künstler mit der Musik Bachs darstellen. Beides wird mit unterschiedlicher Beurteilung diskutiert.

Heute präsentieren sich die gepflegten Gebäude mit ihren Sammlungen und Exponaten als eine wissenschaftlich orientierte Gedenkstätte für Johann Sebastian Bach und seine Familie. Es wird größter Wert darauf gelegt, wissenschaftlich einwandfreie Informationen mit persönlicher Hinwendung zu den Gästen in Verbindung mit der besonderen Atmosphäre des mehr als 400 Jahre alten Hauses zu vereinen.

Lutherhaus und Evangelisches Pfarrhausarchiv

Am Lutherplatz 8, unweit des Marktes, befindet sich das Lutherhaus,[1] das in einigen Bauteilen 500 Jahre alt ist. Es ist eines der ältesten Fachwerkhäuser Eisenachs. Dieses Haus war lange Zeit im Besitz der Familie Cotta, gehörte aber nicht – wie weithin angenommen wird – zu Luthers Zeit der Frau Ursula Cotta, sondern ihren Schwägern Friedrich und Johann Cotta. Ursula Cotta wohnte wahrscheinlich in der Georgenstraße. Dieses Haus wurde aber spätestens 1636 beim Stadtbrand zerstört, der Nachfolgebau fiel 1810 der Pulverexplosion am »Schwarzen Brunnen« zum Opfer. Als Luther von 1498 bis 1501 Lateinschüler in Eisenach war, wohnte er möglicherweise zunächst bei dem einen oder anderen seiner Verwandten und dann bei Conrad Cotta im Hause Heinrich Schalbes, dessen Tochter Ursula Cotta (Conrads Frau) damals noch eine junge Frau gewesen sein muß. Sie starb bereits 1511. »Wahrscheinlich wurde Luther in erster Linie deshalb ins Haus aufgenommen, um den jüngeren Bruder von Frau Ursula, Caspar Schalbe, in Schule und Haus zu beaufsichtigen, wie das zu allen Zeiten von älteren Schülern gern übernommen wurde.«[2] Man muß also die reichlich ausgeschmückte Geschichte um Luther und Frau Cotta recht verstehen, ohne dabei die Traditionen des heutigen Lutherhauses in Zweifel zu ziehen: »Auch hier mag Luther eine Zeitlang Herberge und Unterhalt gehabt haben, aber seine ›Wohltäterin‹ Ursula Cotta hat dort sicher nicht gewohnt. Sie wird aber ein häufiger und gern gesehener Gast im Hause gewesen sein [...].«[3]

Der heutige Eingang zur Gedenkstätte befindet sich in der Lutherstraße. Anläßlich der Einweihung des Lutherdenkmals vor der Nikolaikirche im Jahre 1896 erhielt die Straße diesen Namen, weil das von Professor Adolf von Donndorf entworfene Denkmal ursprünglich auf dem Lutherplatz (seit 1866 so genannt) aufgestellt werden sollte. Die alten Bezeichnungen waren »An den Fleischbänken« bzw. »Hinterm Residenzhaus«.

Nachdem im vorigen Jahrhundert unter Großherzog Carl Alexander die Wartburg mit ihrer Lutherstube wiederhergestellt worden war, wurde auch die Erinnerung an Luthers früheren Eisenach-Aufenthalt wieder lebendig. Man gedachte nun auch seiner in Eisenach verbrachten Schulzeit von 1498 bis 1501. Schon im Jahre 1780 wurde im Schulprogramm des Eisenacher Gymnasiums die Überlieferung wiedergegeben, Luther habe in dem Eckhaus am Lutherplatz als Lateinschüler »bei Cunz Kotten sein Herberg und Unterhalt« gefunden und habe den Caspar Schalbe zur Schule begleitet. Offenbar stützte sich diese Überlieferung auf die biographischen Notizen von Luthers Arzt und Freund Matthäus Ratzeberger. In den Tischreden finden sich Äußerungen des Reformators, die sich auf Eisenach als »seine liebe Stadt« beziehen. In die Reihe der Überlieferungen gehört auch eine 1817 in Weimar gedruckte Schrift von den »Monumenten und Reliquien D. Martin Luthers«. Dort ist eine interessante Geschichte von einer Metallplatte enthalten, die auf dem Grab der Frau Ursula Cotta gelegen haben soll; später sei sie geraubt und einem Eisenacher Kaufmann angeboten worden. Dieser wollte sie ursprünglich aufbewahren, ließ sie dann aber doch einschmelzen. Als ihm später der Vorwurf gemacht wurde, er habe ein Geschichtsdokument vernichten lassen, soll er geantwortet haben: »Wer wußte denn, daß ein Werth auf diesem Dinge liege?« Auf diese Weise

Luther als Kurrende-Schüler, Lithographie, 19. Jahrhundert

sind wohl viele historische Gegenstände und Schriftstücke nicht nur in Eisenach vernichtet worden. Heute fällt es schwer, aus dem Erhaltenen die frühere Wirklichkeit zu rekonstruieren oder sich ein Bild zu machen, das den Tatsachen entsprechen mag.

So ist das Lutherhaus heute neben der Georgenkirche eines der wenigen erhaltenen Gebäude, die in Eisenach mit Luther in Verbindung gebracht werden können. In jedem Fall ist das schöne, zuletzt 1983 gründlich restaurierte Gebäude ein Zeitzeuge.

Im Jahr 1956 wurden die jetzige Luthergedenkstätte und das Pfarrhausarchiv als kirchliches Museum eröffnet. Seit 1898 befand sich in diesem Haus eine altdeutsche Gaststätte, der »Lutherkeller«. Auch damals schon konnten die beiden Lutherstübchen besichtigt werden. Wie das Haus zu Luthers Zeiten ausgesehen hat, ist nicht mehr genau auszumachen. Tatsache ist, daß das jetzige Gebäude erst nach und nach aus mehreren Häusern unter einem Dach zusammengefügt worden ist.

Die Giebelseite zum Markt hin wurde von Hans Leonhard gestaltet. Er hatte das Haus 1561 erworben. Das eigentliche Lutherhaus mit den Lutherstuben befindet sich im südlichen Teil des jetzigen Hauses und wurde erst später mit dem nördlichen Haus verbunden. Von Leonhard kann gesagt werden, daß er Eisenachs wohl bedeutendster Renaissancebaumeister war. Außer einigen Rechnungen konnten keine weiteren Dokumente seines Lebens gefunden werden. Der Rathauserker, Steinmetzarbeiten in der Georgenkirche und der Marktbrunnen sind weitere Zeugnisse seines Wirkens.

Die nördliche Giebelseite des Lutherhauses zeigt neben der früheren Eingangstür ein Relief, das die Auferstehung Christi darstellt und auf ein Holzschnittmotiv zurückgeht. Die anderen Schmuckelemente der Frontseite sind das Werk Leonhards. Sein Zeichen HL meißelte er in die rechte Säule der ehemaligen Toreinfahrt. Das Tor wurde 1897 zugemauert. Die Säulen rechts und links setzen sich in schmalen Pilastern nach oben fort und tragen die Büsten von zwei Soldaten der Stadtwache. Sind diese gleichsam Sinnbilder des irdischen Schutzes, so weisen die Engel auf den himmlischen Schutz hin. Auf dem Schild des linken befindet sich ein Zitat aus Psalm 127: »Wo Gott zum Haus nicht gibt sein Gunst, so erbeit jedermann umb sonst. Wo Gott die Stadt nicht selbs bewacht so ist umb sons der Wechter Macht.« Rechts ist ein Spruch aus dem Römerbrief des Apostels Paulus, Kapitel 4, Vers 25: »Christus ist umb unser Sünden willen dahin gegeben und umb unser Gerechtigkeit willen auff erweckt. Anno Domini 1563.« Die eingehauene Jahreszahl scheint sich auf die Beendigung der Arbeiten am Haus zu beziehen.

Der Bogen über der Tür links an der Giebelseite ist ein weiteres Zeugnis der hohen Steinmetzkunst des Hans Leonhard. In alten Eisenacher Dokumenten wird das Lutherhaus als der älteste Brauhof der Stadt genannt. Der heute noch vorhandene Keller mit einem Tonnengewölbe der ältesten Bauphase kann als eine Bestätigung dieser Mitteilung gedeutet werden, ebenso drei spätgotische Fenster mit Vorhangbögen, sogenannten »Eselsrücken«, an der Ostseite des Hauses. Der Gebäudekomplex wurde durch das Aufsetzen eines gemeinsamen Obergeschosses verbunden und zu einem Ganzen umgestaltet. Die zahlreichen Stufen im Haus zeigen, daß das unterschiedliche Niveau der einzelnen Häuser ausgeglichen werden mußte. Das zweite Obergeschoß ragt über die unteren hinaus. Das Mansarddach ist wohl erst nach dem Stadtbrand von 1636 entstanden. Die Fachwerkteile werden durch hohe Streben gesichert. Andreaskreuze schmücken die Hausfronten. Die Frage, warum die Seitenwand nach der Lutherstraße zu schräg gebaut wurde, wird durch eine rein praktische Überlegung zureichend beantwortet: Von der damals viel engeren und dunkleren Gasse her sollte durch die Schrägstellung der Fenster doch noch soviel Licht wie möglich in das Haus hineingelangen.

Im letzten Jahrhundert waren alle Außenwände verputzt. 1897 ließ der damalige Wirt des »Lutherkellers«, Adolf Lukaß, die Fachwerkkonstruktion des zweiten Stockwerkes freilegen. Als die Bombenschäden beseitigt wurden, machte man auch das Fachwerk des ersten Obergeschosses wieder sichtbar. Die Nordseite des Hauses war durch eine Luftmine 1944 fast völlig zerstört worden. Durch die Evangelisch-Lutherische Kirche in Thüringen wurde das Haus nach dem Krieg wieder hergestellt. Nach den Anweisungen des Geraer Restaurators Kurt Thümmler entstanden die Renaissanceformen und -farben der Frontseite 1977 im alten Glanz.

Der Vorraum des Museums ist der Raum mit den spätgotischen Fenstern, durch die man auf die Lutherstraße blickt. Früher hieß diese Straße Fleischgasse, weil im Mittelalter die Fleischer der Stadt hier wohnten. Die Neubauten gegenüber wurden erst in den 60er Jahren unseres Jahrhunderts errichtet. Die Vorhangbögen an den Fenstern dieses Vorraumes weisen die typischen architektonischen Formen auf, die am Ende des 15. Jahrhunderts häufig verwendet wurden. Der Wegfall des bis dahin üblichen Maßwerkes und der Spitzbögen kündigt den Renaissancestil an.

Die Gestaltung dieses Raumes soll den Besucher in die Zeit Luthers hineinführen, ihn auf den Museumsbesuch gleichsam einstimmen. Das Leben der Menschen um 1500 illustrieren zeitgenössische Bilder, die die Wende hin zu Renaissance und Humanismus in das Jahrhundert der Reformation hinein andeuten. Die ausgewählten Darstellungen zeigen Personen und Situationen aus vielen Gesellschaftsschichten: Gelehrtendisputationen, Schriftsteller, Künstleratelier, Turnierritter und Landsknechte, fürstliche Tafel, das Schönheitsideal der Zeit und Modedarstellungen, tanzende Bauern, Fischhändler, Zahnbrecher, Drechsler, Töpfer, Zinngießer, Kupferschmied, Pochwerk, Bauernarbeit, Köche, Entdeckungsfahrten. An der Stirnwand dieses Raumes befindet sich ein Tafelbild nach einem Merianstich: Eisenach 1630. Die Ansicht der Stadt hatte sich seit dem Mittelalter nicht wesentlich verändert mit ihren zahlreichen Kirchen, Klöstern und Kapellen. So ähnlich wird sie auch Luther gesehen haben, als er mit der Kurrende durch die Straßen zog. Etwa 3.000 Einwohner zählte die Stadt, davon viele Ackerbürger. Hinzu kamen noch rund 300 Kleriker: Priester, Mönche und Nonnen. 67 Weltgeistliche lasen Messen in den drei Pfarrkirchen: St. Marien, der Stiftskirche »Unserer Lieben Frauen«, im Volksmund als Dom bezeichnet, der oberhalb des Bachdenkmals stand; St. Georgen und St. Nikolai. Weitere amtierten in St. Jakob (Jakobsplan), das heute nicht mehr erhalten ist und in St. Annen vor dem Georgentor.

Martin Luther sang als Eisenacher Schüler in den Kirchen die liturgischen Gesänge zu den verschiedenen Gottesdiensten mit. Wie alle Lateinschüler, deren Eltern zwar das Schulgeld, nicht aber die Gesamtheit des Unterhalts aufbringen konnten, sang Luther in der Kurrende. Das war ein Knabenchor, der seinen Namen von dem lateinischen Wort »currere« (umherlaufen) hat. Die Schüler zogen von Kirche zu Kirche und vor die Bürgerhäuser. Dort erbaten sie »panem propter Deum«, Brot um Gottes willen. Almosengeben gehörte zu den guten Werken frommer Leute, und so erhielt Luther neben anderen Dingen auch manche »particula panis«, manches Stückchen Brot. Davon abgeleitet wurden die Schüler auch »Partekenhengste« genannt. Luther sagte später von sich: »Auch ich war ein solcher Partekenhengst und habe das Brot vor den Häusern genommen, besonders zu Eisenach, in meiner lieben Stadt, obwohl mich später mein lieber Vater mit aller Liebe und Treue auf der Hohen Schule zu Erfurt versorgte und mir durch seinen sauren Schweiß und Arbeit dahingeholfen hat, wohin ich gekommen bin. Trotzdem bin ich ein Partekenhengst gewesen.«[4]

Wenn das Kurrendesingen auch mitunter etwas beschwerlich neben dem normal laufenden Schulalltag war, so mag doch auch Luthers Liebe zur Musik dadurch gefördert worden sein. In späteren Zeiten hat er auch selbst Kirchenlieder geschrieben und komponiert. Über der Darstellung der Kurrende, einer Lithographie von 1820, findet sich die erste Strophe eines Liedes, das Luther 1523 dichtete. Heute steht es im Evangelischen Kirchengesangbuch unter der Nummer 239:

Nun freut euch, lieben Christen gmein,
und laßt uns fröhlich springen,
daß wir getrost und all in ein
mit Lust und Liebe singen,
was Gott an uns gewendet hat
und seine süße Wundertat,
gar teur hat ers erworben.

Luther gehörte auch zu dem Schülerkreis um Johannes Braun, der damals Vikar an der Stiftskirche St. Marien war. In diesem Kreis wurde wohl auch gemeinsam musiziert.

An einer Wand des Vorraumes ist in großen Buchstaben der Wahlspruch Martin Luthers gesetzt: »Durch Stillesein und Hoffen werdet ihr stark sein« (Jesaja 30,15).

Ein Blickfang in diesem Raum ist der Ofen aus Meißner Kacheln, der in den 50er Jahren dem Vorbild von 1558 nachgebildet worden ist. Motive aus der Manessischen Handschrift erinnern an den Sängerkrieg auf der Wartburg zur Zeit des Landgrafen Hermann I. (1190–1217). Über den Wappen von einigen sächsischen Städten finden sich Darstellungen von Dom und Albrechtsburg in Meißen.

Die Ausstellungsgegenstände in der großen Halle des Lutherhauses sind unter dem Thema »Der junge Luther – Werden eines Reformators« zusammengestellt. Als Leitfaden dient die Biographie Martin Luthers bis zu seinem Wartburgaufenthalt 1521/22. Über der kompakten Einbaumtruhe, die etwa um das Jahr 1400 angefertigt worden

ist und deren Inhalt durch neun eingebaute und zwei Vorhängeschlösser gesichert war, zeigen Fotos das Geburtshaus Luthers in Eisleben und das Haus in Mansfeld, in das er im Alter von einem Jahr mit seinen Eltern einzog. Ab 1488 besuchte er in dieser Stadt die kommunale Schule. 1497 wurde er zur Schule nach Magdeburg geschickt. Dort beeindruckte ihn die Frömmigkeit der Brüder vom gemeinsamen Leben. Er blieb aber nur ein Jahr in der Stadt an der Elbe. Der nun folgende Wechsel in die Wartburgstadt erfolgte wahrscheinlich aus mehreren Gründen. Zum einen hatte die Schule einen ausgezeichneten Ruf, weil hier gute Lehrer wirkten. Zum anderen lebten viele Verwandte, vor allem seiner Mutter Margarethe, geborene Lindemann, in Eisenach. Die Bilder von Luthers Eltern hängen in den Lutherstuben. Sein Vater Hans stammte aus Möhra, einem Dorf zwischen Eisenach und Bad Salzungen. Heute wird dieses Dorf der »Lutherstammort Möhra« genannt.

Die Eltern erhofften sich offenkundig eine Unterstützung des Sohnes durch die Verwandten. Die Frau Konrad Hutters, des Küsters der Nikolaikirche, war eine Tante von Luthers Mutter. Mit dieser Familie verband ihn ein herzliches Verhältnis. Vielleicht fand er dort auch zeitweilig Aufnahme. Jedenfalls besuchte ihn sein Großonkel während des Studiums in Erfurt und Luther lud ihn als Mönch zu seiner Primiz in die Erfurter Augustinerkirche ein.[5]

Vier Reproduktionen zeitgenössischer Holzschnitte sollen Eindrücke vom damaligen Schulalltag vermitteln: Der Lehrer mit der Rute, die Prügelstrafe, die schwierigen Lernbedingungen des Mehrklassenunterrichtes, die Verspottung eines dummen oder faulen Schülers durch das Aufsetzen eines Eselskopfes.

Hinweise zu Luthers Eisenacher Schulzeit sind in Vitrinen ausgestellt. Dazu gehören Kopien aus der »Geheimen Chronik über Luther und seine Zeit«. Es sind Fotokopien aus der Handschrift des Wittenberger Arztes und Freundes Luthers, Dr. Matthäus Ratzeberger, deren Original sich in Gotha befindet. Ein Blatt enthält die Notiz, daß der Lateinschüler »bei Kunz Kotten [Conrad Cotta] Herberge und Unterhalt erhielt«. Ein Buch enthält 17 Predigten des

Pfarrers Johannes Matthesius, eines Freundes Luthers, über das Leben des Reformators. Darin wird auch von seiner Schulzeit berichtet. Es ist die erste gedruckte Lutherbiographie; sie erschien bereits 1567. Darin findet sich auch die Notiz, daß Luther in Eisenach eine Zeitlang vor den Türen sein Brot ersang und von einer andächtigen Matrone (Ursula Cotta) an ihren Tisch aufgenommen wurde. Luther selbst zitiert seine ehemalige Wirtin anläßlich eines Lobes des Ehestandes: »Es ist kein lieber Ding auf Erden denn Frauenliebe, wem sie kann zu Theil werden«.[6] Frau Ursula war damals nur wenig älter als der etwa siebzehnjährige Luther. Bildliche Darstellungen aus dem vorigen Jahrhundert, auf denen Ursula Cotta eine ältere Frau und Luther ein kleiner Knabe sind, haben zwar die volkstümlichen Vorstellungen nachhaltig geprägt, entsprechen aber nicht den historischen Tatsachen.

Eine Abbildung der Georgenkirche, noch ohne Turm, weist auf die Georgenschule hin, die Martin einst besuchte. Die Schule stand südlich der Kirche, 1507 ließ sie Kurfürst Friedrich der Weise abbrechen und an ihrer Stelle das heute noch erhaltene Residenzhaus errichten.

In der Vitrine ist auch eine Sammelbüchse aus dem Eisenacher Gymnasium zu sehen, wie sie von der Kurrende jahrhundertelang benutzt wurde. Sie ist eine Leihgabe der Wartburgstiftung. Aus Luthers Freundeskreis um den Stiftsvikar Johannes Braun ist ein vergilbtes Blatt mit einer Notenzeile erhalten geblieben. Die Handschrift des Reformators trägt ein Brief vom 14. Mai 1526, gerichtet an den sächsischen Herzog Johann Friedrich. Darin setzte er sich für seinen ehemaligen Eisenacher Lehrer Wieland Güldennapf ein, der später als Pfarrer in Waltershausen Dienst tat und dem der Rat die Besoldung schuldig geblieben war: In einem Vertrag war es so festgelegt worden: »also daß sie ihm jährlich 30 Fl. von den Pfarrgütern sollen reichen. Nun sperrt sichs, daß ihm solch Geld nicht wird, [...] daß der arme alte Mann so muß laufen um seine Nahrung. Weil er dann mein Schulmeister gewesen, und ich wohl schuldig wäre, ihm alle Ehre zu thun: bitte ich Eu. Fürstliche Gnaden, wollen meinen Schulmeister nicht lassen solch pflichtig Geld verfallen, sondern gnädiglich verhelfen, daß er nicht müsse in seine alten Tage bet-

Chorgestühl in der Halle des Lutherhauses

teln gehen. Hiemit GOtt befohlen, Amen. Montags nach Servacii 1526. Eu. Fürstliche Gnaden unterthänigster Martinus Luther«.[7] Es wird berichtet, daß Luther mit seiner Bitte zwar Erfolg gehabt, sich die Auszahlung der Gehaltsrückstände aber so lange hingezogen habe, daß Wieland Güldennapf darüber gestorben sei.

Der Rektor der Georgenschule war Johann Trebonius. Melanchthon erinnert sich, daß Luther ihn lobte. Ratzeberger berichtet eine originelle und nachdenkenswerte Angewohnheit von ihm: »Sooft er in die Stuben, darinnen seine Schüler saßen, einging, zog er allewege sein Barett ab, bis er sich in seinen Stuhl niedergesetzet, welches auch seine Collaboratores und Baccalaurei in der Schule haben tun müssen, und obwohl etliche zu Zeiten das Barett abzusetzen vergessen, hat er sie ernstlich darum beredet; denn es sitzet, so sagte er, unter diesen jungen Schülern noch mancher, da Gott aus dem einen einen ehrlichen Bürgermeister, aus dem anderen einen Kanzler, hochgelehrten Doktoren oder Regenten machen kann.«[8]

Die Schulzeit erwähnte Luther auch in zwei Druckschriften, die in einer Vitrine ausgelegt sind: »An die Ratsherren, daß sie christliche Schulen aufrichten und erhalten sollen« (1524) und »Daß man Kinder zur Schule halten soll« (1530). Das Schulwesen, seine Organisation und notwendige Förderung lag ihm sehr am Herzen. »Die Schule soll die Kinder zu vernünftigen Menschen machen, dadurch der Stadt und eines Staates Gedeihen gefördert wird.« Im Hintergrund mag auch der Gedanke gestanden haben, daß die von ihm ins Deutsche übersetzte Bibel von den Leuten auch selbst gelesen werden konnte. In allen Fragen der Schulorganisation war ihm sein Freund Philipp Melanchthon ein wichtiger Helfer. Er war selbst Professor an der Wittenberger Universität und erhielt wegen seiner Verdienste den Ehrennamen Praeceptor Germaniae (Lehrer Deutschlands).

Eine Tafel erinnert an den Mönch Johann Hilten. Er war im Franziskanerkloster, das westlich an das Cottahaus angrenzte, »interniert«. Als apokalyptischen Schwarmgeist hielten ihn die Franziskaner von der Außenwelt fern. Luther mag Andeutungen über den inhaftierten Mönch aus dem Collegium Schalbense und von seinem Hauswirt Heinrich Schalbe selbst, der ein Gönner der Franziskaner war, gehört haben. Später, als Hilten schon lange gestorben war, interessierte er sich dann für einige kritische Weissagungen dieses Mönches. Johann Hilten hatte bis zu seinem Tod (kurz nach 1500) durch seine Bibelkommentare Anstoß erregt. So schrieb er: »Es wird ein Held aufstehen, der euch Mönche hart angreifen wird, gegen den könnt ihr nichts sagen.« Dadurch wurde Hilten von Luther und seinen Freunden als Prophet der Reformation angesehen. Luther bat 1529 den Gothaer Superintendenten Friedrich Myconius, über Hiltens Tod und dessen Schriften Nachforschungen anzustellen. Myconius war selbst Franziskaner gewesen. 1522 drohte man ihm wegen seiner lutherischen Predigten das Schicksal Hiltens an und isolierte ihn. Nach dem Protest des ernestinischen Herzogs Johann wurde Myconius in albertinisches Gebiet verlegt. Von dort gelang ihm 1524 die Flucht nach Buchholz.

Myconius legte den Wittenberger Professoren Hiltens Kommentare über das Buch Daniel und über die Offenbarung des Johannes vor. Melanchthon schrieb darüber in seiner Apologie der Augsburgischen Konfession 1531, daß der fromme, stille, alte Mann christlich und der Heiligen Schrift gemäß gepredigt habe und »viel von diesen Zeiten [der Reformation] prophezeit und vorhergesagt hat, das bereits geschehen ist, was noch geschehen soll«. Die erhaltenen Werke Hiltens (480 Blätter) wurden im Dreißigjährigen Krieg 1623 aus Heidelberg in die Vatikanische Bibliothek nach Rom gebracht. Als Mikrofilmkopien sind sie heute im Lutherhaus vorhanden. Sie enthalten u.a. Hymnen und Gebete, auch die bittere Klage über die ungerechte Behandlung durch seine Ordensoberen (Blatt 375). In der Auslegung des Propheten Daniel steht auf Blatt 37: »Die Kirche Christi muß erneuert werden, bevor Magog zu herrschen beginnt.« Und im 17. Kapitel der Offenbarung des Johannes deutet er die »Hure Babylon« auf das »ungläubige und heidnische Rom« (Blatt 287). Er übernahm seine Deutungen aus den Vorstellungsbereichen bekannter Kommentatoren wie Beda Venerabilis und Nikolaus von Lyra. In der Georgenkirche, nahe der Stelle, wo Hiltens Gebeine ruhen (auf dem Klosterfriedhof), wurde im 17. Jahrhundert eine Gedenktafel errichtet, die man heute noch sehen kann.

Weiterhin sind in der Lutherhaushalle vier große Historiengemälde zu sehen, die in den Jahren 1872/73 entstanden. Sie sind Teil einer umfassenden Auftragsarbeit der Wartburg, die 24 Motive aus Luthers Leben umfaßt. Bestimmt waren sie ursprünglich für die Gestaltung der Reformationszimmer auf der Wartburg. Die im Lutherhaus gezeigten Gemälde sind Arbeiten von Paul Thumann und Ferdinand Pauwels, zwei Vertretern der Weimarer Schule. Pauwels war einer der Lehrer von Max Liebermann. Alle vier Bilder sind Leihgaben der Wartburgstiftung. Die Historienmalerei des 19. Jahrhunderts war Ausdruck eines neu entstehenden Geschichtsbewußtseins. Die Darstellung zielte nicht so sehr auf historische Exaktheit in allen Details. Vielmehr bildeten wichtige Überlieferungen den Rahmen für eine idealisierende, akzentuierende und auch beschönigende sowie heroisierende Malweise. Dabei

Luthers Gefangennahme bei Altenstein, Lithographie, 19. Jahrhundert　　*Luther als Junker Jörg, Lithographie, 19. Jahrhundert*

wurde das Tatsächliche manchmal leicht verändert oder ausgeschmückt. Die im Lutherhaus gezeigten vier Gemälde mit Szenen aus Luthers Leben sind Zeugen einer solchen idealisierenden Darstellungsweise und entsprechen dem Geschmack des vorigen Jahrhunderts. Das erste Bild, über einem Schrank aus dem Anfang des 17. Jahrhunderts, ist von Ferdinand Pauwels: »Martin Luther singt vor Frau Cotta«. Der Knabe Luther, von dem es keine zeitgenössische bildliche Überlieferung gibt, ist der zentrale Bildpunkt. Die Kurrende singt im Hause der Frau Cotta, an die sich ein Junge schmiegt, ihr kleiner Bruder Caspar Schalbe. Caspar Schalbe studierte ab 1504 in Erfurt, wurde Priester und Poet. 1519 reiste er zusammen mit Justus Jonas zu Erasmus von Rotterdam, um diesen für Luthers Sache zu gewinnen. Magister Schalbe war seit 1516 an der Eisenacher Annenkirche tätig. 1526 hielt er sich bei Luther in Wittenberg auf.

Neben dem Gemälde befindet sich eine Stadtansicht von Erfurt. Ab 1501 absolvierte Luther hier sein Grundstudium, das er mit dem akademischen Grad des Magister artium 1505 abschloß. Danach wurde er in die Juristische Fakultät aufgenommen. Überraschend für alle Freunde, Kommilitonen und auch die Eltern trat er im selben Jahr in das Augustinereremitenkloster der strengen Observanz ein. Zu diesem Schritt veranlaßte ihn nach eigener Aussage ein Gelöbnis, das er der Heiligen Anna gegeben hatte, nachdem er bei Stotternheim, einem Dorf in der Nähe Erfurts, in ein heftiges Gewitter geraten war. Von einem Blitzschlag erschreckt versprach Luther, Mönch zu werden, wenn sie ihm helfe. Nach seiner Probezeit (dem Noviziat), der Priesterweihe und dem Theologiestudium wurde er von seinen Ordensoberen in das Augustinerkloster nach Wittenberg gesandt, um als Ordensgeistlicher die Bibelprofessur an der durch Friedrich den Weisen wenige Jahre zuvor gegründeten Universität zu übernehmen. Als Professor der Heiligen Schrift wirkte Luther bis zu seinem Lebensende im Jahre 1546.

Hans Holbeins Holzschnitt über den Ablaßhandel führt zu einem wichtigen Ereignis in Luthers Leben und zu einem Wendepunkt in der Kirchengeschichte und der deutschen Geschichte. Holbein stellt den Dominikanermönch Johannes Tetzel beim Verkauf der Ablaßbriefe dar. Tetzel war ein wichtiger Mann im System des päpstlichen Ablaßhandels für den deutschen Bereich. »Die offizielle Kirche [...] hatte ohne eine verbindliche Durchklärung des Ablaßverständnisses den ›heiligen Handel‹ immer weiter entwickkelt und eine hervorragende Geldquelle erschlossen, von welcher her kirchliche Machtpolitik und Angst vor Kirchenstrafen in Zeit und Ewigkeit ineinanderflossen. Dieses wurde durch das Verhalten eines der bedeutendsten Kirchenfürsten der Zeit besonders augenfällig. Erzbischof Albrecht von Brandenburg vereinigte in einer für deutsche Verhältnisse beispiellosen Machtfülle die beiden Erzdiözesen Magdeburg und Mainz, dazu noch die Administratur von Halberstadt, obwohl er das erforderliche kanonische Alter noch gar nicht erreicht hatte. Der Papst gestattete dem jungen Erzbischof, in seinen Gebieten den Ablaß predigen und verkaufen zu lassen, um seine riesige Schuldenlast gegenüber dem Bankhaus Fugger abzutragen, das ihm die Dispenssumme [Zahlung für die Sondererlaubnis zur Ämterhäufung] an die Kurie vorgestreckt hatte. Ein hoher Prozentsatz der Ablaßeinnahmen wurde von einem Vertreter des Bankhauses sofort einbehalten. Zu Papst Leos X. Zeiten (1513–1521) flossen 50% der Einnahmen direkt nach Rom, wo sie für den kostspieligen Bau der Peterskirche, für die Türkenkriege oder auch für die Privatschatulle des sehr geldaufwendig lebenden Papstes verwendet wurden. 1500 hatte es einen Jubiläumsablaß gegeben, dessen Erträge vornehmlich den Privatinteressen des frivolen Renaissancepapstes Alexander VI. zugute gekommen waren.«[9]

Im Rückblick schilderte Luther in seiner Schrift »Wider Hans Worst« (1541), wie der Ablaßhandel seine seelsorgerlichen Bemühungen um die Wittenberger Gläubigen zunichte machte: »Das rote Ablaßkreuz mit dem Wappen des Papstes, das in den Kirchen aufgerichtet werde, sei ebenso kräftig wie das Kreuz Christi (behauptete Tetzel in seinen Predigten) [...] Wenn einer Geld für eine Seele im Fegefeuer in den [Ablaß-]Kasten lege, so führe die Seele aus dem Fegefeuer in den Himmel, sobald der Pfennig auf den Boden fiele und klinge [...] Die Ablaßgnade sei eben die Gnade, durch welche der Mensch mit Gott versöhnt werde.« Tetzel verkaufte die Ablaßbriefe im Auftrag des Erzbischofs Albrecht. Die geistlichen Mißstände, die sich bei diesem Handel ergaben, forderten Luther zu einer Reaktion heraus. Im Lutherhaus ist ein Plakatdruck der am 31. Oktober 1517 veröffentlichten 95 Thesen zu sehen, mit denen Luther zu einer akademischen Disputation über Wert und Unwert des Ablasses aufforderte. So schrieb er in These 36: »Jeglicher Christ hat, wenn er in aufrichtiger Reue steht, vollkommenen Erlaß von Strafe und Schuld, der ihm auch ohne Ablaßbriefe gebührt.« Dieser Angriff auf die muntere Geschäftemacherei des Vatikans und der höheren Geistlichkeit mit den Zukunftsängsten der Gläubigen war der Ausdruck des Mißverhältnisses zwischen Luther und der real existierenden katholischen Kirche dieser Zeit. Solcherlei Verhalten eines kleinen unbedeutenden Mönches gegen die kirchliche Obrigkeit mußte Konsequenzen haben, die dann auch nicht auf sich warten ließen, zumal findige Leute die lateinischen Thesen ins Deutsche übersetzten und gedruckt in ganz Deutschland verteilten. Luther wurde 1518 nach Augsburg zitiert, wo er ausgerechnet im Fuggerhaus verhört wurde. Das zweite Historiengemälde zeigt »Luther vor dem Kardinal Cajetan in Augsburg«, wie er heftig die Aufforderung zum Widerruf abwehrt. Das Bild stammt ebenfalls von Ferdinand Pauwels, der es 1872/73 malte.

In einer gut vorbereiteten Geheimaktion nach dem Reichstag von Worms wurde Luther auf der Heimreise am 4. Mai 1521 in der Nähe von Bad Liebenstein scheinbar überfallen und gefangengenommen. Zu seinem Schutz wurde er nachts heimlich auf die Wartburg gebracht, um ihn der öffentlichen Gefahr zu entziehen und nach Möglichkeit Gras über die Sache wachsen zu lassen. Ein Stich aus dem 17. Jahrhundert zeigt diesen scheinbaren Überfall auf die Reisekutsche. Auf dem von Paul Thumann 1873 gemalten Bild ist die nächtliche Ankunft Luthers auf der Wartburg zu sehen. Auf der Rückreise von Worms bereitete Luther seinen Freund Lucas Cranach in einem Brief auf sein Verschwinden vor: »Ich lasse mich eintun und verbergen, weiß selbst nicht wo.« Von der Wartburg aus schrieb er an Spalatin: »Ich habe meine Kleider ablegen und ein Reitergewand anlegen müssen und Haar und Bart wachsen lassen, so daß ihr mich schwerlich erkennen könnt, weil ich mich selber schon lange nicht mehr kenne.« Und dem Freund Johannes Lang in Erfurt teilte er am 18. Dezember 1521 mit: »Ich will das Neue Testament auf Deutsch geben, was die Unsern verlangen.« Mit einer Bulle des Papstes Leo X. war Luther 1520 der Kirchenbann angedroht worden, falls es nicht zum Widerruf seiner Lehre kommen sollte. Mit einer weiteren päpstlichen Bulle wurde der Bann 1521 in Kraft gesetzt.

Auf der Galerie der Halle wird der Zyklus der Historienbilder aus dem Leben Luthers abgeschlossen mit dem Bild von Paul Thumann: »Luther als Junker Jörg im ›Schwarzen Bären‹ in Jena«. Thumann malte es 1873 undstellt darauf eine überlieferte Begebenheit aus dem Jahre 1522 dar. Der Reformator ist rechts im Bild noch in der Kleidung des Junker Jörg mit Bart und langen Haaren zu sehen, so, wie er sich die 300 Tage auf der Wartburg zeigte. Auf der Rückreise nach Wittenberg kam er bei einer Rast in der Jenaer Gaststätte mit Studenten aus der Schweiz ins Gespräch, die ihn nach Luther fragten, doch erst beim erneuten Zusammentreffen später in Wittenberg merkten, mit wem sie im Gasthaus gesprochen hatten.

Drei Vitrinen sind Bibelausgaben vorbehalten. Hier läßt sich deren Geschichte als für jeden benutzbares Buch verfolgen. Kopien wertvoller Originale bilden den Anfang, am Ende liegen zum Vergleich Massendrucke unserer Tage. Ein handgeschriebenes, von einem Mönch angefertigtes Altes Testament im lateinischen Text, der sogenannten Vulgata, ist an den Beginn gestellt. Es entstand um 1450. Ohne Gutenbergs Erfindung des Druckes mit beweglichen Lettern hätte Luthers Lehre kaum diese Breitenwirkung haben und so viele Menschen erreichen können. Eine Seite der Gutenberg-Bibel ist direkt neben der erwähnten Handschrift zu sehen.

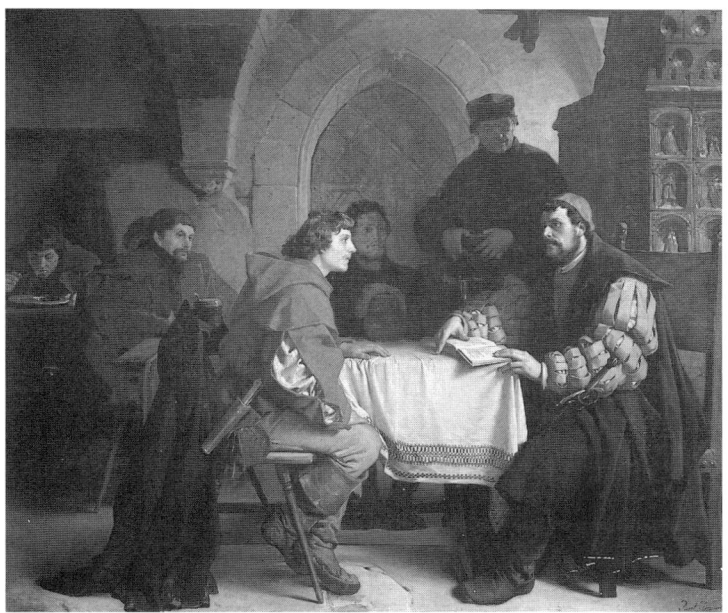

Luther als Junker Jörg im »Schwarzen Bären« in Jena, Gemälde von Paul Thumann

Als Fotokopie findet sich auch die Titelseite der ersten vollständigen Bibelausgabe in der von Luther besorgten deutschen Übersetzung. Erstmalig erschien sie 1534 bei Hans Lufft in Wittenberg. Damit war Luthers Plan, dem Volk die Möglichkeit zu geben, das Buch der Bücher selbst zu studieren, Wirklichkeit geworden. Auch vorher gab es schon einige Versuche, die Bibel in die deutsche Sprache zu übersetzen, doch gelang es Luther erstmals, durch Zusammenfügen der vielen verschiedenartigen Dialekte, durch Verwendung der dem Volk geläufigen Worte und Begriffe eine Form zu finden, die allen zugänglich war.

Zwei Begriffe sind mit dem Namen Luther verbunden: Neben den 95 Thesen ist er allen Deutschen als Begründer ihrer Einheitssprache bekannt, was er selbst in seinem Sendbrief vom Dolmetschen erklärt: »Man muß nicht die Buchstaben in der lateinischen Sprache fragen, wie man soll deutsch reden, sondern man muß die Mutter im Hause, die Kinder auf den Gassen, den gemeinen Mann auf dem Markt darum fragen und denselbigen auf das

Maul sehen, wie sie reden und danach dolmetschen [...].« Zum rechten Verständnis der Bibeltexte leisteten auch die Illustrationen wertvolle Dienste. Die Menschen sollten auf den Darstellungen ihre Zeit wiedererkennen. Einige Beispiele finden sich unter den Exponaten. Darunter ist die »Lübecker Bibel« das wohl prägnanteste Buch. Sie ist mit Holzschnitten von Erhard Altdorfer ausgestattet. Eine kleine Kuriosität verbindet sich mit dieser Bibel im niederdeutschen Dialekt. Sie erschien nämlich schon ein Jahr vor der ersten Luthervollbibel, obwohl deren Text ihre Grundlage ist. Johann Bugenhagen, ein Freund und Mitarbeiter des Reformators, der auch an der Übersetzung des Alten Testamentes mitwirkte, gab diese Ausgabe heraus. Offenbar fand er in der reichen Hansestadt Lübeck schnell Geldgeber, die den Druck der ersten Ausgabe vorfinanzierten. Diese »Bugenhagen-Bibel«, wie sie auch genannt wird, ist heute eine Rarität, da nur noch wenige Exemplare erhalten sind.

Einmalig, weil letztes vollständig erhaltenes Werk dieser Art, ist die »Biblia germanico-latina«, von der zwei Bücher der insgesamt zehnbändigen Ausgabe zu sehen sind. Auf Befehl des sächsischen Kurfürsten August I. wurde die Bibel 1565 herausgegeben, in ihrem alttestamentlichen Teil erarbeitet von Paul Eber, einem Schüler Melanchthons. Der Sohn Augusts, Alexander, sollte durch die synoptische Gegenüberstellung von deutschem und lateinischem Text leichter die lateinische Sprache erlernen. Einige Exemplare der ohnehin schon prachtvollen Ausgabe wurden handkoloriert, wie die im Lutherhaus gezeigte Ausgabe.

Im Jahre 1630 erschien eine Lutherbibel »in Verlegung Lazari Zetzners Seligen Erben« in Straßburg »mit schönen und kunstreichen Original Kupferstücken Matthäi Merians gezieret, darinnen die fürnembsten Historien artig für Augen gestellet werden«. Matthäus Merian schuf für diese Bibel 258 Kupferstiche, auf denen er neben den handelnden Personen seine Umwelt darstellte. Werkstätten von Handwerkern, das Leben der Bauern, aber auch Stadtansichten wurden bis ins kleinste Detail widergegeben. Über ihren eigentlichen Zweck hinaus machen sie das Buch auch heute noch dem geschichtlich Interessierten wertvoll. Merian wollte jedoch den Betrachter seiner Bilder daran erinnern, daß man auch in sehr schlimmen Zeiten (Dreißigjähriger Krieg) nach christlichen Regeln leben solle.

Beim Verlassen der Halle kann man rechts und links neben der Tür drei Lutherdarstellungen sehen. Es sind drei Drucke von Lukas Cranach. Aus Cranachs Stammbuch sind auch die Darstellungen von Luthers engsten Mitarbeitern: Philipp Melanchthon, Johann Bugenhagen, Justus Jonas und Georg Spalatin im Ausstellungsraum des ersten Stockes, der wegen seiner Decke auch ›Kassettenraum‹ genannt wird. Hier wird auf das vielschichtige Wirken Luthers hingewiesen. Eine wesentliche Rolle spielt dabei sein musikalisches Schaffen. Schon während seines Studiums in Erfurt erlernte er das Lautenspiel. Er war musikalisch begabt und konnte den eigenen und den Gesang seiner Hausgenossen begleiten. Er bearbeitete auch kunstvolle Kompositionen für das eigene Lautenspiel.

»Musik ist die beste Gabe Gottes, sie hat mich oft so erweckt und bewegt, daß ich Lust zum Predigen gewonnen habe.« Dieser Ausspruch Luthers aus den Tischreden bezeugt, welchen Stellenwert Musik für ihn hatte. Eine Laute, wie sie in der Renaissancezeit gespielt wurde, hatte einen schmalen geknickten Hals und war mit sechs bis zehn Doppelsaiten aus Darm bespannt. Das im Lutherhaus gezeigte Instrument ist der Nachbau einer Knickhalslaute in Tenorgröße mit zehn doppelten Saiten und einer einzelnen Saite, der Spielsaite. Diese Laute ist eine Leihgabe des Musikinstrumentenmuseums in Leipzig. Eine Lithographie nach einem Gemälde von Gustav Adolf Spangenberg zeigt Luther als praktizierenden Musiker. Die Laute der Lutherzeit ist darauf nicht ganz korrekt wiedergegeben, doch stört das nicht den von Spangenberg beabsichtigten Eindruck, Luther als geselligen Gastgeber und Hausvater darzustellen. Gast ist hier Philipp Melanchthon, der biertrinkend am Tisch sitzt. Von den insgesamt sechs Kindern, die in Luthers Ehe mit der ehemaligen Nonne Katharina von Bora geboren wurden, sieht man auf dem Gemälde nur fünf. Ein Kind starb früh, ein anderes mit dreizehn Jahren. Etwa 2.000 Luthernachkommen leben derzeit auf der ganzen Welt. Sie stammen allerdings alle aus dem weiblichen Zweig und tragen somit nicht mehr den Familiennamen Luther.

Unter den von Luther komponierten, getexteten und bearbeiteten Kirchenliedern ist »Ein feste Burg ist unser Gott« zweifellos das bekannteste. Es ist auch in Johann Spangenbergs Chorbuch von 1545 enthalten. Dieses Gesangbuch ist eines der ersten, in dem die Lieder und die liturgischen Texte dem Ablauf des Kirchenjahres zugeordnet wurden. Ein zweites wichtiges Beispiel für das Gesangbuch der damaligen Zeit sind die »Kirchengesäng«, 1584 in Frankfurt am Main herausgegeben. Eucharius Zinkeisen sammelte die wichtigsten Kirchenlieder und ließ sie im großen Folio-Format drucken, damit auch ein kleiner Chor aus einem Buch singen konnte. Bemerkenswert sind die Holzschnitte von Jost Amman und Vergil Solis, die dieses Buch an einen besonderen Platz in der Entwicklung der evangelischen Gesangbücher stellen, was Druck und Ausstattung angeht.

Die Vitrinen des Kassettenraumes bergen weitere Kostbarkeiten. Erstdrucke von Lutherschriften sind: »An den christlichen Adel deutscher Nation von des christlichen Standes Besserung« (1520), »Wider den falsch genannten geistlichen Stand des Papstes und der Bischöfe« (1522) und »An die Pfarrherren wider den Wucher zu predigen« (1540), die »Kirchenpostille, Auslegung der Episteln und Evangelien durch Martin Luther« (1535) sowie die »Tischreden D. Martin Luthers«, herausgegeben von Johann Aurifaber (1573) mit der Titelillustration.

Das Buch von Johannes Honter »Rudimenta cosmographica« (1548) enthält eine Karte Deutschlands und Zahlenangaben über die Einwohner der Städte Wittenberg (2.453), Leipzig (6.500), Dresden (5.700), Erfurt (6.617) und Eisenach (4.500). Um 1540 war Wittenberg mit 2.928 Studenten die meistbesuchte Universität in Deutschland.

Obwohl recht unscheinbar, stellen die bemalten Butzenscheiben neben der Tür eine Kostbarkeit dar. Sie sind die einzig erhaltenen, bemalten Butzen der Spätrenaissance in Thüringen und befanden sich einst in der Dorfkirche von Horba bei Königsee. Die feine Malerei wurde im Jahre 1668 mit Emailfarbe aufgetragen. Sie stellt Petrus mit dem Himmelsschlüssel, den Gekreuzigten mit Maria und Johannes und schließlich Christus als das Lamm Gottes dar, dessen Blut in den Abendmahlskelch strömt.

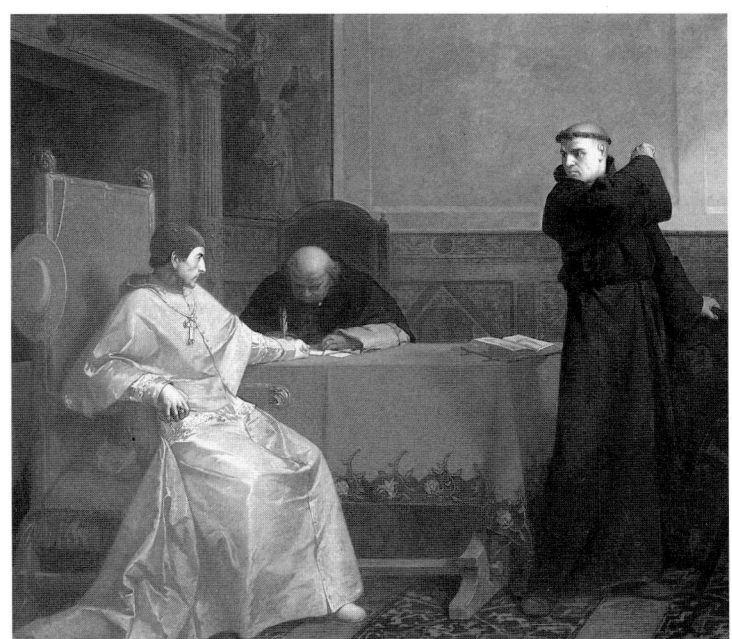

Luther vor dem Kardinal Cajetan, Gemälde von Ferdinand Pauwels

Das einzige Gemälde dieses Raumes entstand um 1600. Es ist ein Spottgemälde »Luther im Kampf mit dem Papst« und gibt im »naiven« Stil die Meinung des Volkes wider. Luther und der Papst, gemeint ist hier Leo. X., ziehen symbolisch an einem Tau. Wenn der eine zieht, ist der andere automatisch zum Nachgeben gezwungen. Beide schreiben gegeneinander an, eine persönliche Begegnung hat nie stattgefunden, und tragen die Schreibfeder als Waffe im Mund. Der Papst hat viele Helfer, die versuchen, ihm das Festhalten an alten Machtpositionen zu ermöglichen: ein ganzes Gefolge von Prälaten und Doktoren weltlichen und geistlichen Standes. Aber sie alle können die unsichere Stellung nicht festigen. Aus den Pantoffeln mußte der Papst bereits. Die Seite des katholischen Klerus ist im Dunkeln. Das helle Licht auf Luthers Seite bescheint die kleine Kirche und das Neue Testament vor ihm. Er hat nur einen Helfer: Christus.

Lutherstatuette, um 1550

Im Treppenhaus kann man bei genauer Betrachtung die Konturen des alten Fachwerkes unter dem Putz sehen. Wie es bei den verschiedenen Renovierungsphasen stets darauf ankam, so viel wie möglich von der früheren Gestalt auch in der Innenausstattung zurückzugewinnen, wird sicherlich auch hier bei den in den nächsten Jahren anstehenden Arbeiten versucht werden, das alte Gebälk wieder freizulegen.

Alt ist auch eine Schnitzerei am Beginn der Treppe zum zweiten Stock. Sie entstand in der Zeit des Barocks und zeigt zwei Engelsköpfe.

Auf dem Weg in die historischen Lutherstuben sieht man zwei Nachbildungen von Reliefs am Portal des Wittenberger Lutherhauses, die im Original in Sandstein ausgeführt sind. Rechts das Familienwappen des Reformators, die sogenannte Lutherrose, und links ein zeitgenössisches Porträt Luthers, das ihn in seinem 57. Lebensjahr zeigt. In der Nische steht eine spätgotische massive Geldtruhe, die aus dem Stamm einer Steineiche gefertigt und vermutlich im Dreißigjährigen Krieg aufgebrochen und ausgeplündert wurde.

Die beiden Lutherstübchen sind, so weiß es eine alte Überlieferung zu berichten, die Scholarenunterkunft Martin Luthers. Hier gedenkt man des jungen Luther, der sich in Eisenach das Rüstzeug holte, die notwendigen Grundlagen für das spätere Studium und das darauf folgende Wirken. Im Hause und im Umgang mit der Familie Cotta lernte Luther die Welt des wohlhabenden Bürgertums kennen, eine Welt, die er im Elternhaus so nicht erlebt hatte; später dürfte ihm das von Nutzen gewesen sein. Die beiden Stuben waren wohl einst Dachkammern und nicht als Wohnräume konzipiert. Auch die schrägen Deckenbalken deuten darauf hin. Einen Hinweis auf das Leben vor fast 500 Jahren geben einige Möbel: zwei dreibeinige Holzstühle, die die Unebenheiten der großen Dielenbretter besser als unsere heutigen vierbeinigen Sitzmöbel ausgleichen konnten. Der alte Tisch ist nach beiden Seiten aufklappbar und bezeugt das durchaus praxisbezogene Denken der Handwerker früherer Jahrhunderte. Auf dem Tisch liegt eine Bibel, die im Jahre 1707 von Johann Ludwig Gleditsch in Leipzig gedruckt wurde. Sie erinnert daran, daß solche Lutherbibeln in späteren Zeiten in hohen Auflagen hergestellt wurden und in jeder protestantischen Familie als kostbarer Besitz vorhanden waren. Der Titelkupferstich zeigt eine barocke Allegorie auf die Heilige Schrift. Die wichtigsten Gestalten aus dem Alten Testament zeigen auf Jesus Christus als den Erlöser.

Der Lehnstuhl in der Ecke ist jüngeren Datums. Solche sogenannten Lutherstühle waren im vorigen Jahrhundert weit verbreitet und beliebt.

An der Wand im vorderen Raum hängen Porträts von Luthers Eltern. Es sind zwei etwa um das Jahr 1900 entstandene Stiche von Wilhelm Müller, der die Bilder, die Lucas Cranach von Hans und Margarethe Luther gemalt hatte, zum Vorbild nahm. Das Bild von der Kurrende an der rechten Wand ist nach einem Holzschnitt des Buches »Practicae Musicae« von Franchius Gafurius (1496) gestaltet. Daneben der Satz Luthers von 1530: »Ich bin auch ein solcher Partekenhengst gewesen und habe das Brot vor den Häusern genommen, sonderlich in Eisenach in meiner lieben Stadt.« Neben der Tür zur kleinen Kammer ist ein Lesezeichen aus dem 16. Jahrhundert zu sehen. Der hier niedergeschriebene Spruch war wohl zu Luthers Zeiten verbreitet und wird wohl nie seine Gültigkeit verlieren, besonders nicht in unseren Zeiten:

»Gutt macht muht –
muht macht übermuht –
übermuht macht neyt –
neyt bringet streit –
streit bringet Armuth –
Armuth zuletz gar wehthut.«

Das Lesezeichen wurde in einem Band der Jenaer Lutherausgabe gefunden. Die acht dicken Bände sind rechts hinter der Tür zu sehen. Die von Luthers Freund, dem ersten evangelischen Bischof Nikolaus von Amsdorf 1555 bis 1568 besorgte Ausgabe darf wohl als erster Versuch einer Gesamtausgabe von Luthers Werken angesehen werden, obwohl sie nur einen Teil der heute bekannten Lutherschriften beinhaltet. Amsdorf lebte von 1552 bis zu seinem Tod im Jahre 1565 in Eisenach. Sein Grabstein befindet sich in

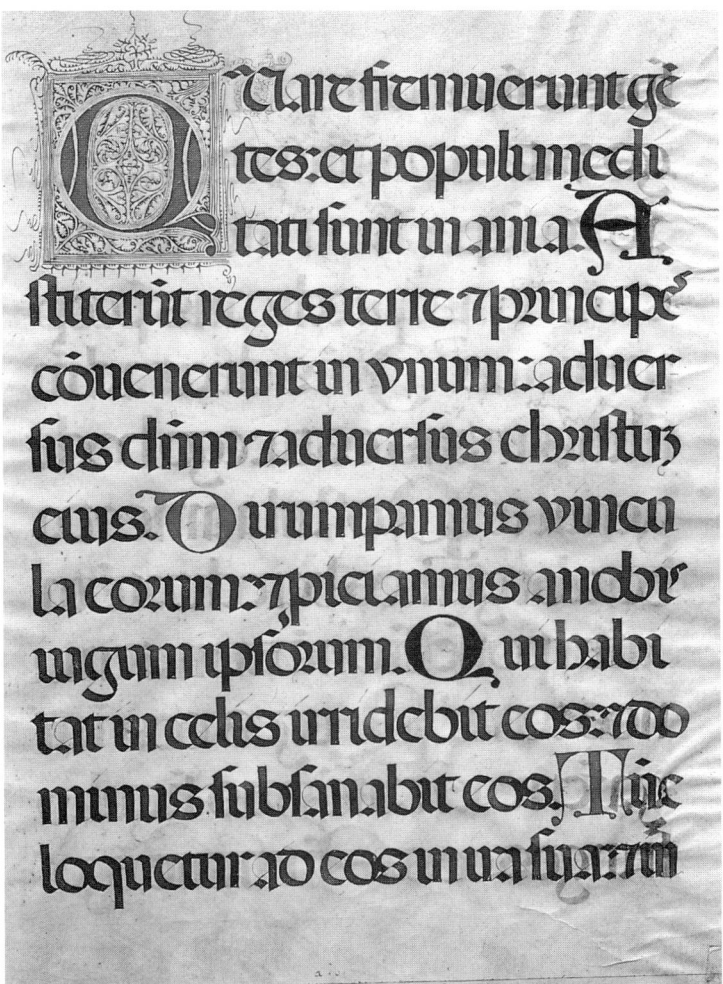

Spanischer Psalter, 15. Jahrhundert, Psalm 2, Vers 1-2 (Vulgata)

der Georgenkirche. Durch die geöffnete Tür sieht man an der hinteren Wand eine Lutherstatuette, die zu den ältesten ihrer Art gehört. Sie wurde wahrscheinlich um 1550 in Weimar geschaffen, als dort die für Luthers Grab bestimmte, in Erfurt gegossene Platte aufbewahrt wurde. Die Statuette, im Gegensatz zur Grabplatte eine Vollplastik, zeigt den Reformator mit der Bibel in den Händen. Um 1900 kam sie aus Großkromsdorf bei Weimar nach Eisenach in das Thüringer Museum. Von dort wurde sie als Leihgabe an das Lutherhaus gegeben, um sie den zahlreichen Besuchern an historischer Stätte zeigen zu können.

Das Evangelische Pfarrhausarchiv

Seit der Wiedereröffnung des Lutherhauses als kirchliches Museum nach dem Krieg ist im zweiten Obergeschoß das evangelische Pfarrhausarchiv untergebracht. Der Begründer dieses Archives war der Pfarrer August Angermann (1867–1948). Während seiner Amtszeit in der damaligen preußischen Provinz Posen erwuchs aus seinen Erfahrungen und Studien der Plan, die Geschichte und die Bedeutung des evangelischen Pfarrhauses im deutschen Sprachraum zu dokumentieren. Dazu sollte eine Sammlung geschaffen werden, die die Geschichte des Pfarrhauses seit seiner Entstehung in der Reformationszeit veranschaulicht und insbesondere seine Bedeutung für Geschichte, Kultur und Wissenschaft deutlich macht. Dieser Plan wurde auf dem Pfarrertag 1924 in Gießen erstmals öffentlich bekanntgemacht. Ein Jahr später hielt Angermann auf dem Pfarrertag in Hamburg seinen Vortrag »Begründung eines Pfarrhausarchivs«. Daraufhin wurde der Plan zur Schaffung eines Archivs vom Verband der Pfarrervereine gebilligt und die Ausführung Angermann selbst übertragen. Die Finanzierung übernahm der Verband der deutschen Pfarrervereine. Damit machten die deutschen Pfarrer Angermanns geplante Sammlung zu ihrer Sache, zu ihrem Pfarrhausarchiv. Mit der Unterstützung der Pfarrervereine und einzelner Pfarrerfamilien konnte Angermann eine Fülle an Material zusammentragen. Bereits 1931 waren es

über 1.300 Einzelstücke. 1932 stellte die Lutherstadt Wittenberg im alten Schloß drei Räume zur Verfügung. Pfarrer Angermann, nun schon im Ruhestand konnte hier die Sammlung ordnen und seine ganze Zeit und Kraft dem Archiv widmen. Am 2. November 1934 wurde im Wittenberger Schloß das Evangelische Pfarrhausarchiv offiziell eröffnet. Schon bald stellte sich heraus, daß die drei Räume für die Ausstellung zu klein waren. Der geplante Bau eines eigenen Hauses für das Pfarrhausarchiv konnte nach dem Ausbruch des Krieges nicht ausgeführt werden. Angermann dachte dann an Eisenach als neuen Standort, hat aber die Verlegung selbst nicht mehr erleben können.

Dank des Interesses des damaligen Thüringer Landesbischofs Moritz Mitzenheim wurde das Archiv 1948 von Wittenberg nach Eisenach gebracht und war zuerst auf dem Hainstein zu besichtigen und zu benutzen. Nach der Instandsetzung des Lutherhauses wurden die Archivalien hierher gebracht. Am 1. Mai 1956 wurde die ständige Ausstellung des Pfarrhausarchives eröffnet. Seitdem wurde sie von 1,5 Millionen Besuchern besichtigt. Die wissenschaftliche Leitung des Pfarrhausarchives hatten Pfarrer Willy Quandt (1948–1968), Kirchenrat Dr. Herbert von Hintzenstern (1968–1986) und Pfarrer Johann-Friedrich Enke (seit 1986).

Unter ihrer Leitung wurden die Sammlungen erweitert und in Vorträgen, Artikeln und Sonderausstellungen bekanntgemacht. In einer Kartei sind etwa 30.000 Namen von deutschsprachigen Pfarrern und deren Familienangehörigen erfaßt, die einen besonderen Beitrag zu Wissenschaft und Kultur geleistet haben. Davon werden etwa 1.000 in Listen ausgelegt, in denen der Besucher selbst blättern kann. Die 100 bedeutendsten Personen sind in der ständigen Ausstellung zu sehen. Nach Wirkungsbereichen geordnet wird zu jeder Person ein Bild gezeigt, dazu wird eine Kurzbiographie mit Hinweisen zur Tätigkeit und Bedeutung gegeben. In den Vitrinen sind interessante Ausstellungsstücke aus den Sammlungen des Archivs zu sehen, die die jeweiligen Personen betreffen. Neben diesem Erfassen wichtiger Einzelpersonen geht es im Pfarrhausarchiv auch um die Entstehung, Entwicklung und Bedeutung des evangelischen Pfarrhauses im Allgemeinen. Die Sammlungen bestehen heute aus einer Forschungsbibliothek mit 10.000 Bänden, einer Sammlung von Gemälden, Graphiken, Porträts, Medaillen, Münzen, Briefmarken, Handschriften, Nachlässen, Pfarrhausansichten und anderen Stücken. Da in der ständigen Ausstellung nur ein Bruchteil der Sammlungen gezeigt werden kann, wird versucht, in wechselnden Sonderausstellungen Materialien zu Einzelthemen zu zeigen. Dafür steht seit 1987 ein eigener Raum zur Verfügung. Neben dem Ankauf von Büchern werden die Sammlungen vor allem durch die Übergabe von Einzelstücken und ganzen Nachlässen von Pfarrerfamilien ergänzt. Viele Autoren stellen der Forschungsbibliothek ein Belegexemplar kostenlos zur Verfügung. Mit der Lieferung von einschlägigen Zeitungsausschnitten ist 1990 ein Zeitungsausschnittdienst wieder beauftragt worden. Dies war vor dem Krieg schon einmal der Fall. Die Bibliothek und das Archiv stehen allen wissenschaftlich Interessierten für Forschungszwecke zur Verfügung.

Das evangelische Pfarrhaus war durch die Jahrhunderte hindurch eine kulturtragende Institution, an vielen Orten die einzige. So erhielten die meisten Pfarrerskinder eine solide Ausbildung auf der Grundlage der im Pfarrhaus lebendigen Kultur und Frömmigkeit. Diese Grundlagen wurden noch vertieft durch die von Generation zu Generation überlieferten Familientraditionen, die sich dadurch bildeten, daß oftmals Pfarrerssöhne auch wieder Pfarrer wurden oder Pfarrerstöchter heirateten (so waren noch 1950 25% der Väter und 20% der Schwiegerväter der deutschen evangelischen Pfarrer selbst Pfarrer). Auf diese Weise ist es wohl zu erklären, daß Pfarrer und Pfarrerskinder viele bedeutende Beiträge zu Wissenschaft und Kultur im deutschen Sprachraum geleistet haben. Diese Tatsache ist aber heute weithin unbekannt. Diese allgemeine Feststellung wird erst anschaulich und nachvollziehbar, wenn man die biographischen Einzelbeispiele zur Kenntnis nehmen kann. Pfarrer August Angermann hatte mit dem Aufbau des Evangelischen Pfarrhausarchives begonnen, um damit auch Tendenzen seiner Zeit entgegenzutreten, die nur die negativen Einflüsse des Pfarrhauses auf die deutsche Geschichte darstellten und behaupteten, das Pfarrhaus sei eine Brutstätte des reaktionären Geistes schlecht-

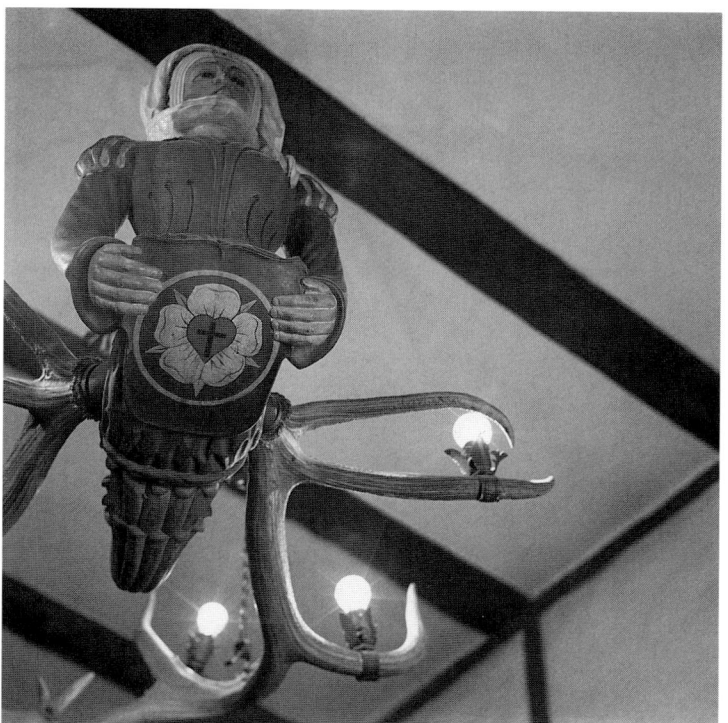

Leuchter aus einem Wapiti-Hirschgeweih in der Halle des Lutherhauses

hin. Daß dies nicht so war und ist, weiß heute jeder, und wer sich Zeit nimmt, das Pfarrhausarchiv intensiv zu besichtigen, wird überrascht sein, welche bedeutenden Personen aus einem Pfarrhaus gekommen sind und auf welchen Gebieten sie gewirkt haben.

Anmerkungen

1 Für diesen Abschnitt wurden zwei Manuskripte verwendet: Hans-Dieter Meister: Führer durch das Eisenacher Lutherhaus und Johann-Friedrich Enke: Führer durch das Pfarrhausarchiv. Beide Titel sollen im Laufe des Jahres 1990 im Lutherhaus vorliegen. Dort findet der interessierte Leser auch weiterführende Literaturangaben.
2 Zur Frage von Luthers Eisenacher Wohnung und dem Verhältnis der Familien Schalbe und Cotta vgl. Ernst Otto Braasch: Die Familie Schalbe in Eisenach, in: Mosaiksteine. Berlin, 1981. S. 268 – 270.

3 E. O. Braasch a.a.O., S. 269.

4 Aus: »Eine Predigt, daß man Kinder zur Schule halten solle«, 1530 (WA 30,576).

5 Martin Brecht: Martin Luther. Sein Weg zur Reformation 1483–1521. Berlin, 1986. S. 29.

6 WA Tischreden 6; Nr. 6910.

7 Walch XXI. Sp. 151 f.

8 Zitiert nach Willy Quandt: Martin Luther als Schüler in Eisenach und das Eisenacher Lutherhaus. Berlin, 1965. S. 9 f.

9 Joachim Rogge: Die Anfänge der Reformation. Berlin, 1983. S. 140 f.

Lutherhaus

*Lutherhaus, Der auferstandene Christus,
Relief, 1653 (links unten)*

*Kämpfergesims mit Akanthusblättern und
Engeln am Torbogen des
Lutherhauses (Mitte und rechts unten)*

Butzenscheiben (Spätrenais-sance) in der Sammlung des Lutherhauses (links unten)

Lutherhaus, Lutherbibel, Leipzig 1707, J. L. Ble-ditsch (rechts unten)

Seite 160:

Beweinung Christi, Altar Nikolaikirche (links oben)

Predigerkirche, Heilige Sippe aus Rabis, um 1520, 75 x 85 cm (rechts oben)

Predigerkirche, Anbetung des Kindes durch die Heiligen Drei Könige, 1495 (links unten)

Predigerkirche, sog. Purgoldaltar (Mittelteil), Eisenach, um 1510/20, 132 x 92 cm (rechts unten)

Predigerkirche, Maria um 1480, Höhe 156 cm, vermutlich zusammen mit Johannes, Höhe 152 cm, zur Triumphkreuzgruppe Walkenried gehörig

*Schloß,
Rokokosaal*

Schloß, Thüringer Emailgläser (links oben)

Schloß, Gärtner und Gärtnerin, Volkstedt um 1775 (rechts oben)

Schloß, Bäuerliche Keramik aus dem Werratal, Gerstungen/Großensee (links unten)

Sammlung Kunsthandwerk, Schloß um 1700 und Schlüssel 14. bis 18. Jahrhundert (rechts unten)

Gärtnerhaus im Kartausgarten

Reutervilla, Fritz Reuters Arbeitszimmer

Gedenkstätte, »Eisenacher Kongreß 1869«, Fahne der Marksuhler Turnerschaft von 1926

164

Das Thüringer Museum

Das Thüringer Museum ist Anziehungspunkt für viele in- und ausländische Touristen, deren Interesse nicht nur den verschiedenen Sammlungen, sondern gleichermaßen der sie beherbergenden historischen Architektur gilt: die ehemalige Predigerkirche ist eine der frühen Klosterkirchen der Dominikaner im thüringischen Raum, das spätbarocke Schloß entstand nach Entwürfen eines der bedeutendsten Vertreter des Thüringer Barock, Gottfried Heinrich Krohne, die Reuter-Wagner-Villa gehört zu den beeindruckendsten historistischen Bauten des Ludwig Bohnstedt, das Teezimmer (der ehemalige Salon im barocken Gärtnerhaus des Kartausgartens) bewahrt das zeittypische klassizistische Raumdekor in Form großformatiger Tapetenbilder.

Das *Schloß*, an der Nordseite des Marktes gelegen, entstand, da Eisenach Residenzstadt des Herzogtumes Sachsen-Weimar-Eisenach geworden war, im Auftrag Herzog Ernst Augusts in den Jahren zwischen 1741 und 1755. Ernst Augusts Lieblingsarchitekt und Landbaumeister Gottfried Heinrich Krohne (1703–1756) war seit 1741 durch verschiedene Projekte (Wilhelmsthal, Marksuhl, Ruhla) an die nähere Umgebung Eisenachs gebunden. Der Entwurf Krohnes zeigt eine Vierflügelanlage, die aufgrund der problematischen finanziellen Situation des Herzogtumes nicht zur Ausführung kam; gebaut wurden um einen rechteckigen Cour d'honneur Nord-, West- und Südflügel des Schlosses, dessen dem Markt zugewandte Längsfront die ehemals reich verzierte spätbarocke Dekoration trug: Der rustizierte Sockel stützt die beiden oberen Etagen, die durch Kolossalpilaster zusammengefaßt werden, wobei die Achsen über den drei Portalen besonders auf-

wendig ornamentiert waren. Die Balustrade oberhalb des Kranzgesimses und das kleine Altantürmchen schlossen die Fassade ab.

Die ehemaligen Räume des Marstalles (Westflügel) und Festsaales (Nordflügel) im Inneren des Schlosses erfuhren eine großzügige und aufwendige Gestaltung. Der Festsaal (sogenannter Rokokosaal) präsentiert in der harmonischen Verbindung von Architektur, Plastik und Malerei die – barocke – Idee des Gesamtkunstwerkes. In dem von 1975 bis 1977 sorgfältig restaurierten Raum finden während der Sommermonate musikalische und andere Veranstaltungen statt.

Der Marstall, der sich über das gesamte Erdgeschoß des Westflügels erstreckt, ist eine zweischiffige, gewölbte Halle, in der die ständige Prozellan- und Glassammlung des Thüringer Museums untergebracht ist.

Das Dominikaner- oder Predigerkloster am Predigerplatz, dessen Kirche heute einen Teil der Sammlungen des Thüringer Museums beherbergt, wurde nach dem Franziskanerkloster (1225) als zweite bedeutende Niederlassung der Bettelordenmönche im Thüringer Raum vermutlich zwischen 1235 und 1240 gegründet.

Der Grundriß zeigt eine regelmäßige, quadratische Anlage, um deren rechteckigen Innenhof sich im Norden die Kirche und im Osten, Süden und Westen die Lehr-, Arbeits- und sonstigen Aufenthaltsräume der Mönche ordneten. Den Innenhof umgab ein heute freilich nur noch in Resten vorhandener, von allen Klostergebäuden und der Kirche her zugänglicher Kreuzgang. Ergänzt wurde die Anlage durch eine Vielzahl von sozialen Einrichtungen (Gästehaus, Kranken- bzw. Siechenhaus) und Wirtschaftsgebäuden (Nähstube, Bäckerei, Brauerei), die entsprechend der Zielstellung und der strengen Regel des Ordens, den Mönchen nicht nur die politische, sondern auch die ökonomische Autonomie sicherte.

Die Grundsteinlegung für die Kirche erfolgte vermutlich 1235; sie ist somit eine der frühesten Bauten der Predigermönche in Thüringen. Bauherr war der thüringische Landgraf und spätere Staufer-Gegenkönig Heinrich Raspe, der sicher nicht zuletzt aus machtpolitischen Erwägungen – in der Auseinandersetzung zwischen Zentral- und Partikulargewalt – die Klosteranlage den von Erfurt kommenden Dominikanern unter Prior Elger von Honstein übergab.

Die Weihe soll aufgrund verschiedener Quellen des 19. Jahrhunderts bereits ein Jahr nach der Grundsteinlegung stattgefunden haben (wenn man davon ausgeht, daß viele Kirchen anläßlich der Fertigstellung des Chores geweiht wurden, erscheint dieses Datum realistisch) und müßte bis spätestens 1240 erfolgt sein.

Die Kirche war in ihrer ursprünglichen Gestalt eine langgestreckte, zweischiffige Basilika mit gerade geschlossenem Chor. Das Fehlen von Querhaus, Türmen, Gesims und Triforium, der Verzicht auf Wölbung und Strebewerk ergab sich mit der Übernahme der französischen hochgotischen Formen aus der Liturgie der Bettelorden, in deren Mittelpunkt die Konzentration aller auf die Predigt stand.

Der im Inneren schmucklose, streng und durch sechs Langhausstützen rhythmisch gegliederte Kirchenraum soll Beschreibungen des 19. Jahrhunderts zufolge mit West- und Ostchor ausgestattet gewesen sein; erhalten hat sich lediglich die Krypta im Osten, über der sich einer der beiden vermuteten Chöre weit ins Langhaus hinein erstreckte.

Das nördliche, flachgieblige Seitenschiff wurde vermutlich bereits im 14. Jahrhundert abgebrochen, wie auch die gesamte Klosteranlage im Laufe der Jahrhunderte und besonders während der Reformation und der damit einhergehenden Auflösung der Orden (1522–1524) mehrfach bauliche Veränderungen erfahren hat. Aufgrund der wenigen erhaltenen Quellen ist eine lückenlose baugeschichtliche Entwicklung heute leider nicht mehr nachvollziehbar.

Laut Chronik sollen die ersten Mönche das Dominikanerkloster noch im November 1522, vor dem Eintreffen des Reformators Jacob Strauß (ehemaliger Dominikaner und Student Luthers in Wittenberg) in Eisenach, verlassen haben.

Im April 1525 hatte der Bauernkrieg Eisenach erreicht; die Klöster der Stadt, darunter auch das der Dominikaner, hörten auf zu funktionieren.

Die Säkularisierung erfolgte zunächst vom Rat der Stadt, dann durch die kurfürstliche Kammer (1543) und 1544 wieder durch den Rat der Stadt, indem die ehemaligen Klostergebäude der im Gefolge der Neuordnung der Bildungseinrichtungen zur »scola provinzialis« erhobenen ehemaligen Lateinschule St. Georg zur Verfügung gestellt wurden. Die Kirche wurde über Jahrhunderte hinweg als Speicher und Lager genutzt, zuletzt, ab 1899, beherbergte sie im östlichen Teil die erste öffentliche Bibliothek Eisenachs, die nach ihrem großherzoglichen Stifter Carl Alexander benannt wurde. Die Krypta diente bis zur Wende des 19. zum 20. Jahrhundert als Spritzenhaus für die städtische Feuerwehr.

Das Jahr 1899 war ein für die Geschichte des ehemaligen Dominikanerklosters wie auch für die Eisenacher Stadtgeschichte bedeutsames Datum: Am 21. Juni, »...mittags 12.00 Uhr...« fand im Refektorium die Gründungsversammlung des »Museums Thüringer Althertümer« statt. Noch am Nachmittag des selben Tages übermittelte »Seine Königliche Hoheit, Großherzog von Sachsen, Carl Alexander« seinen Dank und gute Wünsche für das Museum, »...daß sich entwickeln und bereichern möge zum Dienste vaterländischer Geschichte und Interesse...«.

Das 19. Jahrhundert und sein wiedererwachtes Nationalbewußtsein, das im Ergebnis der antinapoleonischen Befreiungskriege gewachsene Selbstwertgefühl der Deutschen, wurde zum Ausgangspunkt der Bemühungen einzelner Kunstliebhaber. Es entstanden die ersten staatlich sanktionierten Geschichts- und Kunstvereine, deren Mitglieder – zumeist Kunstsammler, Lehrer und Theologen angesichts des schlechten Erhaltungszustandes vieler Bau- und Kunstdenkmale vor der Aufgabe standen, die Landesgeschichte zu erforschen, den Bestand an Kunstgut zu analysieren, zu konservieren, und das Ergebnis ihrer Arbeit – als Buchpublikation oder im Museum – einer breiten Öffent-

Kreuzgang im Hof des ehemaligen Dominikanerklosters am Predigerplatz

lichkeit zugänglich zu machen. Insofern ist das 19. Jahrhundert auch die Gründerzeit der Museen – z. B. entstanden allein in Sachsen zwischen 1840 und 1900 rund 70 größere und kleine Sammlungen, deren Institutionalisierung keine staatlich verordnete Angelegenheit war, sondern dem gewachsenen Interesse und Bedürfnis an Geschichte und Kunst breiter Schichten der Bevölkerung entsprach.

Die Einladung zur Gründung und Konstituierung des Vorstandes erging vom damaligen Kommandanten der Wartburg, Oberburghauptmann Hanns Lucas von Cranach, an die verschiedensten Eisenacher, Weimarer und Berliner Persönlichkeiten, u. a. an die Herren Kühn, von Eichel, von Boyneburgk, Markscheffel, Lehfeldt, Kühner und von Pawel.

Zweck, Organisation und juristische Stellung des Museums lagen der Versammlung bereits am 21. Juni als »Satzungen des Thüringer Museums« in schriftlicher Form vor: »Das Thüringer Museum hat den Zweck, die Kenntnisse der Thüringer Vorzeit zu erhalten und zu mehren, namentlich die bedeutsamen Denkmale der Thüringer Geschichte, Kunst und Literatur vor der Vergessenheit zu bewahren und ihr Verständnis auf alle Weise zu fördern. Dem Zwecke dienen möglichst reichhaltige kunst- und kulturgeschichtliche Sammlungen, sowie eine aus Handschriften, Urkunden und Drucksachen bestehende Bibliothek. Um die Benutzung der Sammlung und der Bibliothek zu erleichtern, sind dieselben übersichtlich zu ordnen und zur öffentlichen Benutzung aufzustellen. Genaue Verzeichnisse über alle Gegenstände der Sammlung und der Bibliothek sind stets auf dem laufenden zu erhalten. Mit dem Verzeichnisse sind auch bildliche oder schriftliche Nachweise über verwandtes, nicht im Original oder in Nachbildungen im Thüringer Museum selbst befindliches Material zu verbinden.«

Die hier auszugsweise wiedergegebenen Satzungen enthalten alle grundlegenden Aufgaben, über die sich Museumsarbeit im heutigen, modernen Sinn realisiert; dem theoretischen Weitblick seiner Verfasser entsprach das gegenwärtig immer mehr an Bedeutung gewinnende Anliegen, die Bildungsstätte Museum auch zum Zentrum lokal-

und regionalgeschichtlicher Forschung zu entwickeln: »Um die Kenntnis der geschichtlichen Denkmale zu verbreiten und ihr Verständnis zu vermitteln, macht das Thüringer Museum entsprechende Veröffentlichungen und tritt mit verwandten Anstalten und Einrichtungen in Verbindung...«.

Das Thüringer Museum hatte von 1899 bis 1945 den Status einer Stiftung, die zunächst unter großherzoglichem Schutze stand und ab 1920 dem Ministerium für Volksbildung des Landes Thüringen unterstellt war. Aufsicht und Kontrolle über alle museumspraktischen Angelegenheiten (Erweiterung der Sammlungen durch Ankäufe, Um- und Ausbauten der Ausstellungsräume usw.) oblag dem Großherzoglich-Sächsischen Staatsministerium, Departement des Cultus.

Die museumsinterne Organisation regulierten der Vorstand, bestehend aus dem Vorsitzenden, dem Kurator, dem Schatzmeister, weiteren vier Mitgliedern, den sogenannten Beisitzern und die Vertreterschaft, die sich aus mindestens 25 Mitgliedern – kunstinteressierten und finanzkräftigen Bürgern Eisenachs und Umgebung – zusammensetzen sollte. Die in den Satzungen 1899 in Aussicht genommene Organisierung von Pflegschaften über bestimmte Personen oder Interessenkreise, die sich uneigennützig der musealen Aufarbeitung einzelner Sammlungsobjekte zur Verfügung stellten, funktionierte noch bis in die dreißiger Jahre unseres Jahrhunderts.

Am 6. August 1899 wurde das Thüringer Museum im einstigen Refektorium des Klosters dem Publikum geöffnet; die lokale Presse berichtete ausführlich von diesem Ereignis, die »Magdeburger Zeitung« vom 7.8.1899 würdigte die Eröffnung als einer »...bereits recht sehenswerte(n) Sammlung von 422 Nummern... Die Hauptgruppen sind: vorgeschichtliche Funde, Bild- und Schnitzwerke, Urkunden und andere Schriftstücke von historischem Werthe, Fahnen und Waffen, Porzellan- und Glasgefäße, Schlosserarbeiten. An den Stiftungen sind in erster Reihe der Großherzog, Gemeinden, Anstalten und Privathe betheiligt.«

Die im Verhältnis zur kontinuierlich wachsenden Sammlung begrenzte Ausstellungsfläche des einstigen Refektoriums veranlaßten Stadtgemeinde und großherzogliche Regierung, der Bitte des Museumsvorstandes um zunächst teilweise, später gesamte Nutzung der Predigerkirche stattzugeben. Der im Thüringer Museum aufbewahrte Briefwechsel zwischen dem Vorsitzenden des Vorstandes, Hans Lucas von Cranach, und dem großherzoglichen Staatsministerium dokumentiert die problematische finanzielle Situation, in der sich Museum und Land befanden. Nach großen Anstrengungen ist im Jahre 1904 der Um- und Ausbau der Predigerkirche abgeschlossen; sie präsentiert sich als großzügiger, zweigeschossiger Museumsbau, den man von Osten kommend, durch die Krypta betritt.

In den ersten Jahrzehnten des 20. Jahrhunderts profilierten sich die Sammlungen des Thüringer Museums, dank der ideenreichen und zielstrebigen Bemühungen seiner jeweiligen Direktoren, zu speziellen Sachgebieten der Thüringer Kunst- und Kulturgeschichte, in die nicht nur Schenkungen, Stiftungen etc., sondern auch Leihgaben einbezogen wurden. Die Hauptsammlungsgebiete entsprachen den ersten Schenkungen: die Schnitzplastik des 12. bis 16. Jahrhunderts (vorwiegend Thüringen und Sachsen), das Porzellan der thüringisch-sächsischen Manufakturen, das Glas, die Keramik, das Schmiedeeisen und die Sammlung prähistorischer Funde.

Im Jahr 1925 wurde in den bis dahin von der Eisenacher Stadtverwaltung genutzten oberen historischen Räumen des Schlosses die Curt-Elschner-Galerie festlich eröffnet, wodurch die hauptsächlich bildplastischen und kunsthandwerklichen Exponate des Museums um zahlreiche Werke der Malerei und Grafik des 19. Jahrhunderts bereichert wurden. 1931 überließ die Stadtverwaltung nach aufwendiger Rekonstruktion dem Thüringer Museum den Marstall und die unteren Räume des Schlosses, in denen die Porzellane und Gläser bis heute ihren Platz haben. Der Umzug ins Schloß ermöglichte eine nach wissenschaftlichen Kriterien und unter Einbeziehung der beiden Museumsarchitekturen konzipierte Präsentation der Exponate. Während die Sammlung der Schnitzplastik in der Kirche verblieb, fand das Kunsthandwerk des 18. bis 20. Jahrhunderts und die kleine Sammlung der Malerei des 19. Jahrhunderts in einem Teil des Schlosses seinen Platz.

Die Schnitzplastik in der Predigerkirche

Zu den ersten großherzoglichen Schenkungen, die dem Museum kurz nach seiner Gründung noch im Jahr 1899 übereignet wurden, gehört ein Teil jener plastischen und Altarwerke des 12. bis 16. Jahrhunderts, der heute in den beiden Ausstellungsräumen der Predigerkirche zu bewundern ist.

Die durch Ankäufe oder im Tausch erworbenen und die als Leihgaben aufbewahrten Kunstwerke dokumentieren nahezu geschlossen die thüringische Altar- und Schnitzkunst aller bedeutenden regionalen Werkstätten jener Zeit (Erfurt, Jena, Saalfeld, Zeitz), und darüber hinaus die engen künstlerischen Verbindungen dieser zu anderen mittelalterlichen Kunstzentren des süd- und mitteldeutschen Raumes.

Der vermutlich um 1150 entstandene *Johannes* – 1931 aus der Dorfkirche von Braunsdorf bei Weida nach Eisenach verliehen – zählt zu den bedeutendsten Beispielen romanischer Schnitzplastik.

Die freiplastische, schmale, säulengleiche Figur – Johannes als »Säule«, auf der das Christentum ruht; Johannes als derjenige, der nach dem Tode Christi Lehre und Botschaft weiterträgt – ist mit Mantel und fußlangem Untergewand bekleidet. Er hält in der rechten Hand ein Buch, während er die Linke an Ohr und Wange legt – ein Trauergestus, der seit der Antike üblich ist.

Er ist Teil des theologischen, ikonographischen und liturgischen Gesamtkonzeptes »Triumphkreuz, Lettner, Altar«, nach dessen Intentionen Johannes die bildgewordene Versenkung des Individuums in das Leid des gekreuzigten Christus repräsentiert: nicht das Bild des hoheitsvollen Gottes steht im Zentrum der Andacht, sondern die Verinnerlichung des religiösen Empfindens als Ausdruck einer Frömmigkeit, die sich, begründet durch die Lehre des Bernhard von Clairvaux (1090 – 1153), im 12. Jahrhundert formierte und einen großen Einfluß auf die bildende Kunst der Zeit hatte. (Zum Beispiel trug die Mystik Bernhards zur Vermenschlichung des mittelalterlichen Christus- und Marienbildes bei).

Johannes aus Braunsdorf, letztes Drittel des 12. Jahrhunderts, Höhe 108 cm

Von ähnlich blockhafter Geschlossenheit ist die Figur des *gekreuzigten Christus aus Elxleben* bei Arnstadt (2. Hälfte des 12. Jahrhunderts; Kreuz nicht mehr vorhanden), die seit 1933 im Thüringer Museum aufbewahrt wird. Die isolierte Darstellung der Kreuzigung Christi, der sogenannte Kruzifix, hatte ihren Platz über dem Kreuzaltar der Kirche. Seit dem 12. Jahrhundert befanden sich diese monumentalen Kruzifixe auf dem Triumphbalken vor dem Chor als sogenannte Triumphkreuze, die erst in der Gesamtheit von Christus, Maria, Johannes und weiteren Assistenzfiguren das vollständig theologische Programm repräsentierten.

Mit Beginn der Gotik wandelte sich das Bild des Gekreuzigten von der unnahbaren Majestät zum gepeinigten, mit allen Merkmalen des körperlichen Schmerzes versehenen Christus.

Die beiden *Kruzifixe* aus *Kleinhettstedt* und *Langenschade*, beide vermutlich zwischen 1330 und 1340 entstanden, sind beeindruckende Zeugnisse dieser in Inhalt und Form neuen Haltung.

Im frühen Mittelalter entwickelte sich, vermutlich aus dem in der byzantinischen Kunst entstandenen Typ der Maria Nikopoia (griech. die Siegbringende), das Bild der thronenden Mutter Gottes mit dem auf ihren Knien sitzenden Christus. Diese Allegorie steht für König Salomo, dessen im Alten Testament beschriebener Thron als Sitz der Weisheit verstanden wurde und nach mittelalterlichen Vorstellungen für Christus, den wahren Salomo, in Anspruch genommen wurde.

In diesem Sinne könnte man die Darstellung der kleinen *Madonna aus Rödelwitz* (3. Viertel des 13. Jahrhunderts; Höhe: 53 cm) deuten, die, in frontaler Haltung gegeben, das Kind in gleicher Weise vor sich sitzen hat. Die Augen beider sind weit in die Ferne gerichtet, zwischen Mutter und Kind fehlt die mit Beginn der Gotik so innig werdende Beziehung – ein Bildwerk, das, von archaischer Strenge, gänzlich der Repräsentation verpflichtet ist.

Eine neue Auffassung des Marienbildes bekundet die *Madonna aus Eisenach* (um 1370; Höhe: 80 cm), so genannt nach dem ehemaligen Aufbewahrungsort, dem St.-Justus-Stift in Eisenach. Auch dieser Typ der stehenden Maria

Kruzifixus aus Elxleben, um 1200, Höhe 115 cm

Kruzifixus aus Kleinhettstedt, um 1330/40, Höhe 108 cm

mit dem Kind auf dem linken Arm ist in der byzantinischen Kunst vorgebildet und entspricht der Hodegetria (griech. die Wegeführerin), die zum Vorbild der zahlreichen, mit Beginn des Marienkultes entstehenden »Schönen Madonnen« des »Weichen Stils« wurden.

Maria wendet sich mit leicht gedrehtem Oberkörper dem auf ihrem linken Arm sitzenden Sohn zu. Sie ist bekleidet mit Mantel und fußlangem Untergewand, dessen schmiegsame Falten die Linien des Körpers in schöner Selbstverständlichkeit nachzeichnen. Der kaum verhohlene Stolz, mit dem die Mutter auf ihren Sohn blickt, zeugt von dem neuen Verständnis, das der mittelalterliche Künstler der Gestaltung religiöser Inhalte entgegenbrachte.

Noch deutlicher läßt sich die Mutter-Kind-Beziehung am Beispiel der *Madonna aus Heberndorf* (um 1515; Höhe: 144 cm) nachweisen: Maria, auf der Mondsichel stehend,

drückt mit beiden Händen den Sohn an ihren Körper, der in kindlicher Weise seinen rechten Arm an Hals und Schulter der Mutter lehnt.

Die beiden lebensgroßen, vollplastischen Figuren der *Maria* (vermutlich um 1480; Höhe: 156 cm) und des *Johannes* (vermutlich um 1480; Höhe: 152 cm) gehörten mit Sicherheit zu einer monumentalen Triumphkreuzgruppe, die, wenn nicht für einen Dom, dann zumindest für eine der großen mitteldeutschen Ordenskirchen (eventuell für die Kirche des Zisterzienserklosters Walkenried) konzipiert gewesen ist. Die Triumphkreuzgruppe entstand mit Beginn der Gotik. Sie hatte ihren Platz im Kirchenschiff auf dem Balken über dem Laienaltar am Ende des Langhauses; die Kreuzigung Christi als Thema der Triumphkreuzgruppe (und der Passion) gehört zu den vielschichtigsten Motiven der christlichen Kunst.

Madonna aus dem ehemaligen St.-Justus-Stift in Eisenach, um 1370, Höhe 80 cm, Erfurter Werkstatt

Madonna aus Rödelwitz, um 1275, Höhe 53 cm

Relief Tod der Maria, um 1525/30, 73 x 87 cm, gefaßt, mainfränkische Arbeit

Die beiden in Eisenach aufbewahrten Figuren der Maria und des Johannes sind nur im Zusammenhang mit der heute fehlenden Kreuzigungsdarstellung zu sehen; sie sind nur aus diesem und dem gesamten ikonographischen Programm der Kirche heraus zu interpretieren, für die sie konzipiert wurden.

Maria ist mit einem fußlangen weißen Mantel bekleidet, dessen goldener Saum auf Rang und Würde der Dargestellten hinweist. Ihre rechte Hand greift nach dem Zipfel des schlichten weißen Tuchs, das Kopf, Stirn und Hals bedeckt und so die Trauer sinnfällig macht: eine Maria in der ersten Phase des Schmerzes nach dem Tod des Sohnes, in der Kummer und Leid um den Verlust vor dem Wissen um Erlösung und Auferstehung dominieren. Mit der linken Hand hält sie den Mantel über der Brust zusammen, unter dem sie ihren Schmerz verbirgt: Der Betrachter bleibt außerhalb des Geschehens; nicht Identifikation im Sinne von Mitleid ist hier gefordert, sondern Respekt vor der Größe des Opfers, das Maria zu bringen bereit gewesen ist.

Von ähnlicher Intensität des Ausdrucks ist die Figur des Johannes, des Lieblingsjüngers Christi, der, ganz leicht aus der Mittelachse herausgedreht, seinen Kopf nach rechts, der nicht mehr vorhandenen Kreuzigungsdarstellung zuwendet. Auch Johannes ist mit einem fußlangen Gewand bekleidet, über dem er einen knielangen, über der Brust geknöpften Mantel trägt. Die fest ineinander verschlungenen Hände, die oberhalb des Halsausschnittes sichtbar werdende Muskulatur, sowie das anatomisch exakt gebildete Antlitz Johannes', verdeutlichen nicht nur die psychische Befindlichkeit, sondern geben darüber hinaus Auskunft über einen Künstler, der sein Wissen aus dem Natur- und Studium der menschlichen Anatomie sicher anzuwenden verstand.

Der Eisenacher Figur stilistisch verwandt ist der im Erfurter Dom aufbewahrte, ebenfalls zu einer Kreuzigungsdarstellung gehörende Johannes; beide könnten unter Umständen in einer Erfurter Werkstatt gefertigt sein.

Das Relief mit der Darstellung des *Marientod* (vermutlich um 1510, 73 x 87 cm) gehört zu den ersten Kunstwerken, die wenige Monate nach der Gründung des Thüringer Museums aus der Großherzoglichen Bibliothek von Weimar nach Eisenach verliehen wurden.

Die Schilderung von Leben und Tod der Maria ist ein Hauptthema der christlichen Ikonographie; es entstammt der byzantinischen Bilderwelt und hat sich als Schema über die Jahrhunderte nahezu unverändert erhalten: Maria liegt mit gekreuzten Händen auf dem Totenbett; am Kopf- und Fußende sind die klagenden Apostel versammelt; hinter dem Bett steht Christus, der die Seele der soeben Verstorbenen in Gestalt eines kleinen Kindes in den Armen hält. Nördlich der Alpen sind erste Darstellungen aus dem Marienleben bereits am Ende des 12. Jahrhunderts in der gotischen Plastik Frankreichs nachweisbar; einen ersten Höhepunkt der Marienverehrung erreicht die bildende Kunst in den Jahren kurz vor und nach 1500.

Maria liegt halbaufgerichtet – ihren Rücken stützen drei blauweiß gestreifte Kissen – auf dem Krankenlager. Der Baldachin des wuchtigen Liegemöbels ragt weit in den zimmerähnlichen Raum, in dem sich elf der zwölf Apostel versammelt haben und rückt das wichtige Geschehen ins Zentrum der Betrachtung: Maria überläßt dem links neben ihrem Bett stehenden Johannes einen Kelch, beider Hände berühren sich, während Johannes im Begriff ist, ihr mit einem Tuch die Tropfen von den Lippen zu nehmen. Während Mariens Hände noch mit den praktischen, alltäglichen Dingen beschäftigt sind, weist ihr weit in die Ferne gerichteter Blick darauf hin, daß sie dem irdischen Leben schon entsagt hat. Die Seelenwanderung hat stattgefunden: der Hintergrund zeigt Christus als Halbfigur, in seinen Armen die Seele Mariens.

Die Komposition des Reliefs ist – wie in der mittelalterlichen Tafelmalerei – klar gegliedert in Bildvorder-, mittel- und -hintergrund. Die den rechtsseitigen Rahmen bildenden, teils im Profil, teils als Rückenfiguren gegebenen Apostel begleiten die Sterbeszene mit ruhiger Gelassenheit; besonders eindrucksvoll ist die Zweiergruppe der vor dem Totenbett knienden Jünger Jesu: beide halten ein aufgeschlagenes großes Gebetbuch, und während die Augen des einen konzentriert und feierlich die Schrift studieren, wendet der andere seinen Blick nachdenklich und ernst, so jede Ablenkung von seiner Trauer meidend, vom Buch.

Auch die links neben der Maria- und Johannes-Gruppe befindlichen Apostel sind mit den unterschiedlichsten rituellen Handreichungen beschäftigt: der jugendliche Apostel, der vermutlich ein Weihrauchgefäß hält, der kniende Apostel, aus dessen noch in der Bewegung verharrenden Händen sein Nachbar ein Gefäß (vielleicht das Salbgefäß) genommen hat, bis hin zu jenem, der an Körpergröße alle anderen überragend, durch die rundbogige Tür tritt. Der Künstler des Marientodes schuf trotz des kanonisierten Schemas ein in seiner Nähe zum Menschen beeindruckendes Andachtsbild, in dem der tiefe religiöse Ernst durch den Realismus der Darstellung nicht aufgehoben wird. Durch die Vielzahl der dem bürgerlichen Alltag, der spätmittelalterlichen Wohnkultur entnommenen und überzeugend ins Bild gesetzten Details (Binokel des Apostels, zeitgenössische bürgerliche Kleidung der Heiligen usw.) wird das religiöse Geschehen verweltlicht und somit dem spätmittelalterlichen Menschen die konkrete und direkte Identifikation mit der christlichen Heils- und Erlöserlehre ermöglicht.

Das erzählerische Moment als Methode, mit welcher der bis heute unbekannt gebliebene Schöpfer des Reliefs so souverän und überzeugend umzugehen wußte, der Realismus der Darstellung sowie der Individualismus der Figuren, verweisen auf einen Bildschnitzer von Rang, der, vielleicht aus dem südwestdeutschen Raum (mainfränkisches Gebiet ?) kommend, mit Sicherheit von den bildplastischen und Werken der Tafelmalerei der zeitgenössischen großen Meister Kenntnis hatte.

Mit dem Wandel von Inhalt und Form der bildenden Kunst am Beginn der Gotik entstanden neue Bildgattungen, innerhalb derer dem Vesperbild für die Entwicklung des freiplastischen Andachtsbildes nördlich und südlich der Alpen wesentliche Bedeutung zukommt. Auch als Marienklage oder Pietà bezeichnet, zeigt es die Darstellung der schmerzergriffenen Maria mit dem toten Christus und war als isolierte Darstellung besonders geeignet, dem mittelalterlichen Betrachter die Passion Christi eindrucksvoll vor Augen zu führen. Die sich im Besitz des Thüringer Museums befindende *Pietà aus Sirbis* (vermutlich um 1420; Höhe: 75 cm) zeigt eine verhalten trauernde Maria mit

Kruzifixus aus Langenschade, um 1330

mädchenhaft weichen Zügen, die im Angesicht des toten Sohnes ihren Schmerz beherrscht. Komposition und Realismus der Figuren (Darstellung des Leichnams Christi) bis hin zur differenzierten Fältelung des Gewandes deuten auf einen Bildschnitzer, der seine Vorbilder vermutlich im osteuropäischen Raum fand.

Die praehistorische Sammlung

Mit der Übergabe jungsteinzeitlicher Siedlungsfunde aus den Lehmgruben der ehemaligen Aktienziegelei bei Stregda durch den Eisenacher Geologen und Sammler Dr. Johann Georg Bornemann 1899 an das gerade gegründete Museum, war der Grundstock für die Sammlung ur- und frühgeschichtlicher Bodenfunde gelegt. Durch spätere Ankäufe, Schenkungen und Leihgaben der Friedrich-Schiller-Universität Jena, der Wartburg-Stiftung und des Heimatmuseums Gerstungen konnte 1963 die Ausstellung »Ur- und Frühgeschichte des Kreises Eisenach« im Schloß am Markt eröffnet werden. 1982 war die Möglichkeit gegeben, in der ehemaligen Predigerkirche eine neue, kleine Ausstellung zu gestalten.

Die ältesten Zeugnisse menschlicher Besiedlung des Eisenacher Raumes sind die von Bornemann geborgenen Funde aus der Jungsteinzeit, der Bandkeramik, auch Donauländische Kultur genannt (4600–3300 v. Chr.). Es ist die erste von einer bäuerlichen Bevölkerung getragene Kultur Mitteleuropas, deren Tongefäße bandartige Verzierungen aufweisen. Der Anbau von Kulturpflanzen (Weizen, Gerste, Hirse), das Halten von Haustieren, die Töpferei, Textilherstellung und das Anfertigen von geschliffenen Messern, Hacken und Beilen aus Flint und Feuerstein erfolgten im Rahmen der Familie. Bandkeramische Siedlungen, bestehend aus Pfostenhäusern mit Firstdach und Flechtwerkwänden – Ausgrabungen anderenorts ergaben eine Länge von bis zu 45 m – bestanden außer in Stregda auch bei Beuernfeld und Bolleroda.

Durch Mitarbeiter des Thüringer Museums wurden bei Freitagszella-Buchenau mittelbronzezeitliche Hügelgräber aus der Zeit von 1600 bis 1200 v. Chr. ausgegraben. Die Toten dieser Bevölkerungsgruppe wurden in ihrer Tracht mit Schmuck bzw. Arbeitsgeräten in Rückenlage bestattet. Der Bronzeschmuck, der einem jungen Mädchen mit ins Grab gegeben wurde, besteht aus einer Bronzescheibe mit vier konzentrisch verzierten Anhängern. An den Schultern hielten sogenannte Radnadeln das Kleidungsstück zusammen. Diese Nadeln mit radförmigem Kopf konnten eine Länge bis zu 25 cm erreichen. Den Unterarm schmückten spiralig gedrehte Ringe, den Oberarm sogenannte »Armberge«, Ringe, deren beide Enden jeweils in große Spiralen auslaufen. Nicht jede Frau mag über einen derartigen Schmuck verfügt haben. Vermutlich bestimmte die soziale Stellung den Umfang der Ausstattung, ohne daß man für diese Zeit schon die Existenz eines Stammesadels annehmen kann. Die Ausgrabungsbefunde von Männerbestattungen ließen erkennen, daß auf den einst hoch aufgeschütteten Grabhügeln mächtige Totenfeuer loderten. Lebensgrundlage dieser Bauernbevölkerung bildeten Getreideanbau und Viehhaltung. Während der späten Bronzezeit machte sich im Thüringer Raum der Einfluß der in Süddeutschland entstandenen Urnenfelderkultur bemerkbar. Das Totenritual der Verbrennung stand wahrscheinlich mit der kultischen Verehrung des Feuers und der Sonne in Zusammenhang. Ein Bronzearmring aus Sättelstädt zeigt eine Sonnendarstellung als Verzierungsmotiv und Symbol.

Die Kenntnis der Eisengewinnung gelangte durch importierte Gegenstände von Süden her nach Mitteleuropa. Die in Süddeutschland entstandene Hallstattkultur der frühen Eisenzeit beeinflußte auch die Thüringer Region im 6. und 5. Jahrhundert v. Chr. Aus zerstörten Körpergräbern dieser Periode, thüringische Kultur der älteren Eisenzeit genannt, stammen zwei sogenannte Wendelringe von Creuzburg, die beim Sandabbau auf dem Förderband entdeckt wurden. Mit Beginn der jüngeren Eisenzeit (500–100 v. Chr.) geriet die in Thüringen ansässige Urnenfelder-Bevölkerung unter den Einfluß der Latènekultur, die von den Kelten getragen wurde. Drei latènezeitliche Körpergräber in ost-west-orientierten Grabgruben konnten in Fernbreitenbach untersucht werden. Die Skelette waren im anstehenden Kiesboden vollständig vergangen. Aus Grab 1 wurden eine stark zerscherbte Schale und Reste einer Eisenfibel geborgen. Die Schale, innen und außen stempelverziert, wurde gedreht. Sie gehört zum Typus der »Braubacher Schalen« und wurde aus dem rheinischen Umkreis importiert. Das stark abgewetzte Innenmuster weist auf längeren Gebrauch hin. Grab 2 beinhaltete ein einfaches, handgeformtes Gefäß – eine Schale mit geknicktem S-Profil. Das dritte Grab hingegen wies keine Beigaben auf.

Um die Zeitenwende wurde der elbgermanische Stamm der Hermunduren von römischen Schriftstellern als Bewohner Thüringens genannt. Ihre westlichsten Siedlungen lagen bei Stregda auf dem alten jungsteinzeitlichen Siedlungsgebiet und bei Sättelstädt. Das Stregdaer Areal erstreckte sich bis in das heutige Wohngebiet Eisenach-Nord. Bei Schachtarbeiten wurden Abfallgruben angeschnitten, die neben Keramikresten auch das Bruchstück eines blauen Glasarmringes rheinischer Herkunft beinhalteten. Die Sättelstädter Siedlung wurde beim Bau der Autobahn entdeckt. Das Fundgut besteht aus Gefäßen und Scherben, Spinnwirteln, Löffeln und Webegewichten aus Ton, einem Schlüssel und anderen Gerätschaften aus Eisen.

Nach der Zerschlagung des Thüringer Königreiches im 6. Jahrhundert wurden die Bewohner des westsaalischen Gebietes voll in den fränkischen Staatsverband integriert. In den Raum östlich der Saale wanderten slawische Bevölkerungsgruppen ein. Es bildete sich die feudale Gesellschaft mit ihrem Lehnswesen und einer straffen kirchlichen Organisation heraus. Unter dem Einfluß des Christentums erlosch die Beigabensitte mit Ausnahme einer Bevölkerungsgruppe, die mit noch nicht christianisierten slawischen Bauern zu identifizieren ist. Nach Urkunden des 8. bis 10. Jahrhunderts wurden sie von fränkischen Grundherren zwecks Urbarmachung des Landes angesiedelt. Die Gräber von Berka vor dem Hainich verdeutlichen, daß man die Toten auf dem Rücken liegend, ost-westlich ausgerichtet, in ihrer Tracht bestattete. Die Frauen trugen Ketten aus farbigen Glasperlen und bronzene Fingerringe; Perlmuttknöpfe zierten die Gewänder. Als Kopfschmuck dienten auf ein Band genähte Ringe aus Silber oder Bronze, sogenannte Schläfenringe. Die Männergräber waren mit Messern und Gürtelschnallen ausgestattet.

Bronzeschmuck aus einem bronzezeitlichen Hünengrab bei Freitagszella

Das originalgetreue Modell der Brandenburg bei Lauchröden, einer 1137 erstmalig urkundlich erwähnten Doppelburganlage, geschaffen von Walter Bähr, Suhl (†), wurde nach Vorlagen aus dieser Zeit eingerichtet und ist zu Demonstrationszwecken auseinandernehmbar.

Zusammen mit den schriftlichen Quellen vermitteln die Bodenfunde einen Einblick in das politische und wirtschaftliche Leben des Mittelalters: auf der Töpferscheibe gefertigte Gießgefäße, rundbodige Bombentöpfe oder auf drei »Beinen« stehende Grapen.

Details aus dem Amor- und Psyche-Zyklus

Das Teezimmer im Kartausgarten

Im landschaftlich reizvoll gelegenen Kartausgarten befindet sich das ehemalige Gärtnerhaus mit einem kleinen klassizistischen Salon, in dem der Überlieferung nach auch Goethe geweilt haben soll. Das spätbarocke Gebäude steht auf den Grundmauern des mittelalterlichen Kartäuserklosters.

Die ursprüngliche Raumausstattung ist nicht mehr vorhanden. Die Besucher des Teezimmers werden heute mit Mobiliar aus der Zeit des Klassizismus und einem kostbaren Wandschmuck aus großformatigen französischen Tapetenbildern empfangen. In einer Folge von zwölf Szenen wird das antike Märchen von Amor und Psyche erzählt, eine zur Goethezeit beliebte Novelle des Apuleius: Die griechische Königstochter Psyche ist von so großer Schönheit, daß man sie mehr verehrt als die Göttin Venus. Venus sendet deshalb ihren Sohn Amor aus, um Psyche in Liebe zu einem ihr Unwürdigen zu verstricken. Doch Amor, von der Anmut des Mädchens bezaubert, versucht sie für sich zu gewinnen, unter der Bedingung, daß sie nicht nach seinem Aussehen forscht.

Neugierig und von den neidischen Schwestern bedrängt, mißachtet Psyche das Gebot und ist nun den Racheplänen der Venus ausgeliefert. Den Göttern geht die dem Mädchen auferlegte Sühne zu weit, und ihre Fürsprache versöhnt schließlich die beiden Konkurrentinnen. Psyche wird in den Kreis der Götter aufgenommen und ist für immer mit Amor vereint.

Der Entwurf zu dieser Bildtapete stammte von den französischen Malern Blondel und Lafitte, die u. a. als Architekten Napoleons I. arbeiteten. Von der pompejanischen Antike beeinflußt, vermittelt die Bildfolge die ästhetische Anschauung und das Schönheitsideal der Goethezeit.

Aus 1450 Handdruckstöcken entstanden die Tapeten um 1820 in der berühmten Pariser Werkstatt des Josef Dufour.

Mitte der fünfziger Jahre wurden die Tapeten restauriert, mußten aber von den Wänden genommen und auf Leinwand aufgezogen werden.

Das Kunsthandwerk

Das Profil des Thüringer Museums wird weitgehend durch seine kunsthandwerklichen Sammlungen bestimmt.

Die Glassammlung

Die Geschichte des Thüringer Glases läßt sich bis in das hohe Mittelalter zurückverfolgen. In den waldreichen Tälern des Thüringer Waldes, in Nähe der alten Verkehrswege errichtete man kleine Glashütten, auch Waldglashütten genannt, die aufgegeben wurden, sobald die Holzvorkommen der Umgebung zur Neige gingen und an anderer Stelle, wo der Brennstoff reichlich vorhanden war, wieder aufgebaut wurden. Das erste thüringische Glas wurde schon im ausgehenden 12. Jahrhundert im »Holzland«, um Klosterlausnitz geschmolzen. Als Flußmittel benutzte man Pottasche, die aus Buchenholzasche geschlämmt wurde. Durch den starken Eisengehalt der heimischen Sande wurde die grünliche Färbung des Glases hervorgerufen. Zu den einfacheren Gebrauchsformen des ausgehenden Mittelalters gehören die sogenannten Keulengläser. Ein um 1500 entstandenes Stück aus der Kollektion, 15 cm hoch, ist von heller, gelblich-grüner Färbung. Die Glasmasse ist noch sehr unrein. Über einem breiten Fuß mit hochgestochenem Boden ist der Gefäßkörper leicht keulenartig gestaltet und mit drei gekerbten Glasfäden als schmückendes Beiwerk umlegt. Das 16. und 17. Jahrhundert kannte größeren Formenreichtum mit einem Hang zum Kuriosen: Nuppenbecher, Flaschen mit Zinn-Schraubverschluß, gebaucht, gerippt, mit der Glasmacherpfeife frei geblasen oder in Modeln verformte Gefäße. Seit dem Mittelalter sehr beliebt waren im 17. und 18. Jahrhundert die Kutterolfe. Der Name wird abgeleitet von dem mittelhochdeutschen Wort »guttern«, das »tropfen« bedeutet und wohl auf lateinisch »guttus« zurückgeht, was »Krug mit engem Hals« bedeutet. Das flaschenförmige Trinkgefäß, das zu den Vexiergläsern gezählt wird, besteht aus einem ausladenden, kugligen Gefäßkörper auf einer kleinen Fußplatte und engem Hals, der durch Eindrücken mit der Zange hervorgerufen wurde, wodurch mehrere enge Röhren entstehen, die seit dem 15. Jahrhundert umeinandergeschlungen sind. Das eingefüllte Getränk gelangte so nur langsam in das trichterförmige Mundstück. Zu den auffallenden Glasformen gehört auch der Daumenhumpen, datiert in das 16. bis 17. Jahrhundert. Er ist von tiefgrüner Färbung. Der eiförmige Gefäßkörper auf einem breiten Fuß ist mit sechs eingesetzten, tiefen Fingernäpfen versehen. Unter dem Mündungsarm und über dem Fuß ist ein gekerbter Glasfaden umlegt.

Die Emailgläser, die sich von Venedig aus ab Mitte des 16. Jahrhunderts in ganz Europa verbreiteten, spielten in der thüringischen Glasproduktion von 1600 bis 1750 eine besondere Rolle. Lauscha hatte sich zu einem Zentrum der Glasmacher herausgebildet. 1597 hatten die aus Langenbach ausgewanderten Glasmeister Christoph Müller und Hans Greiner-Schwab in Lauscha eine Glashütte gegründet. Mit farbiger Emailmalerei verzierte Gläser – Becher, Branntweinflaschen u. a. – schenkte man sich bis zu Beginn des 19. Jahrhunderts zu Geburts- und Namenstagen, zu Hochzeiten oder anderen Anlässen. Innungsgläser der Handwerkerinnungen zeigen neben den Handwerkersymbolen Inschriften. Sie sind volkstümlich gestaltet im Gegensatz zu den Macht und Reichtum verdeutlichenden Wappen- oder Reichsadlerhumpen des 16. und 17. Jahrhunderts. Emailfarben bestehen aus Metalloxid und einem »Flußmittel«, einem Gemisch aus Quarzmehl, Mennige und Zinnoxid. Dieser fein pulverisierte Glassatz wurde mit Terpentin als Bindemittel gemischt und die damit bemalten Gläser im Muffelofen gebrannt. Bei Temperaturen bis zu 800 Grad schmelzen die Farben und verbinden sich mit dem Grundglas. Die eher in Böhmen und Süddeutschland heimische Glasschnitt- und Glasschlifftechnik des 17. und 18. Jahrhunderts wurde in Gotha, Weimar und Ilmenau praktiziert. Vermutlich im Potsdam des 17. Jahrhunderts wurde der aus Rubinglas bestehende große Deckelpokal hergestellt. Um dem roten Glas besondere Leuchtkraft zu verleihen, gab man Dukatengold, später auch Kupfer bei. Echtem Goldrubinglas, wie es Johann Kunckel 1679 in seiner »Ars Vitraria« beschrieb, wurde Heilkraft zugeschrieben.

Kelch und Vase, Glas mit Silberaufschmelzung, O. Schindhelm, Lauscha

Aufgrund der rapiden Zunahme der Bevölkerung auch im Thüringer Wald ab der Mitte des 18. Jahrhunderts wurde aus der Not heraus gegen Ende dieses Jahrhunderts die »Lampenarbeit« eingeführt. Von der Glashütte bezog man farbige Glasröhren, die vor der Flamme einer Öllampe erwärmt wurden, und aus dem weichen Glasmaterial konnten Glasperlen geblasen werden. In der 2. Hälfte des 19. Jahrhunderts löste der Bunsenbrenner die Öllampe ab und ermöglichte einen enormen Aufschwung der Glasheimindustrie durch die Herstellung von Christbaumschmuck. Nebenbei entstanden Figuren, der Umgebung abgeschaut: Musikanten, Jagdszenen, Tiere, Vogelkäfige, Segelschiffe oder Spinnrädchen aus Glas. In ihrer naiv-humorvollen Art sind sie ein Beispiel liebenswerter Thüringer Volkskunst.

Das schöne alte Gebrauchsglas war Ausgangspunkt des modernen kunsthandwerklichen Glasschaffens. Wegbereiter der in den fünfziger Jahren beginnenden Neuorientierung war der heute in Arnstadt lebende Albin Schaedel. Sein Verdienst ist es, das lampengeblasene Glas aus dem Thüringer Wald zu einem anspruchsvollen Kunsthandwerk erhoben zu haben. Als ausgezeichnetem Techniker und phantasievollem Künstler gelang es ihm, über die venetianische Fadentechnik hinauszugehen. Seine Sprache ist das Ornament. Faden- und Bandmotive variieren durch schwingende und kreisende Bewegungen, durch Umkehr und wechselnde Rhythmik. Durch seine, wie mittelalterliche Glasmalereien anmutende »Kirchenfenstergläser« geht das Licht rein und klar hindurch.

Die Glaskünstler der jüngeren Generation in Lauscha und Umgebung erweiterten die Palette der Farben; Metalloxidfarben, auf die Gefäßoberfläche aufgetragen, oder reliefartig aufgeschmolzene Überfänge zeigen die Vielfalt der Möglichkeiten. Sie betonen hauptsächlich die Eigenschaften des Materials. Albrecht Greiner-Mai verschmilzt mehrere Glasposten miteinander, ohne daß Lichtbrechung, Transparenz, Form, Farbe und Struktur verlorengehen. Otto Schindhelm wendet das Aufschmelzen von Silberfolie an, wobei ein metallischer Krakelee-Effekt erzielt wird. Walter Bäz-Dölle versieht seine Gläser mit Reliefdekor; aufgestreuter Glasstaub bewirkt eine weitere farbige und strukturale Veränderung. Diese Technik, die fast in Vergessenheit geraten war, wurde vor allem von Walter Schwarz wieder aufgegriffen. Hubert Koch nutzt Emailglasstäbe zu einem irisierenden Fadendekor, den er sparsam zwischen glatten Flächen einfügt.

Das zeitgenössische Thüringer Glas ist heute in allen großen internationalen Ausstellungen präsent.

Die Porzellansammlung

In Italien unternahm man schon im 15. Jahrhundert den Versuch, das begehrte Porzellan, das seit dem hohen Mittelalter aus dem ostasiatischen Raum nach Europa gelangte und ausschließlich die fürstlichen Kunstkammern schmückte, nachzuerfinden. In Faenza, südwestlich von Ravenna, wurden um 1490 die sogenannten Fayencen hergestellt. Ein vorgebrannter Scherben wurde mit einer weißen Zinnglasur überzogen, mit Scharffeuerfarben bemalt und nochmals gebrannt. Im süddeutschen Raum wurden Fayencen vor allem in Nürnberg ab der 1. Hälfte des 16. Jahrhunderts hergestellt. Auch in Thüringen entstanden gegen Ende des 17. Jahrhunderts Fayence-Manufakturen: in Dorotheenthal bei Arnstadt, in Erfurt, Abtsbessingen bei Sondershausen, in Ilmenau und Gera. In Form und Dekor fußte man auf einheimischer Tradition, ahmte aber auch China-Porzellan nach. Die fürstliche Gründung Dorotheenthal versorgte hauptsächlich die umliegenden Thüringer Schlösser mit repräsentativem Ziergeschirr, aber auch mit Gebrauchsgut wie Tellern, Krügen, Dosen oder Schreibzeugen. Bis zum Ende des 18. Jahrhunderts hielt die Blütezeit der deutschen Fayencen an; englisches Steingut und das Porzellan drängten die Fayencen allmählich zurück.

Während im 19. Jahrhundert fast ausschließlich Meißner Porzellane des 18. und beginnenden 19. Jahrhunderts sowie frühe Stücke der Manufakturen Wien, Berlin oder Ludwigsburg begehrte Sammelobjekte waren, rückten um 1900 auch die Leistungen alter Thüringer Produktionsstätten mehr in den Mittelpunkt des Interesses. Bis in unsere Zeit galt die 1909 von Richard Graul und Albrecht Kurzwelly verfaßte Publikation »Altthüringer Porzellan, Beiträge zur Porzellankunst im 18. Jahrhundert« als Standardwerk. Der ehemalige, langjährige Direktor des Thüringer Museum, Helmut Scherf, aus einer Porzelliner-Familie stammend, widmete sich intensiv der Sammlung des Museums. Er gilt als einer der besten Kenner des Porzellans im Thüringer Raum. Auf seine Forschungen stützen sich nachfolgende Ausführungen, insbesondere die kurz umrissenen Chroniken der Altthüringer Manufakturen.

1708 bis 1710 war die Erfindung des Porzellans in Europa durch Johann Friedrich Böttger und Ehrenfried Walther v. Tschirnhaus in Dresden bzw. Meißen gelungen. Trotz aller Bemühungen August des Starken, das »Arkanum«, die Kenntnis um die Zusammensetzung und Herstellung des Porzellans geheimzuhalten, kam es bald außerhalb Sachsens durch Flucht oder Abwerbung von Arkanisten zu weiteren Manufakturgründungen: 1717 in

Wien, 1720 in Venedig. Um die Mitte des 18. Jahrhunderts wurde das Porzellan in Thüringen nacherfunden. Thüringen wurde in der zweiten Hälfte des 18. Jahrhunderts zu einem Zentrum der Porzellanproduktion, begünstigt durch die vorhandenen Rohstoffe wie Kaolin, Quarzsande, Feldspat und Holz zum Betreiben der Brennöfen.

Drei Persönlichkeiten sind besonders eng mit der Geschichte der Thüringer Porzellankunst verbunden: Georg Heinrich Macheleid, 1723 geboren, hatte in Jena Theologie studiert, widmete sich aber auch naturwissenschaftlichen Studien. Seit 1757 beschäftigte er sich in Sitzendorf mit der Mischung quarz- und kaolinhaltiger Sande und Erden. Nach der Überlieferung hat er eines Tages Erfolg gehabt bei Versuchen mit einem Fegesand, den er von einer Hausiererin erworben hatte. Nachdem er den Herkunftsort des Sandes hatte feststellen können, stand dem nichts mehr entgegen, ein »wirklich feines Porzellan hervorzubringen«. Am 8. September 1760 richtete Macheleid ein Gesuch um Erteilung eines Privilegs an den Landesfürsten Johann Friedrich von Schwarzburg-Rudolstadt, dem stattgegeben wurde. Es entstand eine kleine Manufaktur in Sitzendorf, die später nach Volkstedt bei Rudolstadt verlegt wurde. Nur vier Tage später als Macheleid ersuchte Johann Wolfgang Hammann, 1713 in Franken geboren, Hütteninspektor in Katzhütte, ebenfalls um Genehmigung zur Errichtung einer Porzellanfabrik. Johann Friedrich erteilte das privilegium exclusivum jedoch Macheleid. Auch in Limbach hatte Johann Gotthelf Greiner zusammen mit seinem Vetter Gottfried Greiner 1761 Erfolg beim Experimentieren. 1762 wurde ihnen vom herzoglichen Ministerium in Meiningen die Konzession für ihre Porzellanfabrik gewährt. Gotthelf Greiner, aus einer alten Glasmacherfamilie stammend, und Hammann schlossen sich zusammen, und man einigte sich so, daß in Katzhütte die Dreher und Maler wirkten, und die Masse und Glasur aus Limbach kamen. 1763 erwarben sie gemeinsam das auf coburg-saalfeldischem Territorium gelegene Rittergut Wallendorf und erhielten dort eine Konzession zum Betreiben einer Porzellanfabrik. Gotthelf Greiner gründete 1772 in seinem Heimatort Limbach eine Porzellanfabrik, nachdem er sich von Hammann getrennt hatte, der den Wallendorfer Betrieb in Form eines Familienunternehmens weiterführte. Zu den Entdeckern des Porzellans in Thüringen ist neben Macheleid, Hammann und Gotthelf Greiner der aus Alsbach stammende Glasmacher Christian Zacharias Gräbner zu zählen, der eigenständig experimentierte und 1777 in Ilmenau eine Fabrik gründete. In den anderen Thüringer Porzellanmanufakturen wirkten auswärtige Arkanisten, so in der von Wilhelm Theodor von Rotberg 1757 gegründeten Gothaer Manufaktur und der von Prinz Friedrich Wilhelm Eugen von Sachsen-Hildburghausen 1760 initiierten und 1765 priviligierten Fabrik Kloster Veilsdorf. Letztere ist die einzige fürstliche Gründung in Thüringen. Bald war die Kenntnis um die Porzellanherstellung kein Geheimnis mehr, und es entstanden weitere Manufakturen: 1777 in (Groß-)Breitenbach, 1779 in Gera, 1781 in Schney, 1783 in Rauenstein, 1790 in Blankenhain.

Das Thüringer Porzellan war weniger für fürstliche Tafeln bestimmt; es trug dem bürgerlichen Geschmack Rechnung, dem des Handwerkers, des Bauern. Hergestellt wurden hauptsächlich Artikel des täglichen Gebrauchs: Geschirrporzellan, Schreibzeuge, Pfeifenköpfe, Tabaksdosen und anderes mehr wie auch Figurenporzellan.

Daneben wurde aber auch feines, für den Hof bestimmtes Porzellan gefertigt, so in Volkstedt, Kloster Veilsdorf und Gotha. Man bemühte sich um Absatz der Thüringer Produkte in Nord- und Ostdeutschland und exportierte, allerdings in bescheidenem Umfang, in den Orient. Nicht nur das Sortiment, auch Auffassung, Form und Dekor sind eher volkstümlich orientiert. Typen aus dem Volke wurden dargestellt: Bauern, Gärtner, Winzer oder Musikanten – urwüchsig, von naiver Frische. Thüringer Kulturgeschichte spiegelt sich auch in den aus Volkstedt, Wallendorf und Limbach kommenden Figuren wider: es sind Gelehrte, Kaufleute, Handwerker. In der frischen, ländlich-provinziellen Note liegt der besondere Reiz der Altthüringer Porzellane. Die Figuren der »Italienischen Komödie« und des »Türkischen Hofes« z.B. aus Kloster Veilsdorf, die Folgen der »Erdteile« und die Berufedarstellungen aus Wallendorf und Limbach oder die Blau-Weiß-Plaketten in der Art des Wedgwood-Porzellans aus Ilme-

nau sind einzigartige Leistungen der Porzellankunst und halten einem Vergleich mit Erzeugnissen der Meißner, Berliner oder süddeutscher Manufakturen stand. Während das Geschirrporzellan, die sogenannte Stapelware, relativ derb wirkt durch Dickwandigkeit und einfache Staffierung, sind die Einzelanfertigungen stilistisch anspruchsvoll. Die Dekore auf bauchigen, behäbig wirkenden Kannen, Tassen und Tellern oder Teedosen sind kunstvolle Rocaille-Kartuschen, verspielte Blumen-, Blütenranken-, Vogelmalereien, mit feinem Pinsel aufgetragen, oder Schäfer- und Puttenszenendekors und von Schleifen und Girlanden umrahmte Bildnisse in Rokokomanier. Ostasiatische Beeinflussung, stark stilisiert, liegt bei den sogenannten indianischen Blumen (Chrysanthemen- oder Strohmuster) in Purpur bis Violett vor. Goldumrandete Ruinenlandschaften in Grau- oder Sepiatönen im Empirestil waren beliebt im letzten Viertel des 18. und im beginnenden 19. Jahrhundert. Und auf den Stücken der Biedermeierzeit dominieren Ansichtsmalereien mit Stadt- und Landschaftsbildern, aber auch Portrait- und Blumenmalerei. Typisch auch für Thüringen wurde das sächsische Strohblumen- und Strohhalmmuster in Kobaltblau unter der Glasur auf der gerippten Wandung von Kannen oder Tellern. Es ist zurückzuführen auf den »gebrochenen Stab« auf Meißner Porzellanen. Auch plastisch gebildete Blumen verzieren Teller, Vasen und Körbchen.

In Volkstedt wurde ein sehr breit gefächertes Sortiment gefertigt: hier seien vor allem die Kaffee-, Tee- und Schokoladeservice genannt, Tafelaufsätze, Leuchter oder Deckeldosen. Zu den besonders prächtigen Stücken der Sammlung Volkstedter Porzellane zählt eine Potpourrivase, datiert um 1765/70. Füllhörner ausschüttende Putten sitzen auf konsolenartigen Handhaben. Der Gefäßkörper ist birnenförmig, Hals und Deckel sind durchbrochen; auf weißem Grund sind Rocaillen aufgelegt, die, wie der Fuß, die Handhaben, die Ränder der Öffnung und der Deckelknauf purpurfarben und goldgehöht sind, während die Reserven farbige Blumenmalerei aufweisen. Die Volkstedter Figuren und Gruppen zeigen vielfach eine naturalistische Orientierung. Sie stehen auf farbig staffierten Natursockeln. So auch der »Gärtner und die Gärtnerin«. Vor einer grün-braunen Baumgruppe reicht der Gärtner der Gärtnerin eine Rose. Am Boden befinden sich zwei Pflanzenkübel, einer ist umgestürzt. Diese Figurengruppe entstand um 1775.

Gemarkt, d. h. mit einem Firmensignet versehen, wurden die Volkstedter Erzeugnisse anfänglich mit der sogenannten Heugabel, dem schwarzburgischen Wappen entlehnt, meist in Blau unter der Glasur, aber auch in Purpur, Sepia und Blau auf der Glasur. Es gab von seiten des sächsischen Hofes Einspruch gegen die Gabel-Marke, in der man die Nachahmung der sächsischen Kurschwerter des Meißner Porzellans sah. Einfuhr und Vertrieb wurden in Sachsen untersagt. Der Erfurter Kaufmann Christian Nonne, der seit 1767 die Volkstedter Manufaktur gepachtet hatte, markte daraufhin nur noch mit gekreuzten Gabeln mit ringartig gebildeten Zinken und einem Querstrich durch den Kreuzungspunkt. Die Besitzverhältnisse der Volkstedter Manufaktur waren sehr wechselhaft. 1804 hatte Anton Greiner die Leitung inne. Die alte Gabelmarke wurde durch ein »R« in Bau unter Glasur oder Purpur auf der Glasur ersetzt und bis 1832 benutzt. Dann verzichtete man bis 1877 auf eine Kennzeichnung der Stücke. Aus einem erhaltenen Modellbuch, das, vor 1870 begonnen, bis in das frühe 20. Jahrhundert weitergeführt wurde, ist zu entnehmen, daß bald nach 1860 die Produktion auf Export ausgerichtet war. Devotionalien, Reliefs, Figuren und Ziergefäße traten an die Stelle des Tafelgeschirrs, der Pfeifenköpfe oder Netzbecher. »Heiligenartikel« verkaufte man nach Italien und Amerika. Heute heißt der Betrieb, der auf eine fast 230jährige Geschichte zurückblicken kann »Aelteste Volkstedter Porzellanmanufaktur« und seine künstlerisch hochwertigen Erzeugnisse erfreuen sich nach wie vor weltweit großer Beliebtheit.

Die älteste Porzellanmanufaktur in Thüringen befand sich in Gotha, gegründet von dem Oberhofmeister und Präsidenten des Geheimrats- und Kammerkollegiums des Herzogtums Sachsen-Gotha-Altenburg, Wilhelm Theodor von Rotberg. Durch die hervorragende Qualität ihrer Erzeugnisse genoß die »feine« Fabrik frühzeitig einen guten Ruf. 1757 begann von Rotberg zu »laborieren«. Nach anfänglichen Schwierigkeiten mit der Masse und der Glasur

gelang eine Verbesserung, und das Unternehmen nahm ab 1772 wirtschaftlichen Aufschwung. Ab 1795 führte die Witwe von Rotberg die Manufaktur weiter und verkaufte sie 1802 an den Erbprinzen und späteren Herzog August von Sachsen-Gotha-Altenburg, der sie wiederum 1804 in Erbpacht dem herzoglichen Kammerdiener Friedrich Egidius Henneberg überließ. 1883 übernahmen die Suhler Waffenfabrikanten Gebrüder Simson die Fabrik, die fortan einfaches Haushaltsgeschirr herstellen ließen. 1934 wurde die Produktion eingestellt.

Fielen die in Blau einfach verzierten Schüsseln, Teller, Vasen oder Cachpots anfänglich etwas derb aus, übertreffen die Stücke aus den späten siebziger Jahren des 18. Jahrhunderts die meisten thüringischen Fabrikate. Zier- und feines Gebrauchsporzellan im Louis-seize- und Empire-Stil sind von ausgesprochener Eleganz. In den neunziger Jahren bevorzugte man strenge zylindrische Formen mit antikisierenden Dekoren, kantigen, eckig gebrochenen Henkeln. Kurz vor 1800 entstand in Gotha die sogenannte »Schneeballvase«. Fein modellierte und farbig gehöhte Schneeballblüten nach Vorbild des Meißner Schneeballdekors von Johann Joachim Kaendler verzieren den gesamten Gefäßkörper. Der Mittelteil zeigt plastisch geformte und polychrom staffierte Zweige mit Blättern, Früchten, Blüten und exotischen Vögeln. Die Handhabe des Deckels ist in Form eines Asthenkels, auf dem ein Papagei sitzt, geformt. Am Deckel befinden sich einheimische Vogelarten zwischen den Blüten. Im Geschmack des Biedermeiers sind die goldgeränderten oder vergoldeten Tassen und Teller mit aufgemalten Rosen, Stiefmütterchen, Sprüchen oder Stadt- und Landschaftsbildern gehalten. Figürliches Porzellan spielte in Gotha kaum eine Rolle. Um 1800 erweiterten Porträtmedaillen aus Biskuitporzellan das Gothaer Sortiment. Gemarkt wurde bis 1795 mit »R« bzw. »R.g.« in Unterglasurblau, bezugnehmend auf den Namen des Gründers von Rotberg. Zu Beginn des 19. Jahrhunderts sind »G« und kursiv geschrieben »Gotha« in Schwarz, Grau, Eisenrot, Purpur und Gold auf der Glasur oder in Blau auf und unter Glasur gebräuchlich. Ab 1843, nach dem Tode Hennebergs, benutzte man einen Rundstempel mit Darstellung einer

Henne und der Umschrift »Porzellan Manufaktur Gotha«. Von 1860 bis 1883 war der Henneberg-Stempel von ovaler Form mit der Umschrift »Gotha«.

Prinz Friedrich Wilhelm Eugen von Sachsen-Hildburghausen pachtete 1758 das Kammergut Kloster Veilsdorf, nachdem er seine militärische Laufbahn als dänischer Generalmajor beendet hatte, und vermutlich war er in Kopenhagen mit der Herstellung von Porzellan bekannt geworden. In den ersten Jahren des Bestehens der Manufaktur hatten die Erzeugnisse noch fayenceartigen Charakter. Erst um die Mitte der sechziger Jahre gelang die Fabrikation des »ächten Porcelains«. Der Bildhauer und Modelleur Wenzel Neu gelangte über Volkstedt nach Kloster Veilsdorf, und hier schuf er figürliches Porzellan von bester Qualität. Sein Schüler war u. a. Friedrich Wilhelm Eugen Döll, der 1770 nach Gotha überwechselte. Nach Prinz Eugens Tod 1795 ging die Veilsdorfer Manufaktur an seinen Neffen, den Herzog Friedrich von Sachsen-Hildburghausen über, der sie an die Firmen Gotthelf Greiners Söhne in Limbach und Friedrich Christian Greiner in Rauenstein veräußerte. Bis 1862 waren die Greiners aus Limbach Eigentümer, jedoch ließen sie in der einst so angesehenen Veilsdorfer Manufaktur nur noch einfaches Porzellan herstellen. An die Stelle der einstigen Marke, aus den in sich verschlungenen Buchstaben C und V bestehend, trat das Limbacher Kleeblattzeichen. 1862 gelangte die Fabrik in den Besitz der Familien Hutschenreuther und Kieser. Hutschenreuthers Stelle übernahm 1863 der aus Wallendorf stammende Eduard Albert Heuberg, der Puppenköpfe, Flaschenverschlüsse und anderes technisches Porzellan herstellen ließ. Noch heute wird in Veilsdorf technisches Porzellan gefertigt.

Die Blütezeit der Kloster Veilsdorfer Porzellankunst lag in der zweiten Hälfte des 18. Jahrhunderts. Hier entstand das qualitätsvollste Altthüringer Porzellan. Die feinen Geschirre, Tafelaufsätze, Leuchter oder Dosen sind in der noch üblichen Rokokotradition gestaltet. Gern lehnte man sich an Meißner Vorlagen an, dekorierte mit Landschaften und Figuren nach Watteau oder Tenier. Man benutzte ein klares Gelb, helles Eisenrot, ein kräftiges Lind- oder Moosgrün im Kontrast zu Purpur und Manganviolett, Dunkel-

braun und Türkis. Im Louis-seize-Stil wurden, beeinflußt durch die Erzeugnisse aus Sèvres, Goldmedaillons, Girlanden und Purpurschleifen sowie Streublümchen beliebte Dekore auf einfacheren, strengen Formen. Besonders aber das figürliche Porzellan wie die kostbaren »Großen Theaterfiguren«, die allegorische Folge der »Vier Elemente« oder die mythologischen Figuren der »Großen Planeten« des Wenzel Neu gehören zum Besten der Thüringer Porzellankunst. Das »Tanzende Pärchen« stellt den »Herbst« aus einer Jahreszeitenfolge dar. Das Paar steht auf einem plastisch rocaillierten weißen Sockel vor einem Baumstumpf. Am Boden liegt ein mit Trauben gefüllter Hut. Das Stück wurde 1768 von Friedrich Wilhelm Eugen Döll nach einer Vorlage von Jacopo Amiconi und Guiseppe Wagner modelliert und vermutlich von Gottfried Theodor Döll staffiert.

»Es ist blendend weiß, zum Theil fein gemahlt und so hart, daß es am Stahl Funken giebt«. So rühmte 1793 Ernst Wilhelm Martius das Wallendorfer Porzellan. Wie auch in den anderen thüringischen Manufakturen wurden vorwiegend Kaffee-, Tee- und Schokoladeservice gefertigt, auch Bierkrüge, Leuchter, Schreibzeuge und Waschgarnituren, weniger Tafel- und Speisegeschirr. Nach erhalten gebliebenen Abrechnungsbüchern nahm man gegen Ende des 18. Jahrhunderts die in der Türkei guten Absatz versprechenden »Türkenköppchen« auf. Diese henkellosen tassenartigen »Köppchen« wurden reich bemalt und teilweise vergoldet. Verhandelt wurde über Sonneberg und Schmiedefeld, aber auch in Frankfurt a.M. unterhielt man ein eigenes Warenlager. Die Lieferungen gingen nach Regensburg, Nürnberg und Passau wie nach Hamburg, Bremen und Lübeck oder Petersburg und Amsterdam. Auch für das in Wallendorf hergestellte Porzellan ist bis in die frühen achtziger Jahre ein Rokoko »ländlichen Einschlags« charakteristisch – Kannen und Teller mit fein reliefierten Korbflecht- und Blütengittermustern wurden mit Blumen, Blättern, Früchten und Vögeln bemalt; besonders Blumenmalereien, ein- und mehrfarbig, waren in Wallendorf beliebt, daneben Chinoiserien, aber auch die volkstümliche »Blauware« mit Strohblumen- und Chrysanthemenschmuck, das sogenannte indianische Purpurmuster auf glattem und geripptem Grund. In der Sammlung des Thüringer Museums befindet sich ein Wallendorfer Kaffeeservice aus der Zeit um 1775/80. Die Kanne ist von der für Thüringen typischen Birnenform. Auf weißem Grund sind die sogenannten indianischen Blumen und das sogenannte Teetischchen-Motiv polychrom aufgemalt. Wabenförmige Borten mit einem Sonnenmuster zieren die Gefäßränder, in Rotbraun gehalten. Eine Besonderheit der Wallendorfer Manufaktur wurden braune, blaue und schwarze Dessins. Die Marke ist ein »W«, meist in Blau unter der Glasur. Auch in Wallendorf hat man eine Imitation der Meißner Schwerter versucht, indem die Schenkel des Buchstabens weit nach oben ausgezogen wurden. Nach mehrfachem Protest aus Sachsen veranlaßte Ernst Friedrich von Coburg-Saalfeld eine eindeutigere Zeichnung ab 1787. Auch figürliches Porzellan gehörte zum Produktionsprogramm. Hier ist die Zuordnung oft schwierig, da die Mehrzahl der Figuren nicht gemarkt ist. Ähnlich wie in Limbach wurden die Haare der Figuren oder auch die Perücken keilförmig nach oben gelegt und die Strähnen farbig markiert. Unter Berücksichtigung traditioneller Formen und Dekore produziert man heute in Wallendorf ein weltweit geschätzes breites Sortiment an Zierporzellan.

Die Limbacher Manufaktur, seit 1772 von Gotthelf Greiner betrieben, stellte hauptsächlich Kaffee- und Teegeschirr, Figuren, Pfeifenstummel und die sogenannten Türkenköppchen her. Nach einem merklichen Rückgang der Produktion in den zwanziger Jahren des 19. Jahrhunderts und einer Feuersbrunst 1840 erholte sich der Betrieb. Die Besitzer wechselten, und man spezialisierte sich gegen Ende des 19. Jahrhunderts auf die Produktion von Puppenköpfen, Geschenkartikeln etc. 1939 wurde das letzte Porzellan gebrannt.

Das Limbacher Porzellan wurde in volkstümlicher Art bemalt, weniger elegant als in Kloster Veilsdorf oder Volkstedt, aber einzelne Stücke, wie das sogenannte Haartrachtenservice gehören zu den originellsten und qualitätsvollsten Leistungen. Die zum Haartrachtenservice gehörende Kaffeekanne zeigt auf weißem Grund in einem durch Purpurschleifen gehaltenen und durch Blumengebinde verzierten Ovalmedaillon, purpur- und goldgerän-

Tanzendes Paar, Kloster Veilsdorf 1768, sog. Haartrachtenservice, Limbach, um 1780

dert ein Damenbildnis mit Haarfrisur »à la frégatte«; auf den anderen Serviceteilen sind in die Medaillons Brustbilder von Damen und Kavalieren mit anderen kunstvollen Rokokofrisuren gemalt. Das Service entstand um 1780 und wurde vermutlich von Heinrich Elias Dressel, einem der begabtesten Thüringer Porzellanmaler staffiert. Die Limbacher Figuren sind von eigenem unverwechselbarem Stil, auch wenn sie oft etwas unbeholfen wirken, die Proportionen nicht ganz ausgefeilt sind. Die Limbacher Erzeugnisse wurden zunächst mit dem Monogramm »L B« gemarkt. Man versuchte auch in Limbach durch zwei gekreuzte »L«, mit einem Sternchen versehen, die Meißner Marcolini-Marke nachzuahmen. 1788 sah sich Gotthelf Greiner nach massiven Protesten aus Sachsen und einem Verweis Herzog Georgs von Sachsen-Meiningen gezwungen zu erklären, daß er fortan das dreiblättrige Kleeblatt benutzen werde.

Christian Zacharias Gräbner erlangte 1777 ein vom Weimarer Herzog Carl August unterzeichnetes Privileg zur Porzellanherstellung in Ilmenau. Gräbner hatte eine Schwester Gotthelf Greiners zur Frau und war mit der Porzellanfabrikation vertraut. Bis zu Beginn der neunziger Jahre des 18. Jahrhunderts stellte die Ilmenauer Manufaktur hauptsächlich einfaches Haushaltsgeschirr und figürliches Porzellan her. Scherben und Glasur hatten aber noch fayenceartiges Aussehen. Mit Hilfe des bekannten Weimarer Kaufmanns Bertuch gelang es, den bald verschuldeten Betrieb zu sanieren. Er berief 1784 den Arkanisten Franz Joseph Weber aus Höchst nach Ilmenau, dem eine wesentliche Verbesserung der Masse gelang. Typisch für die Ilmenauer Produkte ist eine leicht grünliche oder bläuliche Glasur. Um 1800 entstanden in Ilmenau stilvolle Vasen und Plaketten in Wedgwoodart. Die Reliefplaketten sind von runder Form und stellen figürliche Szenen in weißem Biskuitporzellan auf blauem Fond dar: Herakles mit Löwenfell und Keule oder ein trunkener Bacchus vor einem Palmbaum auf einem Esel reitend. Die profilierten Rahmen sind am Innenrand mit Perlen besetzt und glasiert. Die Plaketten sind von unterschiedlicher Größe; die Durchmesser bewegen sich zwischen 6 und 9,5 cm, und sie sind selten gemarkt. Die Marke »J« wurde hauptsächlich seit 1792/93 angewandt. Gotthelf Greiner als zeitweiliger Besitzer markte sowohl mit zwei gekreuzten »J« als auch mit einem »L«. Seit 1788 benutzte er wie auch in Limbach und später in Kloster Veilsdorf das Kleeblattzeichen. 1929 wurde das Hennebergschild mit Krone und der Inschrift »Ilmenau 1777« gebraucht. Das heutige Signet auf hochwertigem Haushaltsporzellan ist ein »H« mit eingefügter Henne auf einem Berg und die darunter stehende Jahreszahl 1777.

Nordwestlich von Sonneberg gelegen ist der kleine Ort Rauenstein. Auch hier existierte eine der typischen Thüringer Waldfabriken seit 1783. Die Geschichte der Rauensteiner Porzellanfabrik ist eng mit dem Namen Greiner verbunden, einem Lauschaer Zweig dieser Familie, dessen Mitglieder vor allem als Glas- und Porzellanmaler bzw. Hüttenmeister nach 1784 mit der Porzellanherstellung begannen. Anfangs wurde »nur das gewöhnliche blaue Por-

zellan« gefertigt, später kamen auch farbig staffierte Dèjeuners, Kaffee- und Teeservice hinzu. Auch Schreibzeuge, Ziervasen, Zierteller etc. wurden in dem erfolgreichen Unternehmen produziert. Nach ostasiatischem Vorbild wurde das in Blau und Grün gehaltene Vogel-Blumen-Muster gestaltet. Der Gefäßkörper wurde ganzflächig dekoriert – eine Eigenheit der Rauensteiner Manufaktur. Sehr kostbar scheinen die Ziervasen mit Silbermontierung aus der 2. Hälfte des 19. Jahrhunderts. In »japanischer Art« ranken Blütengebilde über die weißgrundigen Vasenwandungen. Vereinzelt entdeckt man exotische Vögel zwischen den in Chromoxidgrün oder Kobaltblau gehaltenen Dekoren. Figürliches Porzellan spielte in Rauenstein eine untergeordnete Rolle. Die ältesten Stücke wurden mit einem »R« gemarkt, mit oder ohne Stern unter dem Buchstaben oder einem Punkt daneben. Um 1800 zeichnete man mit »R – n« in Blau unter der Glasur; seit ca. 1850 befinden sich zwei gekreuzte Fähnchen über den Buchstaben »R – n«. Im Verlaufe des 19. Jahrhunderts wechselten auch in Rauenstein die Besitzer häufig. Ab 1893 wurden vorwiegend Figuren, Nippes, dann hauptsächlich Puppenköpfe und billige Massenartikel produziert. Kurz vor dem 2. Weltkrieg wurde der Betrieb stillgelegt.

In Blankenhain bei Weimar erwirkte Christian Andreas Wilhelm Speck, ein Magdeburger, 1790 ein Privileg zur Porzellanherstellung. Aus der Frühzeit der Manufaktur fehlen Belegstücke. Bauchige Tassen mit polychromer Malerei sind aus der Biedermeierzeit erhalten. Die Marke »S«, auf den Gründer Speck bezogen, wurde anfänglich in Blau unter der Glasur benutzt, später wurde sie auch farbig aufgetragen. Um 1900 wurde der Weimarer Rautenschild in Blankenhain eingeführt und später mit Krone und Lorbeerkranz versehen. Seit 1928 bezeichnet man die Blankenhainer Erzeugnisse als »Weimar-Porzellan«.

Auch im ostthüringischen Raum entstanden Porzellanunternehmen: in Gera, Eisenberg und in Pößneck, wie auch im benachbarten Fränkischen, in Schney bei Lichtenfels und in Tettau.

Die Sammlung zur Volkskunde

Das Thüringer Museum in Eisenach besitzt eine umfangreiche volkskundliche Sammlung aus dem Eisenacher Raum, sowie aus West- und Südthüringen. Die volkskundliche Exposition beginnt mit Hausgerät aus Holz, bäuerlichem Mobiliar, zeigt bemalte Haubenschachteln und eine Thüringer Festtagstracht aus der Gegend um Hildburghausen.

Die Thüringer Trachten sind vorwiegend aus dunklen Stoffen gefertigt (meist schwarz und braun); Schürzen, Hauben und Mieder sind in den einzelnen Gegenden unterschiedlich, oft schon von Ort zu Ort. Die Hauben haben reich bestickte Haubenflecke, die mit farbigen Metallplättchen und Glasperlen geschmückt sind. In Schlaufen gelegte, seidene Bänder zieren die Hauben. Blumen und Blütenmotive wurden bei der Stickerei bevorzugt, man hatte die Vorbilder auf den Werrawiesen und im Garten. Die vollständige Tracht trug man nur an Sonn- und Feiertagen, dazu einen weiten Kirchenmantel. Im unteren Werratal findet man als typische Haubenform das Sperrheid.

Seine Form ist länglich-eiförmig, die Rückseite ist nach unten durch eine Falte verengt. Diese Haubenform gibt es in Süd- und Westthüringen; sie reicht bis ins Rhöngebiet; die sogenannte Weimarische oder Gothaische Mütze zeichnet sich durch breite und lange, bis zum Rocksaum reichende, schwarze Bänder aus.

Die dörfliche, besonders einfache Männerkleidung bestand aus engen Kniehosen und weitgeschnittenen, bequemen Kitteln. Hals-, Ärmel- und Achselbündchen waren bestickt. Sonntags vervollständigte eine kurze Jacke mit glänzenden Knöpfen die Tracht.

Die große bemalte Truhe der Anna Katherine Bärenklau aus dem Jahr 1754 führt den Besucher in die Zeit, in der die Mädchen ihre »Lade« noch mit Kleidungs- und Wäschestücken für die Hochzeit zu füllen hatten.

Zur Aufbewahrung der teilweise reichbestickten Hauben dienten große bemalte Spanschachteln. Oft trugen auch die Haubenschachteln den Namen ihrer Besitzerin. Ein Spanschachtelmacher mußte zur damaligen Zeit eintausend Schachteln am Tag herstellen, um seine Familie ernähren zu können. Die Schachteln wurden nicht nur zur Aufbewahrung von Hauben genutzt – auch der Apotheker und der Knopfmacher benötigten die Behältnisse.

Das Spinnrad gehörte im vergangenen Jahrhundert zum festen Bestandteil eines jeden Haushaltes, brauchte man es doch zum Verspinnen der Wolle und des Flachses. Das Spinnen und Weben gehörte zu den Tätigkeiten im Winterhalbjahr. Noch Ende des 19. Jahrhunderts gab es in Thüringen ausgedehnte Flachsfelder. Gefärbt wurde das Leinen mit einheimischen Pflanzen, mit Krapp, Waid, Malve, Färberginster und mit Zwiebelschalen. Bis weit in die vierziger und fünfziger Jahre des 19. Jahrhunderts hinein war die Leinweberei ein echtes Haus- und Dorfgewerbe. Für das Verzieren der Textilien (besonders Kreuzstich) sorgten die Frauen und Mädchen selbst.

Im 18. und 19. Jahrhundert waren fast alle Haushaltsgegenstände aus Holz und Ton. Backmodel und mit Mustern versehene Kuchenrollen lassen ahnen, welche Mühe sich die Hausfrau bei der Vorbereitung von Festtagen machte. Im »Kuchenland« Thüringen gehörten die großen runden Kuchenbretter, auch »Kuchenschüssel« genannt, noch weit bis in unser Jahrhundert hinein zu den beliebten Verlobungs-, Hochzeits- oder Geburtstagsgeschenken. Auf der Schauseite waren die Kuchenbretter mit Blumenmotiven und Widmungen bemalt. Für kleinere Kuchen und den trockenen Hefekuchen gab es den »Asch« aus Ton oder Kupfer, später dann aus Eisenblech.

Einen anderen, aber nicht weniger bedeutenden Platz, nehmen die Schlosser- und Schmiedearbeiten innerhalb der volkskundlichen Ausstellung ein. Wenn ihre Meister auch anonym bleiben, zeugen doch ihre Arbeiten von der Kunstfertigkeit der Handwerker in den vergangenen 500 Jahren. Der Betrachter findet kunstvolle Schlösser und Schlüssel, Wetterfahnen, Torbeschläge, Zunftzeichen und Wirtshausschilder. Als Motive waren besonders Drachen- und Löwenköpfe beliebt. Dem Eisen kam in der Vergangenheit eine besondere Funktion zu. Das ausgeglühte Material erschien den Menschen besonders dazu geeignet, Hexen, bösen Geistern und Kobolden zu begegnen.

Die Arbeiten der Kupferschmiede blieben meist der wohlhabenden bürgerlichen Schicht vorbehalten. Kunstvoll getriebene Kannen, Wasserbutten, Pudding- und Kuchenformen zeigen ein über Generationen ausgeprägtes Formempfinden.

Auch die Zinngießer arbeiteten vorwiegend für den städtischen Haushalt.

Als Material für Einlegearbeiten in hölzernen Trinkgefäßen nahm man ebenfalls Zinn. Dem bäuerlichen Geschmack entsprachen eher die Holzkrüge mit Zinnauflagen. Als Motiv waren Blatt- und Astwerk in Verbindung mit Tieren beliebt, die durch zarte Gravuren ausdrucksstärker wirkten. In das Bauernhaus gelangte Zinngeschirr relativ spät, konnte sich aber gegenüber der Irdenware nicht durchsetzen.

Bäuerliche Keramik des Werratales

Mit dem Sammeln von bäuerlicher Keramik aus dem Werratal begann das Thüringer Museum zu einer Zeit, als das Töpferhandwerk schon im Aussterben begriffen war. Die beginnende Industrialisierung, die das Hausgerät qualitätvoller und billiger (Serienproduktion) herstellen konnte, bestimmte nun das neue Kaufverhalten und Alltagsbewußtsein der Bevölkerung. Die irdenen Töpfe waren nicht mehr gefragt.

Westlich von Eisenach liegt im langgestreckten Werratal das kleine Städtchen Gerstungen. Die Werra als Grenzscheide zwischen Thüringen und Hessen prägte die Landschaft und den Charakter dieses einst so bedeutenden Gebietes. Im Süden begrenzt durch die Rhön, im Nordosten durch den Thüringer Wald, im Norden durch den Ringgau und im Osten durch das Richelsdorfer Gebirge, siedelte sich im 17. Jahrhundert das Töpferhandwerk an. Die Erzeugnisse zeichnen sich durch Einfachheit in Form und Dekor sowie eine warme Farbgebung aus. Im mittleren Werragebiet entwickelte sich neben Gerstungen Berka/Werra zum Zentrum der Bauerntöpferei. Die größte Blütezeit erlebte das Töpferhandwerk im Gerstunger Raum zu Beginn des 19. Jahrhunderts. Die für Gerstungen typischen

Töpferwaren: Kaffeekannen mit zylindrischem Kannenkörper, eingezogener Schulter und einer kleinen spitzen Ausgußschneppe, birnenförmiger Kannenkörper mit angesetztem Wulsthenkel und kleine flache Kaffeenäpfe sind mit einer Glasur in Gelb- und Brauntönen versehen.

Als bevorzugtes Motiv verwendeten die Gerstunger Handwerker das Blüten- und Ornamentdekor, Tulpe, Spirale, Punkt, Strich und Herzmotiv.

Durch die Nähe zu Gerstungen und die gemeinsame Nutzung der Tonvorkommen gibt es bei den Gefäßen aus Neustädt und Gerstungen kaum Unterschiede. Bei den Neustädter Waren fällt aber der vorwiegend kräftig gelbe Begußgrund auf.

Als dritter Töpferort liegt etwa 10 km südwestlich von Gerstungen Großensee. Verkehrsmäßig lag das Dorf an der alten Handelsstraße von Leipzig nach Frankfurt und in unmittelbarer Nachbarschaft zu Hessen. Den Marburger Formen verwandt, zeichnet sich die Großenseer Töpferei durch ihren aufwendigen Auflagedekor aus. Typisch für die Gefäße aus Großensee ist die Aufteilung der Gefäßwand in drei Zonen. Der obere und untere Teil der Standgefäße ist meist mit einem dunkelbraunen Anguß versehen, das Mittelstück erscheint in einem helleren Braun. Die einzelnen Farbzonen sind durch weiße Punktreihen abgesetzt. Trotz vieler Bemühungen sich dem städtischen Geschmack in Form und Dekor anzupassen, war der Untergang der Töpferei im Gerstunger Raum nicht aufzuhalten. Nach dem 1. Weltkrieg gab es in Gerstungen und Neustädt keine Töpfer mehr.

Spielzeug

Einen Einblick in die Welt der Kinder vor 200 Jahren gibt die kleine Spielzeugsammlung: Hausrat aus Ton, Zinn, Kupfer, Puppenküchen und Puppenmöbel sind zu bestaunen, selbst kleine Bügeleisen zum Glätten der Puppenwäsche.

Kanne und Deckeltöpfchen, Ende des 19. Jahrhunderts, Kuchenbrett, 1874, und Haubenschachtel

Das Biedermeierzimmer

Das Biedermeierzimmer ist eine Stiftung von Schlossermeister Hollenbach aus Geisa/Rhön an das Thüringer Museum und kam 1977 ins Museum. Die Möbel wurden 1830 aus Kirschbaumholz hergestellt.

Malerei des 19. Jahrhunderts

Schon nach 1922 faßte der Geschäftsmann und Kunstliebhaber Dr. Curt Elschner den Entschluß, seinen vorhandenen Besitz an Kunstwerken durch weitere Ankäufe zu vergrößern und ihn der Stadt Eisenach, der seine besondere Zuneigung gehörte, als geschlossene Galerie zu stiften.

Man fand im Eisenacher Residenzschloß, in den zum Thüringer Museum gehörenden Repräsentationsräumen um den Rokokosaal, auch den geeigneten Platz für die Sammlung. Und so wurde am 3. Mai 1925 die Galerie feierlich im Beisein des Stifterehepaares eröffnet und ihr der Name »Curt-Elschner-Galerie« verliehen.

Nach dem Willen des Stifters sollte die Galerie der Grundstock für eine ständig auszubauende Kunstsammlung sein. Die Stadt Eisenach würdigte bereits am 27. Januar 1926 den Stifter mit der Verleihung der Ehrenbürgerwürde. Im Jahre 1927 schenkte Dr. Elschner der Stadt weitere wertvolle Kunstwerke.

Zwischen der Stadt und Dr. Elschner wurde ein Stiftungsvertrag mit entsprechenden Satzungen beschlossen, die unter anderem den Verbleib der gesammten Sammlung in Eisenach festschrieben. Vorstand der Stiftung war der jeweilige Bürgermeister oder eine von diesem zu bestimmende Persönlichkeit.

Heute stellt die Sammlung, die 1927 über siebzig Ölgemälde deutscher Meister des 19. Jahrhunderts umfaßte, zu der sich ein beachtlicher Bestand an Holzschnitten, Kupferstichen und Radierungen gesellte, einen bedeutsamen Beitrag zur Dokumentation der Kunst des 15. bis 19. Jahrhunderts dar. In ihr fand auch das Schaffen Thüringer Künstler, die diesen zeitlichen Rahmen sprengten, Unterkunft und Anerkennung. Die Sammlung wurde durch Schenkungen und Ankäufe weiter ausgebaut und dürfte somit über den Rahmen einer sehenswerten Provinzgalerie hinausgewachsen sein, auch wenn die heutige Präsentation diesem Anspruch nicht gerecht wird.

Mehr noch als die wenigen Abbildungen trägt die Namensliste der nicht bildlich dargestellten Künstler zur Bestätigung dieser Behauptung bei, der Oswald Achenbach, Hans von Bartels, Arnold Böcklin, Albert Heinrich Brendel, Karl Buchholz, Franz von Defregger, Louis Douzette, Frieda Ehrhardt, Anselm Friedrich Feuerbach, Walter Firle, Karl Franz Eduard von Geghardt, Otto Friedrich Gebler, Eduard Grützner, Gustav Adolf van Hees, Franz Hoffmann-Fallersleben, Jozef Isräels, Hugo Kauffmann, Friedrich August von Kaulbach, Albert von Keller, Max Klinger, Franz von Lenbach, Gabriel Cornelius Max, Mihály Munkacsy, Max Oehler, Ernst Erwin Oehme, Friedrich Preller d.J., Radin Saleh ben Jagya, Wilhelm Reinhardt, Friedrich Philipp, Reinhold Picht-Ritschel, Curt Roquette, Prinz Ernst von Sachsen-Meiningen, Leopold Schmutzler, Adolf Schreyer, Ludwig Sckell, Wilhelm Carl Melchior Simmler, Karl Spitzweg, Paul Thumann, Fritz Karl Hermann von Uhde, Max Louis Benjamin Vautier, Johann Friedrich Voltz, Friedrich Wahle, Hermann Wislicenus, Wilhelm Zimmer, Heinrich Johann Zügel und Ludwig von Zumbusch angehören.

Friedrich Preller d.Ä., wurde am 25. April 1804 in Eisenach geboren. Er war Schüler von Heinrich Meyer an der freien Zeichenschule in Weimar, dann von v. Brée an der Antwerpener Akademie. Von 1826 bis 1831 verbrachte er einen Studienaufenthalt in Italien. Nach Goethes und Meyers Tod war er Lehrer an der freien Zeichenschule. Später unternahm er Reisen nach Norwegen. Sein Hauptwerk waren die Odyssee-Landschaften, die im »Neuen Großherzoglichen Museum« ausgestellt waren. Friedrich Preller verteidigte den »idealistischen« Standpunkt in der Malerei. Er starb am 23. April 1878 in Eisenach.

Carl Hummel (1821 – 1907), Schüler von Preller, begleitete diesen auf Studienreisen nach Rügen und Norwegen. Auch er verbrachte einen langjährigen Studienaufenthalt in Italien. Mit anderen Künstlern arbeitet er im Weimarer Schloß bei der Gestaltung der Dichterzimmer (Wieland-

Friedrich Preller d. Ä., Italienische Landschaft bei Gewitter

Carl Hummel, Heroische Landschaft, Öl

Ludwig von Gleichen-Russwurm, Sommerliche Landschaft, Öl, 1889

zimmer) mit. Im Gensatz zu Preller, lehnte er die gefühls-mäßige Neigung zur heroisch düsteren Landschaftsauffassung ab.

Ludwig von Gleichen-Russwurm (1836 – 1907), kam erst 1869, nachdem seine Frau verstorben war, aus Greifenstein in Franken, wo er mit Zeichnungen dilettierte, nach Weimar. Er war zunächst Schüler im Atelier Max Schmidt, später dann bei Theodor Hagen. Es folgte ein Aufenthalt in Paris. Die Würdigung seines Schaffens in der Landschaftsmalerei erfolgte mit der Teilnahme an der Weltausstellung in Wien 1873. Er war Vertreter des Naturalismus und des Impressionismus und nahm an der Jahundert-Ausstellung 1775 bis 1875 in der Berliner Nationalgalerie teil. 1957 war ein Werk Ludwigs von Gleichen-Russwurm in der Ausstellung deutscher Landschaftsmalerei 1800–1914 in der Berliner Nationalgalerie vertreten.

Malerei und Grafik der Gegenwart

Die Tradition der Weimarer Malerschule setzten eine Reihe von Künstlern in den letzten Jahrzehnten fort. Das Thüringer Museum war seit Anfang der fünfziger Jahre bemüht, einen repräsentativen Querschnitt ihrer Werke zu sammeln und diese in einer ständigen Ausstellung den Besuchern zu zeigen.

Einige der Künstler sollen hier vorgestellt werden, stellvertretend für viele andere, die ebenfalls eng mit ihrer Thüringer Heimat und den Menschen verbunden sind.

Alfred Ahner (1890 – 1973) gehört mit zu den wichtigsten Genremalern unseres Landes. Seit den zwanziger Jahren prägte Ahner wesentlich die Thüringer Malerei. In Wintersdorf in Ostthüringen geboren, war er zeitlebens tief mit seiner Heimat verbunden, ohne ein Romantiker zu sein. Kraftvoll, nervig und komprimiert zeichnet er die Menschen in seiner Heimat. Die Bilder zeigen Motive aus Weimar und Umgebung, wo er über ein halbes Jahrhundert bis zu seinem Tode lebte. Seine Zeichnungen treffen das Wesentliche, zeigen die Eigenwilligkeit der Landschaft, nicht ohne einen gewissen verhaltenen Vorwurf gegenüber

dem, wie der Mensch die Landschaft verändert. Vorrang hatten bei Ahner die Graphit- und Kohlezeichnungen, die den versierten Zeichner erkennen lassen. Seine besondere Vorliebe für Straßenszenen, Cafés, Jahrmärkte und Zirkusszenen stammt sicher noch aus seiner Münchner Studienzeit. Dem Betrachter heute vermitteln sie ein Stück Zeitgeschichte. Besonders hervorzuheben sind die Pastelle, auf denen er seine Tochter porträtierte. Gerade diese Arbeiten strahlen die häusliche Geborgenheit seines Weimarer Heimes aus.

Tina Bauer-Pezellen (1897 – 1979) gehört der gleichen Generation wie Ahner an, lebte wie er in Weimar. Sie studierte in Wien und München. Die Münchner Zeit zählte für Tina Bauer-Pezellen zu ihren schöpferischsten Jahren. Während der Weimarer Republik behielt sie einen wachen Blick und gab ihrem sozialen Gewissen über ihre Bilder unmißverständlich Ausdruck.

Ihr gesamtes Werk hat den Menschen zum Thema, besonders die Kinder. Ihre Menschen sind nicht schön, sie rütteln auf, sind in ihren Zügen derb und kantig, fast skulpturenhaft. Das Starre wird gemildert durch warme Brauntöne. In ihrer Malerei wendet sie häufig die alte Technik der Harzöllasierung auf Temperauntermalung an.

Anfang der dreißiger Jahre entstanden großformatige Kohlezeichnungen, die eine ernsthafte Auseinandersetzung mit der Figur erkennen lassen. 1933 werden ihre Arbeiten als »entartet« abgestempelt. Sie zieht sich ins Privatleben zurück und geht mit ihrem Mann nach Weimar, wo sie sehr zurückgezogen lebt. In dieser Zeit entstanden vor allem Studien ihrer beiden Kinder.

In den Nachkriegsjahren entstanden ausdrucksstarke Bilder. Die Figuren wirken in ihrer knappen und strengen Form überzeugend, breite Pinselstrukturen herrschen vor. Dunkel gehaltene Farbtöne werden später heller und leuchtender. Verstärkt widmete sie sich im Alter der Landschaftsdarstellung. Sie malt und zeichnet Stilleben in üppiger Pracht und herbstlicher Farbigkeit. Leuchtende Aquarellfarben und kräftige Gouachen brachten einen neuen Duktus in ihre Spätwerke.

Otto Paetz gehört zweifellos zu den profiliertesten Grafikern in der DDR. Er wurde 1914 in Reichenbach im

Vogtland geboren, absolvierte eine Ausbildung als Dekorationsmaler und war danach Schüler und Assistent an der Meisterschule für Handwerk und angewandte Kunst in Weimar. Es folgte ein Studium bei Prof. Walther Klemm in Weimar an der Kunsthochschule.

Otto Paetz ist ein brillanter Zeichner und Kolorist, seine grafischen Techniken sind voll ausgereift. Die Wahl seiner Motive zeigt, daß er allen Lebensbereichen gegenüber aufgeschlossen ist. Er versteht es, das Wechselspiel des Tages- und Jahreszeitenablaufes stimmungsvoll darzustellen. Lyrisch anmutende Frühlingslandschaften, blühende Wiesen, herbstliche Landschaften und abgestorbene Vegetationen unter Schnee ziehen den Betrachter in ihren Bann. Er versteht es wie kein anderer, das Besondere der Landschaft grafisch umzusetzen. Seine besondere Aufmerksamkeit gilt der unberührten Natur. Die großformatigen Landschaftsdarstellungen sind straff und klar gegliedert, weisen je nach Wahl der grafischen Mittel vielfältige Strukturen auf, von bewegten Linien bis zu dicht gedrängten Punkten. Mit äußerster Konsequenz arbeitet er Strukturen durch, zeigt die Lebendigkeit der Erde in ihrer Oberflächengestaltung und Vegetation. Eine ungewöhnliche Vielfalt in den Abstufungen von Hell und Dunkel kennzeichnen seine grafischen Blätter und lassen Stimmungen deutlich werden. Im Schaffen von Otto Paetz gibt es immer wieder Phasen, in denen er sich der Malerei zuwendet. Auch hier wählt er als Motiv die Landschaft, der seine ungeteilte Liebe gilt. Durch Vereinfachung der Formen und der Betonung des Wesentlichen strafft und verdichtet er die Bildaussage. Sein Lieblingsmotiv sind Bäume, deren Lebensgeschichte er auf eine ganz besondere Art und Weise dem Betrachter nahebringt. Otto Paetz lehrt die Menschen in unserer hochindustrialisierten Welt die Natur als wichtigsten Bestandteil des Lebens zu sehen und ihre Schönheiten zu entdecken und zu erhalten.

Otto Knöpfer ist ein Maler Thüringens. Er wurde in diese Landschaft hineingeboren und hat sie nie verlassen. In Arnstadt 1911 geboren, im kleinen Dorf Holzhausen am Fuße der Wachsenburg aufgewachsen, fand er schon früh seine Motive in der heimatlichen Umgebung. Die Drei Gleichen mit ihren Burgen und Ruinen, voller Geheim-

Landschaft vor Eisenach, Blick zum Thüringer Wald, Kaltnadelradierung von Otto Paetz, 1973

Herbstlicher Strauß im Wasserglas, Otto Knöpfer, Öl auf Hartfaser, 1961

193

Alter Friedhof, Ölgemälde von Christian Butter

Das Fritz Reuter-/Richard Wagner-Museum

Der Name des Museums ist für Gäste oft verwirrend, ähnlich wie die Geschichte, die die beiden bedeutenden Männer in einem Haus vereint.

Fritz Reuter, der große Mecklenburger Dichter, ließ sich in den sechziger Jahren des vorigen Jahrhunderts in der Wartburgstadt nieder und entschloß sich, hier seinen Lebensabend zu verbringen.

Richard Wagner hatte zu Eisenach nur wenige Berührungspunkte und zu Fritz Reuter und seiner Villa keine. Er kam im Jahre 1896 als »Gast« ins Reuterhaus. Ein fanatischer Anhänger Richard Wagners aus Österreich hatte schon zu Lebzeiten von ihm alles gesammelt, was er bekommen konnte, bis er merkte, daß er sich an ein Unternehmen gewagt hatte, das seine körperlichen und finanziellen Kräfte überstieg, und er sich gezwungen sah, seine bedeutende Sammlung zum Verkauf anzubieten. Eisenacher Bürger setzten sich dafür ein, daß die Bestände nach Eisenach kamen. Da kein geeignetes Objekt gefunden werden konnte, entschied man sich, die Wagner-Sammlung im Reuterhaus unterzubringen. 1897 wurde dort die erste Wagnerausstellung eröffnet. Seitdem trägt dieses Museum den Namen dieser beiden sehr unterschiedlichen, aber in ihrer Bedeutung großen Männer.

Aber daß es möglich ist, überall Berührungspunkte und Beziehungen herzustellen, wenn dies gebraucht wird, und seien sie noch so weit hergeholt, belegt der Ausspruch, der in den zwanziger Jahren geprägt wurde: Richard Wagner wollte immer »Bayreuther« sein, da er alles, was er wollte, auch durchsetzte, hat er auch das geschafft und ist jetzt »bei Reuter«.

nisse und doch natürlich. Thüringens Berge, die sanften Hügel, Bäume, Sträucher, Silberdisteln, leichtende Hagebuttenbüsche, die Natur im Wandel der Jahreszeiten – sie blieben seine Welt bis heute.

Der Maler und Grafiker *Christian Butter* ist seit fast drei Jahrzehnten in Eisenach ansässig und eng mit der Stadt und ihren Menschen verbunden. Seine kleinen Bilder mit ihrem hintergründigen Humor sind aus Eisenach nicht wegzudenken. Alltagssituationen dienen ihm als Motiv, wie z. B. der Wochenmarkt vor der Georgenkirche. Mit viel Akribie und einer erfrischenden Ehrlichkeit dargestellt, begegnen sich die Menschen auf den Bildern wieder.

Nicht zu vergessen sind seine kleinformatigen Radierungen, die Eisenach und Umgebung als Bildmotiv haben und den Betrachter immer wieder etwas Neues entdecken lassen.

Fritz Reuter

Fritz Reuter ist vielleicht das größte, aber jedenfalls das urwüchsigste humoristische Talent Deutschlands in der zweiten Hälfte des vorigen Jahrhunderts. Neben seiner dichterischen Leistung kommt uns Fritz Reuter als Mensch mit seiner demokratischen Grundhaltung nah.

Wir lernen Fritz Reuter als liebenswerten Menschen kennen, der Schmerz und Enttäuschung hinter gütigem Humor und auch hinter Ironie verbarg. Sein Schaffen, seine Werke, sind im Lauf seines Lebens wenig umstritten gewesen, Reuter hat sich, auch durch den Einfluß seiner Frau, den »real existierenden« Verhältnissen angepaßt, ohne sie hinzunehmen, ohne zu vergessen, seinen Teil dazu beizutragen, sie zu verbessern. Seine Volksverbundenheit und seine Volkstümlichkeit waren dafür die Basis. Er hat in seinem Leben, das zum Großteil in seiner Arbeit bestand, versucht, auf seine ureigene Art Aufklärung zu leisten über die feudalen Landjunker in seiner Heimat und das Verhalten ihren Arbeitern und Bauern gegenüber.

Sein Weg zum berühmten und anerkannten Schriftsteller war lang und dornig. Sein schriftstellerisches Können, sein Realismus, sein Humanismus, verbunden mit seiner Persönlichkeit, machten es möglich, daß Fritz Reuter durch den Verkauf seiner Bücher zu Lebzeiten berühmt und reich wurde.

Fritz Reuter wurde am 7. November 1810 als Sohn des Bürgermeisters in Stavenhagen geboren. Ab 1824 besuchte er die Gymnasien in Friedland und Parchim. Im Jahre 1831 ging er an die Rostocker Universität, um auf Wunsch seines Vaters Jura zu studieren. Doch schon kurze Zeit später ging er nach Jena und schloß sich der Burschenschaftsbewegung an. Als nach dem Hambacher Fest (1832) die »Demagogenverfolgung« einsetzte, besonders aber nach dem Sturm auf die Frankfurter-Polizei-Hauptwache im April 1833 die Verfolgung ihren Höhepunkt erreichte, gerichtet vor allem gegen fortschrittliche Studenten und Burschenschaftler, kehrte Reuter in seine Heimat zurück. Bei einem Besuch in Berlin wurde er verhaftet und nach einer harten und langen Untersuchungshaft des Hochverrates als »Thronumstürzler« angeklagt und zum Tode verurteilt. Später wurde die Todesstrafe in eine dreißigjährige Festungshaft umgewandelt. Reuter mußte unter schweren Leiden und Entbehrungen auf berüchtigten preußischen Festungen und zuletzt in der mecklenburgischen Festung Dömitz einsitzen. Erst 1840 erlangte er durch eine Amnestie seine Freiheit zurück – krank, aber geprägt und geformt von seinen Festungsjahren. »As wi in-

Reuterstatuette in der Bibliothek

spunnt würden, wiren wi't nich, [Demokraten] as wi rute kemen, wiren wi't all«, bekennt er in seinem Buch über die Festungszeit. Nach seiner Entlassung unternahm er, mit dem Wunsch, seinem Vater doch noch ein »anständiger« Sohn zu sein, einen letzten Versuch, sein Jurastudium in Heidelberg wieder aufzunehmen. Als das fehlschlug, wurde er Landwirtschaftseleve in seiner Heimat. Bei seinen Landleuten lernte er deren Not, deren Hoffnung, ihren Humor, ihre Sprache, ihre Landschaft, die Enge, lernte die gesellschaftlichen Verhältnisse in seiner Heimat kennen. Nach dem Tode seines Vaters (1845), der ihn enterbt hatte, führte er ein unstetes Wanderleben, lernte seine spätere Frau, eine Pastorentochter, kennen und übersiedelte nach Stavenhagen. Dort war er unter anderem als Privatlehrer,

Publizist und Abgeordneter des Landtages in Schwerin tätig. Von Stavenhagen aus verfolgte er das Revolutionsgeschehen 1848 und nahm aktiven Einfluß auf die Stavenhagener und Mecklenburger Reformvereinsbewegung, die zu einer Überwindung der feudalen Verhältnisse im Lande führen sollte. 1850 zog er als Privatlehrer, vorwiegend für Zeichnen und Turnen, in die vorpommerische Kleinstadt Treptow.

Allmählich fing er an, Erinnerungen, Beobachtungen und Gedanken zusammenzutragen. Einen Schwerpunkt bildete dabei die Kritik an dem mecklenburgischen Landadel. Doch auf Bitten seiner Frau, die eine erneute Kerkerhaft befürchtete, wurde die Arbeit nicht veröffentlicht. Erst 100 Jahre später erschien dieses Romanfragment zum ersten Mal unter dem Titel »Herr von Hakensterz und seine Leibeigenen«.

1853 erschien sein erstes Werk, der Gedichtband »Läuschen un Rimels«, und hatte einen nicht erwarteten Erfolg. Zwei Jahre später veröffentlichte er ebenfalls in niederdeutscher Mundart die Erzählung »De Reis nah Bellingen«. Nach seiner Übersiedlung nach Neubrandenburg im Jahre 1856 schrieb er sein sozialkritisches Versepos »Kein Hüsung«.

Im Jahre 1859 erschien Reuters erste größere Prosaarbeit, der Erinnerungsroman »Ut de Franzosentid«. Seit diesem Jahr war D. C. Hinstorff Reuters Verleger, der durch seine Tüchtigkeit wesentlich zur Verbreitung und zum Erfolg der Werke Reuters beigetragen hat. 1863 erschien sein persönlichstes Werk »Ut mine Festungstid«. Als er zu schreiben begann, lagen etwa 30 Jahre seit dieser Zeit hinter ihm. In den Jahren 1862 bis 1864 entstand in drei Bänden Reuters künstlerisch vollkommenstes Werk »Ut mine Stromtid« und hatte einen geradezu einzigartigen Erfolg.

Nach dem Erscheinen der »Stromtid« war Reuter einer der bekanntesten Schriftsteller seiner Zeit und brauchte sich von nun an um seinen Lebensunterhalt keine Sorgen mehr zu machen. 1863 wurde er Ehrendoktor der Universität in Rostock.

Im Juni 1863 hat er Neubrandenburg verlassen, um mit seiner Frau nach Eisenach zu übersiedeln, nicht ohne vorher zu versichern, nach spätestens zwei Jahren wieder zurückzukehren. Bevor er in seine erste Wohnung am Schloßberg zog, wohnte er drei Tage in der Karlstraße bei dem Bankier Serverus Ziegler und dessen Bruder Alexander. Als 1866 der preußisch-österreichische Krieg ausbrach, blieb, wie ja bekannt, auch die Wartburgstadt nicht davon verschont. Fritz Reuter rief seine mecklenburgischen Landsleute zu einer Hilfsaktion auf, die wesentlich zur Linderung der Not beitrug. Im selben Jahr dachte er auch an den Bau eines eigenen Hauses. Bei den stattlichen Einnahmen, über die Reuter verfügte, bedeutete das keine Schwierigkeiten. War doch allein die »Festungstid« bis dahin in rascher Folge ins Englische, Holländische, Dänische, Finnische und Schwedische übersetzt worden.

Für 900 Taler erwarb er einen »wüsten, felsigen Berggarten« am Ausgang des Haintales und ließ auf dem Grundstück von dem Gothaer Baumeister Ludwig Bohnstedt, einem der bekanntesten und erfolgreichsten Baumeister seiner Zeit, ein großzügiges Haus im Stil der Neorenaissance erbauen. Sein Freund Ferdinand Jühlke, der kurze Zeit vorher als Nachfolger Lennés zum Hofgartendirektor von Sanssouci ernannt worden war, kümmerte sich um den Garten. Die Richtfeier des Hauses hat im Juli 1867 stattgefunden. Am 1. April 1868 hielten Reuters Einzug im neuen Haus. Hermann Grimm hat es »das getreue Abbild einer echt römischen Villa« genannt. Als Schutzschild für allzu aufdringliche Besucher sollte das Türschild »Dr. Fritz Reuter vormittags nicht zu sprechen« dienen, das heute in der Reuterbibliothek hängt. Ein Ziel, für das er gekämpft und gelitten hatte, wurde noch zu Lebzeiten realisiert: die Einheit des deutschen Reiches. Aber zu ihr, das wußte er sehr wohl, mußte noch die Freiheit kommen.

Im Jahre 1866 erschien der Roman »Dörchläuchting«, ein komisch-satirisches Naturbild aus dem Leben der kleinen Residenz Neubrandenburg vor der französischen Revolution. Zwei Jahre später war »De Reis' nah Konstantinopel« fertig, der literarische Niederschlag seiner großen Orientreise von 1864. Zwischen diesen Erzählungen reift die »Urgeschicht von Mecklenburg«.

Ein zunehmendes Rheumaleiden behinderte zu Beginn der siebziger Jahre den Dichter immer mehr. Bald war er

nicht mehr imstande, die ausgedehnte Korrespondenz selbständig zu führen. Ostern 1874 fesselte ihn ein Schlaganfall
an einen Rollstuhl. Anfang Juli trat eine Herzschwäche
ein, und am 12. Juli starb Fritz Reuter in seiner Villa. Am
15. Juli nahmen Angehörige und unzählige Freunde und
Verehrer Abschied von Reuter auf dem Eisenacher Friedhof. Die Büste aus weißem Marmor schuf Professor Röse-
mann aus Berlin, nach einem Modell des Berliner Bild-
hauers Bernhard Affinger, ein Jahr später.

Noch zwanzig Jahre bewohnte Frau Reuter die Reutervilla. Laut Testament fiel die Villa der Deutschen Schiller-
Stiftung in Weimar zu. Ein Jahr später kaufte sie die Stadt
Eisenach und richtete ein Museum für den niederdeutschen Dichter ein.

Der Besucher des Museums gelangt heute durch einen
Flur über eine Treppe in die obere Etage in Reuters
Wohnräume, die Anfang der achtziger Jahre renoviert und
restauriert wurden. Die Führung durch das Reuter-Muse-
um beginnt im ehemaligen Ankleidezimmer. Illustrierte
Schautafeln an den Wänden vermitteln ein eindringliches
Bild der gesellschaftlichen Verhältnisse in Mecklenburg in
der ersten Hälfte des 19. Jahrhunderts. Eine Tafel mit der
Bio-Bibliografie Reuters macht dem Besucher die Stationen
seines Lebens und Wirkens deutlich. Im ehemaligen
Schlafzimmer spiegeln die Stuckverzierungen aus Papp-
maché an der Decke und die Blumentapete im Stil des
Neobarock den Geschmack der Gründerzeit wider. Die
Möbel des Raumes stammen aus Reuters Nachlaß, der
Schreibsekretär aus dem Besitz von Reuters Schwieger-
vater. Der weitere Gang durch das Museum führt den Be-
sucher in Frau Lowisings Nähstübchen. Der Reiz des klei-
nen Raumes wird durch das pompejanische Rot der
Wände und die Deckenbemalung gesteigert. Daran
schließt sich das Arbeitszimmer des Dichters an. Wie Frau
Reuter in ihrem Testament bestimmt hatte, wurde an der
Ausstattung des Zimmers nichts geändert. Die grüne Ta-
pete, die Plüschmöbel, die dunklen Türrandungen, die
Vorhänge, die Bücherschränke und der Schreibtisch geben
dem Zimmer die Atmosphäre der Zeit um 1868. Über dem
Sofa ein Ölporträt des Herzogs Adolf Friedrich IV. von
Mecklenburg-Strelitz, des historischen Urbildes von

Die Reutervilla im unteren Haintal

Reuters »Dörchläuchting«. Die Porträts des Ehepaares
sind Arbeiten des russischen Malers Budkowsky. Der ehemalige Reutersche Salon ist auch heute noch der repräsen-
tativste Raum des Hauses. Die breite Fensterfront öffnet
den Blick auf die im pompejanischen Stil bemalte Loggia
und die reizvolle Landschaft des Haintals.

Der Flügel von Frau Reuter erinnert daran, daß sie im
Gegensatz zu ihrem Mann musikalisch war. In Wandvitri-
nen zu beiden Seiten der Eingangstür zum Salon sind verschiedene Gegenstände aus Reuters Besitz ausgestellt. Im
ehemaligen Zimmer von Frau Reuter und im Eßzimmer
werden Leben und Werk anhand von Dokumenten, Bildern und anderen Materialien dem Besucher dargebracht.

Die Richard Wagner-Sammlung

Die Geschichte des Richard-Wagner-Museums beginnt in Wien. Es verdankt seine Entstehung der Begeisterung einer einzigen Person: Nicolaus Oesterlein. Nicolaus Oesterlein war weder musikalisch noch literarisch vorgebildet, er verdiente sein Geld als Geschäftsführer der Brauerei Nußberg bei Wien, gehörte aber zu der Gruppe der bedingungslosen Verehrer des Bayreuther Meisters, den er ohne Bedenken zum größten Künstler des 19. Jahrhunderts erklärte. Deshalb trug er noch zu Lebzeiten Wagners mit großer Energie zusammen, was zu Wagner Bezug hatte: Bilder und Büsten, Briefe und Schriften, Zeitungsausschnitte und Theaterzettel, eine große Anzahl Bilder von Orten und Gebäuden, in denen er gewohnt hatte, Künstlerporträts und vieles andere.

Inzwischen war aber neben den Bibliotheksschätzen die Zahl der Büsten und Bilder derart angewachsen, daß der Gedanke an die Gründung eines Museums immer lebendiger wurde, von Oesterlein befürwortet in der Schrift »Entwurf zu einem Richard-Wagner-Museum« (A. K. Gutmann, München 1884).

Der Eisenacher Bürger Professor Josef Kürschner, bekannt durch die von ihm herausgegebenen Lexika und Literaturkataloge, war schon für den Plan, das Museum nach Eisenach zu bringen, tätig gewesen. Bereits am 26. April 1893 hatte er vom Großherzog von Sachsen-Weimar-Eisenach die Zusicherung erhalten, daß er dieser Absicht voll zustimme. Herr von Cranach, Kommandant der Wartburg, hatte gleichfalls sein Interesse für Kürschners Wirken bekundet. Der Oberbürgermeister Müller von Eisenach erwog alle Möglichkeiten, wie das notwendige Geld zu beschaffen und das Museum unterzubringen sei. Ein Aufruf von 1895 erbrachte 12.000 Mark. Es gelang Kürschner, das Interesse des ehemaligen Bühnensängers und eifrigen Wagnerverehrers Leichner auf die Erwerbung des Museums für Eisenach zu lenken. Als schon festzustehen schien, daß das Museum nach Weimar kommen sollte, konnte Kürschner erklären, daß durch die Spende Leichners von 40.000 Mark die Entscheidung zu Eisenachs Gunsten gefallen sei.

Am 31. März 1895 wurde das Museum für 85.000 Mark gekauft und die Sammlung im Juni in Wien abgeholt. Sie fand zuerst Unterkunft im Stadttheater, auch andere Räumlichkeiten waren dafür in Aussicht gestellt, als der Ankauf der Villa Fritz Reuters durch die Stadt eine Unterkunft der Oesterleinschen Sammlung im Reuterhause ermöglichte. Hier ist das Wagner-Museum bis heute verblieben. Im Juni 1897 wurde es eröffnet.

Unter der Obhut von Professor Wilhelm Greiner blieb die Ausstellungssituation im wesentlichen bis in die Jahre nach dem 2. Weltkrieg erhalten, im Mai 1949 war die Gedenkstätte wiedereröffnet worden. 1958 wurde die Reutervilla dem Thüringer Museum angegliedert und erfuhr nach vorangegangenen Renovierungs- und Restaurierungsarbeiten eine erste Neugestaltung. Im Mai 1963, zum 150. Geburtstag Richard Wagners, wurde eine neue Ausstellung in eigens dafür rekonstruierten Räumen eröffnet. Zum ersten Mal erhielt Richard Wagner eine eigene Etage zugewiesen. Frühere Keller- und Wirtschaftsräume, die zuletzt das Hausmeisterehepaar bewohnte, wurden dafür freigemacht. Gleichzeitig wurden im Dachgeschoß ein Bibliotheksraum und ein Arbeitsraum geschaffen.

Tatsächlich hatte Wagner nur flüchtige Beziehungen zu Eisenach. Aber als Schauplatz seines »Tannhäuser« sind Burg, Stadt und Umgebung mit dem Namen Wagners verbunden. Die entscheidende Begegnung mit der Wartburg bringt der April 1842, als Wagner von Paris kommend auf der Durchreise nach Dresden die Burg zum ersten Mal sieht.

Wagner betrat die Wartburg erstmals am 15. Mai 1849, als er von Weimar, wo er auf seiner Flucht von Dresden Station machte, mit Franz Liszt nach Eisenach reiste. Noch zweimal besuchte Wagner Eisenach und die Wartburg. Im Oktober 1867 und im Juli 1877, als er von Weimar aus, wo er bei Franz Liszt weilte, mit seiner Familie einen Tagesausflug nach Eisenach unternahm.

Die Neugestaltung der Wagner-Ausstellung 1983 war gleichermaßen aus gestalterischen und inhaltlichen Gründen notwendig und aus den genannten Gründen wird es in den nächsten Jahren wieder erforderlich werden, dem Besucher eine überarbeitete Konzeption anzubieten. Diese

Büsten-Sammlung in der Reuter-Villa

Rienzi-Partitur und Totenmaske Richard Wagners

Ausstellung steht bewußt im Kontrast zum Reuterschen Domizil, dessen Räume Repräsentationsverlangen wie auch Behaglichkeit ausstrahlen.

Die Ausstellung zeigt Richard Wagner als den großen, leidenschaftlichen, vorwärtsdenkenden Komponisten, der im deutschen Musikschaffen der zweiten Hälfte des vergangenen Jahrhunderts eine führende Rolle einnahm.

Ihm ging es nicht nur um das Musiktheater, sondern um eine Erneuerung der Kultur insgesamt. Die Ausstellung zeigt Wagner als progressiv denkenden Menschen mit seinen Idealen, für die er in der bürgerlichen Revolution von 1848/49 in Dresden eintrat und um deretwillen er politisch verfolgt wurde. Sie verheimlicht jedoch auch nicht die Widersprüchlichkeit seiner Weltanschauung.

Modell des Saales im Gasthaus »Zum Löwen« in der Friedrich-Engels-Straße

Die Gedenkstätte »Eisenacher Kongreß 1869«

Die Gedenkstätte »Eisenacher Kongreß 1869« wurde am 25. März 1967 anläßlich der 900-Jahrfeier der Wartburg dem Rat der Stadt als kulturelle Einrichtung übergeben. Sie war vor der sogenannten »Wende« in der DDR inhaltlich sehr stark von der SED beeinflußt. Heute sieht sie ihre Hauptaufgabe darin, die Geschichte der deutschen Sozialdemokratie im Zusammenhang mit dem Kongreß vom August 1869 aufzuarbeiten, zu bewahren und darzustellen. Etwa eine Million Besucher aus mehr als 70 Ländern sahen die alte Ausstellung.

Die Gedenkstätte ist in einem historisch bedeutsamen Gebäude untergebracht, dessen Geschichte bis in das 13. Jahrhundert zurückreicht. Sein Name »Goldener Löwe« ist bereits 1731 belegt. Vor den Stadttoren an einer wichtigen Handelsstraße gelegen, gelangte der Gasthof zu großer Popularität bei den Gästen der Stadt.

Bemerkenswert ist die Rolle, die der »Goldene Löwe« in der Geschichte und dem kulturellen Leben Eisenachs im 19. Jahrhundert spielte: Nicht nur Fritz Reuter, der in unmittelbarer Nachbarschaft seinen Lebensabend verbrachte, verhalf dem Wirtshaus als Stammgast zu einiger Berühmtheit. Auch die erste Opernaufführung der Stadt – Mozarts »Entführung aus dem Serail« – fand hier statt. Der Jüdischen Gemeinde (ca. 100 Personen) dienten Räume des »Goldenen Löwen« in Ermangelung einer Synagoge (1885 geweiht) zur religiösen Begegnung. Regelmäßige Konzerte und Zusammenkünfte verschiedener Vereine zählten zur Tradition des Hauses.

Inwieweit dieser Ruf des »Löwen« Bebel und den anderen Ausrichtern des Kongresses Veranlassung war, ihn als Beratungslokal zu wählen, bleibt dahingestellt. 1938/39 vom letzten Eigentümer an den Staat zur Nutzung als Landratsamt verkauft, diente der »Löwe« nach dem 2. Weltkrieg verschiedenen Behörden und Institutionen als Verwaltungsgebäude. 1964 faßte der Ministerrat der DDR den Beschluß, dort eine Arbeitergedenkstätte zu errichten.

1967 ihrer Bestimmung übergeben, bietet die Gedenkstätte heute ihren Gästen neben der Ausstellung einen Versammlungsraum (60 bis 70 Plätze) mit Beschallungs- und Filmvorführanlage, ein kleines Kabinett (40 Plätze) und einen Seminarraum (25 Plätze). Die ständige Ausstellung, die im »Goldenen Löwen« seit dem 7. August 1989 – Anlaß für die Eröffnung war der 120. Jahrestag des Kongresses – der Öffentlichkeit zugänglich ist, gliedert sich in drei Räume: Vorbedingungen, Kongreß und Bewährungssituationen der deutschen Sozialdemokratie.

Geschichte war, ist und bleibt verbunden mit Symbolik, unbeachtet des Streites um ihren sinnvollen Gebrauch und Mißbrauch. Auch an der Geschichte der Sozialdemokratie haben Symbole als Reflexion von Lehre und Vermächtnis der politischen Bewegung einen gewichtigen Anteil. Sie treten u.a. an Fahnen, Medaillen, Abzeichen und Bildern gebunden in Erscheinung. Ein Symbol, das alle Zeiten der sozialdemokratischen Bewegung des 19. Jahrhunderts überdauerte, sind die ineinander verschlungenen Hände, die häufig zusätzlich von Eichenlaub umkränzt sind. Die Arbeiterverbrüderung, während der Revolution von 1848 entstanden, führte dieses Symbol ein. Sie wählte es als Zeichen ihrer Organisation und zeigte es folgerichtig auf der Titelseite ihrer Zeitung. Es begegnet dem Besucher in der Ausstellung in Exponaten sowohl aus der von Lassalle als auch aus der von Bebel beeinflußten Arbeiterbewegung.

Treppenhaus in der »Gedenkstätte Eisenacher Kongreß 1869«

Dank ihrer Verdienste für die sozialdemokratische Bewegung genossen Persönlichkeiten wie Friedrich Lassalle (1825 – 1864), Wilhelm Liebknecht (1826 – 1900) und August Bebel (1840 – 1913) besondere Verehrung durch die Arbeiterschaft. In vielen Wohnungen sozialdemokratischer Familien zierte deshalb der »Proletarische Wandschmuck«, »Roter Haussegen« genannt, die »gute Stube«.

Fahnen, seit dem Altertum als mit Wahrzeichen verzierte Objekte gebräuchlich, hatten und haben ihre Funktion auch in der Arbeiterbewegung. Ein kunsthandwerklich sehr wertvolles Exemplar ist die Arbeitersportfahne aus Marksuhl, Kreis Eisenach. Seine Inschrift lautet: »Ihr habt die Macht in Händen, wenn ihr nur einig seid!«, und ist dem vielgesungenen Arbeiterlied »Die Arbeitsmänner«, von Johannes Most (1846 – 1906) entnommen, das dieser während der Verbüßung einer Haftstrafe 1870 schrieb. Ab 1871 wirkte Most als aktives Mitglied der Eisenacher im Raum Chemnitz.

Die Arbeiterbewegung und mithin die Entwicklung der Sozialdemokratie ist ursächlich an das Werden und Wachsen des Industriealisierungsprozesses gebunden. Im Raum Thüringen, und so auch in Eisenach und in seiner Umgebung, entstanden Zigarrenfabriken, die sich technologisch auf sehr einfache Arbeitsplätze stützen.

Um ihre Verhältnisse zu verbessern, z. B. Arbeitszeiten von 12 bis 14 Stunden täglich, bei einem Wochenlohn von 2,5 Talern, organisierten sich die Arbeiter gewerkschaftlich. Die Gewerkschaft der Zigarrenarbeiter war in dieser Region eine der stärksten und damit einflußreichsten. Die beiden Delegierten Eisenachs zum Kongreß erhielten ihr Mandat von dieser Gewerkschaft.

Von den 267 Delegierten, die am 8. und 9. August die eigentliche Arbeit des Kongresses bewältigten, waren 71 Vertreter aus Eisenach. 69 von ihnen erhielten sogenannte Übertragungsmandate, d.h. sie vertraten gewählte Delegierte aus »fernliegenden und finanzschwachen« Organisationen, »denen die Anreise versagt blieb«.

Der historische Saal, durch Umbau des »Löwen« 1835 entstanden, in dem sich die konstituierenden Beratungen und der Abbruch des Kongresses im Gefolge kontroverser Auseinandersetzung in den Abendstunden des 7. August

Abgeordnete des Eisenacher Kongresses (Figurengruppe)

Fahne des Erfurter Maurer-Gewerkvereins von 1898

1869 vollzogen, ging der Nachwelt verloren, als 1870 daraus Hotelzimmer entstanden. Das Hotel »Zum Mohren«, von August Bebel in weiser Voraussicht als Ausweichlokal, für den Fall der erwarteten Auseinandersetzung im »Löwen« und der damit vertraglich verbundenen Verweigerung des Gastrechts, angemietet, nahm die Delegierten am 8. und 9. August 1869 auf. Hier entstand nach intensiv geführten Diskussionen von Programm und Statut die Sozialdemokratische Arbeiterpartei, die in Konkurrenz stand zu dem von Ferdinand Lassalle 1863 gegründeten Allgemeinen Deutschen Arbeiterverein.

Für das breite Interesse am Kongreßgeschehen und der zu erwartenden Parteigründung legen viele Grußtelegramme aus allen deutschen Ländern sowie die große Anzahl anwesender Journalisten Zeugnis ab.

Keinen geringen Anteil am erfolgreichen Verlauf dieses Kongresses hatte die Bevölkerung Eisenachs. Trotz der im »Eisenacher Tageblatt« als Möglichkeit in Aussicht gestellten Auseinandersetzungen (bis hin zu Tätlichkeiten) boten viele Einwohner den Delegierten Quartier. Das Präsidium dankte namens aller Delegierten der »Eisenacher Einwohnerschaft« für die freundliche Aufnahme und aktive Unterstützung. Das historische Protokoll und das »Eisenacher Programm« gehören selbstredend zu den wertvollen Exponaten der Ausstellung, und helfen den Betrachtern, die Prozesse der damaligen Zeit nachzuvollziehen.

Nachwort

Als im Jahre 1989, nach einigen vergeblichen Versuchen, endlich die Städtepartnerschaft zwischen den durch ihre Geschichte so vielfältig verknüpften Städten Eisenach und Marburg zustande kam, wurde im Hitzeroth Verlag der Gedanke geboren, den Eisenachern und ihren vielen Gästen durch eine lange vermißte und aus vielerlei Gründen nicht realisierte Publikation die Reverenz zu erweisen.

Der Verlag unternimmt es nun mit dem vorliegenden Band – soweit ein auf bildliche und textliche Darstellung gleichermaßen bedachtes Buch dies vermag – Eisenach, das kulturelle Zentrum im westlichen Thüringen, im Überblick darzustellen.

Natürlich assoziiert der Leser, wenn er von Eisenach spricht, zugleich auch die über der Stadt in die reizvolle Landschaft eingebettete Wartburg. Sie war das Sinnbild der deutschen Burg schlechthin, ehe sie durch die um die Mitte des vorigen Jahrhunderts einsetzende, grundlegende Restaurierung in der Besinnung auf die mit ihr verknüpften geschichtlichen Begebenheiten zum Nationalheiligtum wurde. Aber nicht romantische Verklärung, sondern sachliche Schilderung ist das Anliegen des Buches, freilich unterstützt von extra gefertigten Bildern und kenntnisreichen Textbeiträgen.

Eine glückliche Fügung also, die es dem Verlag ermöglichte, ausnahmslos auf einheimische Autoren zurückzugreifen, auf Menschen, die auch die jüngste Vergangenheit in ihrer Heimatstadt verbrachten. Nur so war es möglich, die eingefahrenen Touristenpfade verlassen zu können und auch das Eisenach zu erfassen, das den Touristen sonst verschlossen ist.

Streiflichtartig konnte auch die »Wende« oder »friedliche Revolution« des vorjährigen Herbstes in dieser Stadt beleuchtet werden, wobei man sich noch nicht endgültig auf eine Formulierung festlegen sollte, da die eigentlichen »Mütter und Väter der Revolution« zum größten Teil wieder von der Bühne verschwunden sind.

Dargestellt wird ebenfalls der spröden Charme ausstrahlende Verfall der Altbausubstanz, der, wie die in vierzig Jahren DDR entstandenen Neubaugebiete etwas ahnen lassen von der Vergänglichkeit menschlichen Tuns. Beide, die sanierungsbedürftige Altbausubstanz und die durch mangelhafte Infrastruktur und Bauausführung gekennzeichneten Neubaugebiete, lassen jedoch auch Hoffnung aufkeimen. Erstere ist zum großen Teil noch vorhanden; die Neubauten geben bereits der nächsten Generation die Möglichkeit, das geschundene Stadtbild wieder in seiner gewachsenen historischen Struktur zu neuem Leben zu erwecken.

Bereits restaurierte Gebäude in der Stadt kontrastieren einerseits das Bild städtischen Verfalls, zeugen aber andererseits davon, daß die Eisenacher sich ihrer Traditionen und kulturellen Werte längst wieder bewußt sind, bereit sie zu schützen und, trotz der im vergangenen System begründeten Schwierigkeiten, als unersetzliche Zeugen der Vergangenheit ihren Nachkommen zu übertragen.

Man kann also sicher sein, daß die altehrwürdige Stadt bald wieder ihre besondere Atmosphäre zurückerhalten wird, angefüllt nicht nur mit Geschichte, sondern auch mit tätigem, prallen Leben.

So konnte ein überzeugender Querschnitt entstehen, dessen Zustandekommen leitende Mitarbeiter kultureller und kirchlicher Einrichtungen Eisenachs sowie Historiker tätig förderten. Frau Gerlinde Reh ist zu danken für ihre koordinierende Tätigkeit in der Vorbereitungsphase.

Beschränkung auf das Wesentliche war vonnöten, um den Umfang des Werkes begrenzen zu können. Immerhin hoffen wir, dem Leser das Eisenach, wie es sich einst und heute darstellt – mit all seinen Reizen und Problemen – nahegebracht, sein weitergehendes Interesse geweckt, ihn aufgefordert zu haben, diese Stadt auf den ersten und auf den zweiten Blick zu erfahren.

Eisenach, im Juli 1990   *Karlheinz Büttner*